本书由现代服务业河南省协同创新中心
与河南财经政法大学政府经济发展
与社会管理创新研究中心共同资助出版

河南省
应急产业
发展研究

师 维 等◎著

HENANSHENG YINGJI CHANYE
FAZHAN YANJIU

北 京

图书在版编目（CIP）数据

河南省应急产业发展研究／师维等著.
—北京：中国经济出版社，2017.11
ISBN 978-7-5136-5276-6
Ⅰ.①河… Ⅱ.①师… Ⅲ.①突发事件—处理—产业发展—研究—河南 Ⅳ.①D63
②F269.276.1
中国版本图书馆 CIP 数据核字（2018）第 150489 号

责任编辑　杨　莹
文字编辑　郑潇伟
责任印制　巢新强
封面设计　久品轩

出版发行　中国经济出版社
印 刷 者　北京建宏印刷有限公司
经 销 者　各地新华书店
开　　本　710mm×1000mm　1/16
印　　张　15.75
字　　数　230 千字
版　　次　2017 年 11 月第 1 版
印　　次　2017 年 11 月第 1 次
定　　价　58.00 元
广告经营许可证　京西工商广字第 8179 号

中国经济出版社 **网址** www.economyph.com **社址** 北京市西城区百万庄北街 3 号 **邮编** 100037

内容提要

应急产业是为突发事件预防与应急准备、监测与预警、处置与救援提供专用产品和服务的产业。发展应急产业是提高公共安全基础水平的迫切要求，是培育新的经济增长点的重要内容，是提升应急技术装备核心竞争力的重要途径。近年来，我国应急产业快速兴起并不断发展，在突发事件应对中发挥了重要作用，但还存在产业体系不健全、市场需求培育不足、关键技术装备发展缓慢等问题。河南省相关部门提出，力争到2020年，全省应急产业规模扩大、效益提升，特色优势领域自主创新能力进一步增强，使一批关键技术和装备的研发制造能力达到国内领先水平，投入一批自主研发的重大应急装备进行使用，建成若干特色应急产业集聚区（园区），打造成全国重要的应急产业示范基地和应急物资生产能力储备基地。

未来，河南省致力于把应急产业培育成新的经济增长点，推动应急服务业与现代服务业相结合，将保险纳入灾害事故防范救助体系，加快推行巨灾保险。基于此，本书聚焦河南省应急产业发展的现状、特征和趋势。第一，分析国内外应急产业的发展实践与经验；第二，分析河南省应急产业的发展现状及特征；第三，阐述河南省应急产业的发展路径；第四，剖析河南省应急产业的主要模式；第五，解读河南省应急产业生态化发展的要素条件；第六，解析河南省应急产业生态化发展的政策环境。

全书共分为八章。

第一章是绪论。主要阐述了应急产业发展的背景，应急产业的发展对河南经济发展的意义，应急产业在经济发展中的地位，本书的研究思路和框架，以及本书的主要研究结论和框架。

第二章是文献综述。主要梳理了应急产业相关理论及国内外文献，对应急产业的内涵与外延及特征进行了明确的界定与分析，总结国内外应急产业发展研究现状，使得本书的研究建立在完备的理论基础之上。

第三章是国内外应急产业的发展实践与经验。主要对国内外应急产业发展比较成熟的国家和地区先进的应急产业模式进行了剖析，以期对河南省应急产业的发展、政策的制定、产品的生产销售都会起到很好的借鉴作用。通过分析美国、日本、欧洲、北京、上海、广东、湖北、四川等国家和地区应急产业的发展状况，以便为河南省应急产业的发展提供经验和建议。

第四章是河南省应急产业发展的现状。主要介绍了河南应急产业发展的宏观思路、主要任务与关键领域、重点产品和服务。

第五章是河南省应急产业发展的路径。主要介绍了河南应急产业的特征、总体思路、面临困境、实现方式和保障措施。

第六章是河南省应急产业的主要模式。主要分析了河南应急服务业、应急产品生产产业以及应急科技研发产业的发展模式。

第七章是河南省应急产业生态化发展的要素条件。主要解读了应急产业生态化的产生与发展，界定了应急产业生态化的概念，分析了应急产业生态化发展的要素条件。

第八章是河南省应急产业生态化发展的政策环境。主要分析了应急产业生态化发展的目标、相关政策及其影响、政策环境的优化。

本书的写作由师维发起组织统筹安排，由徐贵宏具体组织和执行写作计划，由郭育艳、王晓燕组织写作研讨会，主要参与写作人员还有冯莉媛、李娇娇、唐青青、蒋宗彩、殷杰兰、陈蒂、柳瑾瑾。本书由现代服务业河南省协同创新中心与河南财经政法大学政府经济发展与社会管理创新研究中心共同资助出版，并得到了河南省软科学项目（项目编号：172400410227）、河南省政府决策招标课题（项目编号：2015B225）、河南省高等学校重点科研项目（项目编号：15A630014）、河南省教育厅人文社会科学研究一般项目（项目编号：2015-ZD-009）的资助。本书可作为从事应急产业研究与教学的人员、应急管理的工作人员、应急管理专业的学生的参考书。

目　录

第一章　绪论

第一节　应急产业发展的背景

突发公共事件是指突然发生的，造成或者可能造成重大人员伤亡、财产损失、生态环境破坏和严重社会危害，危及公共安全的紧急事件。而“应急”则是指需要立即采取某些超出正常工作程序的行动，以避免事故或减轻事故后果的状态。随着社会生产力的日益提高，经济社会的日益繁荣，全球已经进入了突发公共事件的高发期。

2001 年美国“9·11”事件，造成 2977 人遇难。2003 年在全球 32 个国家和地区爆发的“非典”，导致 919 人死亡。中国“非典”病例 5327 例，死亡 349 人（截止到 2003 年 8 月 15 日）。2005 年的禽流感造成全球百人死亡，中国死亡病例 9 例。2008 年 5 月 12 日，中国汶川 8.0 级特大地震，造成当时 69277 人遇难。2009 年，全球甲型 H1N1 流感死亡病例 1.5 万余例，中国累计报告确诊病例 12.7 万余例，死亡 800 多例。2010 年 2 月 27 日，智利发生 8.8 级特大地震，近 200 万人受灾。2011 年 3 月 11 日，日本发生的地震及海啸导致 1.8 万人丧生。一系列的事件表明：世界处在一个公共危机应对的艰难而又关键的时期，对突发公共事件进行应急管理，是对政府执政能力的一个全新挑战和考验。

而作为发展中大国的中国，自进入 21 世纪以来，每年因各类突发事件造成的非正常死亡人数超过 20 万，经济损失超过 6000 多亿元。众所周知，中国是世界上自然灾害较严重的国家之一。近 10 年来，中国每年因自然灾害造成的直接经济损失高达 2000 亿元，约是国民生产总值的 3%~5%。中国安全生产形势严峻，平均每年发生各类事故70多万起。环境安全压力大，多区域、多方面、多形式的环境风险处于高发态势。目前，我国又正处在从计划经济向市场经济、从农村社会向城市社会、从工业社会向信息社会转变的社会转型期，社会矛盾日益凸显，社会安全事件频发，严重影响国家安全和社会稳定。如何有效地防范和处置各类突发事件，提高应急管理能力，已成为考核政府执政能力的重要指标，也是建设服务型政府的新的重要内容。

而目前我国政府的应急能力还处于薄弱状态，并亟待提高。政府应急能力包含应急组织能力、应急运作能力、应急保障能力等多方面能力。毋庸置疑，应急保障能力是影响应急能力的决定性因素之一。应急物资的生产、配备、提供已成为应急管理体系建设的重要环节。应急产业是指为了提升突发公共事件应急应对能力而产生的，以满足国家、社会和人民公共安全需求为基础的，从事应急管理所涉及的应急产品生产及应急服务提供的，政府与企业共同参与的综合性的产业。可以说，应急产业的发展水平将直接影响政府应急能力乃至整个社会应急能力的提升，政府和社会应急能力的提升反过来又将推动应急产业的市场化，是对新的经济发展点的拓宽，形成良性循环。虽然应急产业的快速发展将会带来诸多益处，但与应急管理休戚相关的应急产业在我国却发展迟缓，多种救援设备大部分依赖进口；应急信息技术滞后；大型应急产品生产企业寥寥无几……近年来，我国加大了对应急产业的关注和扶植，相继出台了一些政策及积极筹建规划产业基地、产业项目等，力争使应急产业走上规范化的良性发展道路。但就目前我国应急产业的发展现状来看，应急产业发展还处于起步阶段，不够成熟。应急产品生产企业大多处在独立、零散发展的状态，如何完善对应急产品的认定、如何有效地提高企业进入应急产业领域的积极性、如何保障应急产业持续健康发展、等，都是现今应急产业亟待解决的问题。对于目前应急产业发展问题的研究，学术界也开始了广泛的探讨，并形成了一些共识，但对于这样一门有着重要性、特殊性、战略性的产业来说，要在实践中推动它的形成、发展和繁荣并非一蹴而就的，而是需要更加深入的研究和科学的规划，因而，对应急产业的发展问题进行系统的研究将是一项长期而复杂的工作。

2016—2020 年是河南省全面建成小康社会的决胜阶段，经济社会发展处于重要转型期，矛盾叠加、风险隐患增多，各种传统和非传统的、自然和社会的安全风险交织并存，公共安全和社会应急能力面临严峻考验。突发事件应对，是我国当前乃至今后一个时期内面临的最重要的民生问题之一，关系到老百姓的生命和财产安全。如何发展应急产业，以减少灾难造成的损失和人员伤亡，保障人民健康安全的生活，已成为摆在政府面前亟待解决的问题。

综观近年来的应急产业实践，人们已经认识到应急产业是复合性的新兴行业，涉及的经济存量资源相当广泛，很多部门与行业都可以参与建设，理论上的市场容量相当诱人。然而，我们对应急产业的客观内涵、运行规律和产品创新机制，仍在探索之中，应急产业对整体经济的整合机制、驱动方式，需要我们抱着清醒的态度去进行有序的实践与创新。既不能狭隘定位，将现有产品做简单改变进入市场，忽略了应急产品的技术创新与应急服务功能开发；也不能不切实际，搞盲目的“无中生有”式的开发，尤其要注意防止一哄而起，不能以应急产业名义进行“圈地”和盲目建设。发展应急产业，需要政府部门站在推动传统产业向中高端迈进、培育经济新增长点的整体角度，进行顶层设计与规划统筹。发展应急产业一定要遵循市场规律，按市场规律办事。应当规划先行，结合本地区、本行业、本部门的具体应急需求和自身能力，以满足本地需求为前提去找准细分市场、开发定向产品，量力而行、顺势而为。应当将本地区经济结构转型升级同应急产业有序渐进发展的工作统筹起来，更多地考虑如何将本地区的优势资源转化为应急产业发展的引擎和平台，用好政府采购与服务外包的政策来激励本地区应急产业的健康、快速发展，实现应急产业发展的良性循环。

2014 年 12 月 8 日，国务院办公厅以国办发〔2014〕63 号印发《关于加快应急产业发展的意见》。该《意见》分为六个部分：充分认识发展应急产业的重要意义、总体要求、重点方向、主要任务、政策措施、组织协调。全面部署我国发展应急产业的发展目标与建设路径，对提升我国突发事件应急救援能力、保障人民群众生命财产安全、维护国家公共安全具有重要意义。《意见》的出台，以提升我国应急产业整体水平和核心竞争力为目标，以增强防范和处置突发事件的产业支撑能力为宗旨，为今后一个时期的应急产业发展方向、工作重点、运行机制做了顶层设计。2015 年 6 月，工业和信息化部、发展改革委印发了《应急产业重点产品和服务指导目录（2015 年）》，该目录依据《意见》确定的 4 个领域、15 个发展方向，进一步细化到 266 项细分产品和服务（其中，监测预警 69 项、预防防护 49 项、救援处置 108 项、应急服务 40 项），进一步细化应急产业的具体内涵，体现了专用性、前瞻性和包容性，更好地引导社会资源投向，有利于各部门、各地区以此为依据，开展培育发展应急产业工作。2017 年 7 月 10 日，工业和信息化部以工信部〔2017〕153 号印发《应急产业培育与发展行动计划（2017—2019 年）》的通知，明确了 2017—2019 年我国应急产业培育和发展重点任务，推动应急产业持续快速健康发展。2015 年 11 月 11 日，河南省人民政府办公厅以豫政办〔2015〕144 号印发《关于加快应急产业发展的意见》。这些意见和规划为引导河南省应急产业正规、健康发展奠定了坚实基础。我们要依据国家和省里的发展意见及相关部委制定的目录计划，研究制定河南省应急产品技术标准，鼓励支持先进应急产品研发、应用、推广，实现产业化、规模化发展。推进应急技术系统集成和重大技术装备研发，完善应急产业科技成果转化机制，形成应急产业良性发展态势。实行应急产业市场化运营模式，鼓励组建应急产业协会、应急产业投资联盟、应急产业发展服务公司和应急产品产销平台等，推动应急产业健康发展。

第二节　应急产业的发展对河南经济发展的意义

突发公共事件通常具有紧迫性、突发性、复杂性、广泛性、灾难性等特点，要求应急管理也必须快速、安全、高效。无论是防范突发事件、处置突发事件，还是突发事件的事后恢复都要依靠各种应急物资做保障。正如原国务委员、国务院秘书长华建敏曾指出，“全面提高我国抵御风险、防范应对突发事件的能力，关键要靠科技和产业支撑……”应急产业的快速发展一方面是对应急管理体系的完善，进而提高社会、政府和个人的应对各种突发事件的能力，同时还将带动制造业、信息业、服务业等一大批产业开拓新的市场发展空间，形成新的产业链，构建新的经济增长点。2011 年国家发改委新出台的《产业结构调整指导目录》第 39 项“公共安全与应急产品”，正式将应急产业列入国家重点鼓励发展的一个产业门类。由应急管理需求而产生的应急产业，正在不断地发展壮大。应急产业在我国还刚刚起步，在发展过程中还存在许多问题，如何促进应急产业的快速发展，又如何保障应急产业的良性健康发展，都是目前应急产业发展需要考虑和研究的问题。因此，探讨促进我国应急产业发展的研究议题其研究意义重大。

近年来，消防、安防、生产安全、信息安全、应急通信、环境应急、防灾减灾、防汛抗旱、反恐等领域专用产品和服务的年产值近万亿元。发展应急产业为装备、材料、医药、通信、保险、物流等领域提供新的发展空间，亦为孕育紧急救援服务等一批应急服务新业态提供土壤。

（1）发展应急产业是提高公共安全基础水平的迫切要求。当前，我国公共安全形势严峻复杂，突发事件易发、频发，防控难度不断加大。发展应急产业能为防范和应对突发事件提供物质保障、技术支撑和专业服务，提升基础设施和生产经营单位本质安全水平，提升突发事件应急救援能力，提升全社会抵御风险能力，对于保障人民群众生命财产安全、维护国家公共安全具有重要意义。

（2）发展应急产业是培育新的经济增长点的重要内容。随着我国经济发展、社会进步和公众安全意识提高，社会各方对应急产品和服务的需求不断增长。应急产业覆盖面广、产业链长，加快发展应急产业有利于调整优化产业结构，催生新的业态，形成新的经济增长点；有利于促进中小微企业发展，增强经济活力，扩大社会就业。我国自然环境和气候复杂多样，自然生态灾害十分严重。我国是世界最大的发展中国家，处于社会主义初级阶段，工业化和城市化正在加快推进，经济社会面临重大转型，经济增长方式粗放。这种形势使得安全事故发生机率加大。同时，随着经济的发展、社会的进步、人民收入水平提高，各次产业发展预防突发事故、人民安全意识不断提高等，会使得全社会对应急服务和应急产品有更大的需求。综合各种因素，我国应急需求规模巨大。初步估计每年有近千亿元的市场潜力，是国民经济的新增长点。

(3) 发展应急产业是提升应急技术装备核心竞争力的重要途径。突发事件处置现场情况复杂，对应急技术装备的适应性、可靠性、安全性要求更加苛刻。我国应急产业起步晚，一些产品技术含量不高，部分关键技术产品依赖进口。加快发展应急产业将带动相关行业领域自主创新和技术进步，促进国际先进技术和理念的引进“消化、吸收”再创新，提高我国应急技术装备在国际市场的核心竞争力，推动经济转型升级。

(4) 发展应急产业有利于合理发挥政府和市场的作用，进一步增强全社会应对各类突发事件的能力。政府在各类突发性事件中负有重要责任，但并不意味着政府必须包办一切。因为无论是应急能力提供，还是应急效率方面，政府均有其局限性。对过去国内发生各种紧急事故的处理方式上看，基本上是由政府、军队、警察、消防以及慈善机构提供救助和资金支持，组织临时机构处理。“应急”往往是相关单位抽调临时人员组织进行，在既无经验又无准备的情况下，不仅缺乏专业知识与技术，而且缺乏设备与装备。往往会导致施救单位社会效益越高、经济效益越低的倒挂和错位，影响着参与救援单位的积极性，致使在急需救援时群众得不到相应的援救，严重影响施救的效果和质量。大量的社会救援行动，给政府带来财政负担，面对遇难人或家属及国际社会的责难时，也使政府承受不必要的压力。

应急产业的发展，有利于改变以往政府包办的不足，向专业化、社会化的应急服务转变，使政府与社会力量相互补充，形成更加缜密的应急保障体系。应急产业的形成与发展，大大提高了社会应对经济社会系统运行中的突发事件和事故灾难的能力，极大地减少生命和财产的损失。

(5) 发展应急产业有助于产业结构的优化。应急服务企业和应急装备企业包括大量的备灾活动中的物流、仓储专业公司；传播安全生产管理专业技能的培训公司；与灾害防御与救援相关的信息处理与技术服务公司；安全风险审计顾问公司；救援技术研发公司和引进国际先进技术建立的特种救援产品制造公司等。这些新兴企业的成长有助于提高现代服务业和先进装备制造业在国民经济中的比重和地位，有助于产业结构的优化。

（6）较好地适应经济社会变革带来的应急挑战和要求。在社会发展关系上，灾害的发生与工业化发展速度息息相关。工业化和城市化迅速发展势必在安全、环保、防疫等方面提出更加严格和紧迫的要求。应急产业的发展，适应这种经济、社会、自然生态等变化提出的挑战和要求。

“十三五”时期，应急全行业要重点提升供给水平；增强创新能力；促进应急产品和服务推广应用；推动应急产业融合集聚发展；培育产业骨干力量；加强国际交流合作；夯实行业管理基础，基本形成与突发事件处置需要相适应、与制造业、服务业融合发展的应急产业体系，尽快把应急产业发展成新的经济增长点。

第三节 应急产业在经济发展中的地位

对于这个问题的探讨，是一个理论性和实践性很强的课题，具有重大的现实意义。国内部分人士认为，我国当前应急产业形态不清晰，这种观点的存在已经影响到应急产业在国民经济和社会发展中的角色定位，影响到应急产业发展战略和应急产业政策制定的方向。对此，必须予以明确的回答。

理论上讲，产业地位的确立应有几个方面的标志：一是有能够提供符合社会某种需要产品或服务的企业，有成长空间，并形成一定经济规模；二是产业在国民生产总值中占到一定比重；三是产业具有一定规模的从业人员，包括专门的设计、技术人员、管理人员以及工人群体。我国应急产业的产业地位初步得以确立，主要有以下几方面理由：

（1）从应急需求角度看，已经具备形成应急产业的需求基础。应急需求的存在是应急产业得以形成的前提。随着我国国民经济持续快速增长、工业化的推进、市场经济体制的逐步建立，以及应急消费和应急安全需求不断增加，经济社会发展对应急需求的强度越来越大。

（2）从应急供给主体看，已经出现的各种类型的应急企业使得应急产业地位明显确立。应急产业是由大大小小不同类型的应急企业构成的，为国民经济各行各业发展提供相应的服务。我国应急市场上已经形成了由多种所有制（如国有独资、集体、三资、外商独资、民营、内资股份制、上市公司等）、不同经营规模和各种服务模式共同构成，各具特色的应急企业群体。例如，目前市场上就存在专门提供应急装备的企业、专门提供应急服务的企业，还存在一些应急服务的事业单位（这些事业单位通过改变机制可以转化为企业）等。

（3）应急产业园区的出现，是应急产业得以形成的另一重要特征。例如，广东省东莞市以本地从事应急产品研制生产企业为主体，在松山湖国家高新技术产业园建设应急产业示范基地，基地已具备一定规模，未来将重点新建应急产业研发中心、救援培训中心、应急物流中心等十大中心，计划投资 80 亿元，其中，应急产业研发中心已开工。安徽省在合肥国家高新技术园建设公共安全产业基地，创建公共安全信息技术研究院，占地面积近 3 平方公里，力争将公共安全产业打造成拥有独立知识产权和国际竞争力的优势产业。重庆市在合川推动重庆应急装备科技产业园和安全生产（应急）产业基地建设，其中，安全生产（应急）产业基地投资 60 亿元，将形成产值数百亿元的新型产业集群，努力成为国家级的安全产品研发、制造、交易、物流、培训、演练的重要基地和龙头。

从生产要素看，应急产业得以形成的各种要素资源如人力资源、应急技术、固定资本投资不断得到加强。从应急产业的产出看，应急产值规模在国民经济中虽然不高，但近些年增长速度很快。例如，浙江乐清市对该市应急产业产值的初步调研显示，2009 年该市应急产业产值大于 100 亿元。

总体来看，应急产业在我国已经具有明晰的产业形态，未来的成长性很大，无论从应急产业规模、各类应急企业的成长、应急服务模式的多样化、应急效率均会有很大的提高。然而，我国应急产业还处于起步期，应急能力还很欠缺，产业竞争力并不强，应急总体水平仍然偏低，还不适应国民经济发展的需要。国家主管机构要尽快明确应急产业的产业地位，出台相关政策以加快其发展。

第四节　研究思路和框架

为使研究顺利展开，本书首先对应急产业现有的相关理论问题的研究进行回顾和梳理。在应急产业相关理论的结构下，对国内外已有的应急产业发展现状进行研究和探索，进而总结提炼出河南省应急产业发展的路径和政策。基本思路有以下几个方面：

一是应急产业相关理论及国内外文献综述。首先对应急产业的内涵与外延及特征进行了明确的界定与分析，紧接着梳理国内外相关文献，总结国内外应急产业发展研究现状，使得本书的研究建立在完备的理论基础之上。

二是总结并分析国内外应急产业发展的实践经验。欧美等发达国家应急产业起步比较早，发展比较成熟，应急产品和服务的市场化程度比较高，基本上已经形成了完整的服务链和产业链。分析国内外先进的应急产业模式，对河南省应急产业的发展、政策的制定、产品的生产销售起到很大的帮助。本章通过分析美国、日本、欧洲、北京、上海、广东、湖北、四川等国家和地区应急产业的发展状况，以便为河南省应急产业的发展提供经验和建议。

三是河南省应急产业发展的现状。本部分主要介绍了河南省应急产业总体发展情况：河南省应急产业之监测预警、河南省应急产业之预防防护、河南省应急产业之处置救援、河南省应急产业之应急服务等，还介绍了河南省应急产业发展的特征。

四是分析了河南省应急产业发展的路径。河南省委、省政府高度重视防灾减灾和应急能力建设，不断提高预防和处置突发公共事件的能力，客观上起到了推动应急产业发展的作用，河南省应急产业取得了较快发展。但必须看到，河南省应急产业还处于起步阶段，没有比较完善的产品目录，没有形成健全的产业发展模式。在应急指挥平台标准化建设、预警信息发布平台建设、应急队伍标准化装备配备、应急物资储备库建设等国家灾害应急体系建设，极端天气、洪涝等自然灾害的监测与预警，火灾、矿山事故、交通事故等突发事件的应急处置与救援，防控甲型 H1N1 流感等公共卫生事件，在四大类突发事件应急管理过程中暴露出了应急人才匮乏、关键应急装备发展滞后、应急产业标准亟待完善、应急科技水平有待提高、应急产品市场尚不成熟等多方面的问题。

五是河南省应急产业的主要模式。河南省应急产业的主要模式包括应急服务业、应急产品生产产业以及应急科技研发产业，本部分对着三种模式进行了详细的阐述。

六是应急产业生态化发展的要素条件及政策环境。本部分首先对应急产业生态化进行了详细的界定，然后分别分析了应急产业生态化发展的要素条件，最后分析了应急产业生态化发展的政策环境。

第五节　主要结论及核心观点

本书通过对河南省应急产业以及国内外应急产业的研究，得出优化河南省应急产业生态化发展的政策建议。

一是完善应急产业政治政策支持体系。首先，完善基本法律建设，通过基本法律来规定和完善应急产业的管理体制是有必要的；其次，完善行政管理政策，横向分析，应努力协调河南省政府各个相关部门之间的合作，承担与平行单位的联络和沟通协调，制定有效的应急产业生态化发展措施，并对应急产业政策实行共同监督共同协商，保证应有的行政管理效果。纵向分析，河南省政府应该加强与中央层面的联系，使河南省行政管理机构发挥其根本性的作用，保证应急产业生态化发展政策支持体系从中央和地方都能够有效的运行。

二是加强应急产业的经济政策支持体系。首先，财税政策方面，河南省各级政府要完善财政科学投入机制，调整财政科学投入结构，根据实际情况可设立产业生态化发展财政性扶持基金，为产业生态化发展提供有效的资金保障，解决河南省在应急产业生态化发展财务上的难题；此外，在税收上，适当地减免降级应急产业生态化的支持产业的增值税、所得税和消费税等方面的优惠，降低应急产业研发和生产成本。

其次，金融政策方面，一是融资模式的创新，改善现有的单一融资方式，大胆尝试多种融资方式，如并购贷款、知识产权质押供贷款、股权融资等多种创新形式。二是扩宽融资的渠道，政府要采取相关政策措施鼓励银行、信托、财务、担保等机构之间的合作。

最后，产业政策方面，从宏观层面，河南省通过制定科学的应急产业发展规划，优化应急产业组织的政策来发挥产业政策的作用；从微观层面，依照国家鼓励的新型产业，生态化产业等，结合当地的产业特色、资源优势制定因地制宜的产业，对于适合当地发展的新型产业和生态化产业给予一定的优惠政策，如减少税收，降低准入门栏等，对于成效较好、资产回收率较高的给予奖励。

第二章 应急产业的理论及文献综述

应急产业是人们既熟悉又陌生的新兴产业，是为突发事件预防与应急准备、监测与预警、处置与救援提供专用产品和服务的产业。近年来，我国应急产业快速兴起并不断发展，在突发事件应对中发挥了重要作用。据估算，我国消防安防、应急通讯、防灾减灾、反恐等领域的应急产品和服务产值达到近万亿元。2014 年国办发布的《关于加快应急产业发展的意见》提出，到 2020 年，应急产业规模显著扩大，应急产业体系基本形成。

第一节 应急产业的内涵与特征

一、应急产业的内涵

应急产业一般指为预防、处置突发事件提供产品和服务而形成的活动的集合。按类别划分，分别是救援处置装备与技术，监测预警诊断设备与技术，预防防护产品与技术，应急教育培训咨询服务。据国家相关部委预测，应急产业市场年容量约 5000 亿元，如果包括所带动的相关产业链，市场年容量约 10000 亿元。应急产业具有多行业交叉和服务公共安全的属性，是新兴产业。发展应急产业，有利于国家的防灾减灾和公共安全，有利于基层的产业结构优化和社会和谐稳定，有利于企业的市场拓展和利润增长，有利于公众的安全和健康。

应急产业，毋庸置疑，是在产业的范畴之内，故在界定应急产业之前，首先明确什么是产业。随着社会生产力的提高，市场经济的发展，社会分工进一步深化，社会需求持续增多和多样化，产业由最初的农业、工业和商业逐渐细化为更多的产业部门，行成多层次的经济系统，国民经济中具有某些相同或相似生产技术或产品的经济活动逐渐融合形成某一产业。可以将产业理解为社会分工基础上产生的，随着社会生产力和市场经济的发展而不断发展的，多层次的经济系统，是具有某种相同或相似的属性的经济活动的集合。

对于应急产业而言，突发事件的应急应对离不开各类应急物资的保障。对于突发事件预防所需要的感知预警类产品及预防和防护类产品、突发事件处置所需的应急救援产品、突发事件各阶段应对所需的服务都属于应急产品。当社会对应急产品的需求持续增加，当参与应急产品或服务相关的经济活动日益频繁，当应急产品可以保持在市场作用下一定程度的生产供给，“应急产品”就开始逐渐形成“应急产业”。

所以，在产业内涵及分类的基础上，从狭义上界定应急产业，是指为了提升突发公共事件应急应对能力而产生的，以满足国家、社会和人民公共安全需求为基础的，从事应急管理所涉及的应急产品生产及应急服务提供的，政府与企业共同参与的综合性的新兴产业。应急产业的内涵主要有以下几个要点：

（1）应急产业是应应急管理需求而产生的新兴产业。依据前文产业的内涵理解，我们知道任何产业都是伴随社会生产力的不断提高，社会分工协作加剧，在市场经济作用下，以满足社会需求的产物。而依据产业的发展阶段分类，可以看出，应急产业在我国已经自成产业体系，不仅已是“产业”，而且是应应急管理需求而产生的“新兴产业”。人类社会一经出现，就有各种危机相伴，自然灾害、人为事故、社会冲突等，也就开始了应急活动。社会活动的加剧推动应急活动变为应急管理，应急管理的日趋复杂化，对政府、社会的应急能力提出了更高的要求，保障应急能力的各类救援设备工具、医疗用品、应急培训服务等应急物资成为应急管理体系中最关键的环节。应急管理的日趋常态化，需要应急物资的生产、供给要脱离自主、临时的生产模式，实现持续性、产业化。应急管理的日趋社会化，需要转变由政府全权承担应急工作的形式，实现社会共同参与。个人、企业都要有危机意识和自主应急能力，催生了应急物资的常态化配备，推动了物资生产的产业化之路。可以看出，社会的发展，危机的频繁，应急管理的复杂化、常态化、社会化，提升应急能力的内在需求必然促成应急产业的形成。

（2）应急产业是从事与应急相关的产品生产或服务的经济活动的集合。应急产业包含的内容也随着应急管理形势不断变化和丰富，主要涉及生产预防、处置突发事件的各类产品，既包括各种安防产品、应急救援设备、药品等产品，也包括辅助应急的应急平台体系以及应急培训教育等。目前，我国应急产业倾向于产业基地、产业园区的产业集群化发展，为应急产业走上规范化产业发展奠定了基础。

（3）应急产业是以满足国家、社会和人民公共安全需求为产业发展的基础和目的。任何产业都是一项经济活动，都是以追求利益最大化为出发点和目标，应急产业的其中一项特殊性就在于此。突发公共事件的应急管理以国家、社会和人民的公共利益为首要应急原则，应急应对存在紧急性、突发性等特点，这使应急产业在产品生产配备上以及时应对突发事件，最大限度地保障公共安全为基础，并不排除紧急征用、临时生产等情况以及可能难以实现利润最大化等。基于这一点，也是政府制定促进应急产业发展的政策时应着重考虑的。

（4）应急产业需要政府与企业共同参与，且产业渗透性强，属综合产业。鉴于应急产业以公共利益为首要追求的特殊性，故既要有企业的自发参与，也要有政府的扶持引导，尤其是在目前应急产业的发展初期，离不开政府的宏观规划、指导，需要政府的政策倾斜。政府与企业只有共同参与才能推动应急产业的发展。同时，应急产业涉及装备制造业、教育培训业、医疗药品业等产业部门，也与运输业、物流业、电子通讯等有着密切联系，与国民经济诸多行业部门有着极强的渗透性和交叉性，是综合性极强的产业。

二、应急产业的特征

应急产业既有产业的一般属性，又有自身的特殊属性，是共性与特性的结合。首先，产业的一般属性主要有以下五个方面：

第一，产业是社会生产力发展的必然结果。随着社会生产力的不断提高，生产工具不断进步，新技术、新工艺等一系列科学技术的出现，为社会分工开拓了新领域，推动了产业部门的不断分化。产业是在生产力发展作用下社会分工协作的结果。

第二，产业是依附于社会需求而存市场经济的发展又必然促使社会分工的进一步深化，带来越来越多的社会多方需求，促使社会产生能满足多种需求的产业部门，推动产业部门的形成。

第三，产业以追求经济利益为目的。产业是多层次的经济系统，各种经济活动的载体，产业发展的动力与支撑是对经济利益的追求，市场作用下，资源自觉的由配置效率低的部门流向配置效率高的部门，实现优胜劣汰。产业的经济属性就是以追求利润、产品的价值补偿和增值为目标。

第四，效益和风险是产业共存的两个方面。产业的经济属性是利益最大化，但在市场经济条件下又受资源自由配置的影响，存在获取效益的风险。也正是因为有风险的存在，才使得产业改革发展及竞争力得到提升。

第五，产业是介于宏观经济与微观经济之间的中观经济。产业是构成国民经济重要组成部分的子系统，但同时又自成体系，是某些相同或相似经济活动的集合，因此，产业是与国民经济其他部门有密切联系又独立存在的中观经济体。

其次，作为应急产业，应急产业是以满足政府与社会的公共安全需要而从事经济活动的集合，是与国家应急体系建设相适应的实行应急产品与服务的专业化、规模化、市场化、标准化、集成化的产业。它既有产业应有的共同属性，又有不同于一般产业的特殊属性，应急产业的特性主要有：

（1）应急产业需求的刚性。在突发事件中，应急产品的使用具有极强的不可或缺性，要求在第一时间内保证产品或服务的充分供给和使用，具有需求的刚性。

（2）应急产业具有公共产品属性。由于应急产业提供的产品和服务是以满足社会公共安全需要为首要目的，应急产品的使用具有非排他性和收益上的非独占性，并且应急产品的供给也并不完全由市场支配。因此，应急产业属于公共产业的范畴。

（3）应急产业具有不完全营利性。应急产业的公共产品属性决定了应急产业不能完全以营利为目的，它要以国家与社会的公共安全需要为主要目的，所以，应急产业的市场利益与其产品生产可能会不相对称。

（4）应急产业具有高风险性。一些应急产品具有很强的专业技术性，其研发、生产都要求大量的财力、物力，而应急产品由于其产品特殊性特点，加之应急产品的使用时间、地点、方式都有一定的局限性，所以，应急产业具有很高的风险性。

（5）应急产业具有很强的综合性。应急产业同国民经济各部门都有紧密的联系，产业的关联性很大，效应性强、涉及面广、渗透性强，是一个综合性的产业。

第二节　应急产业的类型与外延

一、应急产业的类型

1. 学术界对应急产业的划分有以下几种方式：

（1）依据应急产品与服务的形态。应急产业最基本的划分方法依据形态划分为应急产品与应急服务两类，各自再依据不同的标准做进一步的划分。

应急产品按照适用对象的不同可以分为三类：

①面向各级政府部门的应急产品。其中，一部分是应急系统与应急指挥平台，包括应急指挥平台、应急信息管理与辅助决策系统、图像监控和移动指挥系统等；另一部分是面向政府部门的应急技术，主要包括国家应急平台设计关键技术、重大突发公共事件应急关键技术、公共安全应急管理技术等。

②面向专业救援团队的应急产品。面向专业救援团队的应急产品主要包括个体防护设备、搜救设备、现场采样用品、监测、预警、报警、预防装备、救援工具及器械、救援辅助工具及设备、救援通讯设备、救援运输工具、

救援医疗器械、救援药品等。

（3）面向公共场所与居民个人的应急产品。这类应急产品主要包括应急照明工具、应急通讯设备、应急医疗工具、应急食品、应急消防工具、应急救援工具、应急逃生工具等。

应急服务按照供给主体及服务性质的不同可分为三类：

（1）在应急管理中提供专业化应急服务。其中，一部分是由非专业救援企业提供的应急服务，这类企业出于自身安全生产的需要，组建与培训专业化的应急队伍，可以在处理企业自身安全生产事故的同时，在突发事件应急处置中对外提供专业化的应急救援服务；另一部分是由专业救援公司提供的应急服务，这类公司主要经营业务就是紧急救援服务，它们拥有专业化应急装备、技术、设施、物资与队伍，在各类突发事件中提供应急服务。

（2）应急教育培训。随着各种突发公共事件的频繁出现，应急教育培训的需求不断增长，多种形式的突发灾害体验培训机构也存在很大的需求空间，认证培训、继续工程培训、职业资格考试培训等方面的市场前景十分广阔。

（3）应急咨询服务。咨询服务的市场需求巨大，对于那些已经投入使用的应急系统需要后续工程的完善和优化，最终实现各部门的无缝连接，增大了对咨询服务的需求。

2. 依据应急产业同应急处置与救援的关联程度

按照应急产业同突发公共事件应急处置与救援的关联程度可以，分为以下三类：

第一，专属于应急活动的产品。这类产品除了用于应急过程外，在非应急状态下基本上没有其他用途。这类应急产品是应急产业的核心产品，发展应急产业必须以这类产品的研究开发、规模生产为重点。应急产业核心产品主要包括消防技术与装备、特种应急装备、特种应急技术等。

第二，具有交叉性用途的应急产品。这类产品既可以用于应急领域，也可以用于非应急领域，既可在社会经济常态下广泛使用，也可在应急状态下作为应急产品。发展应急产业需要大力发展这类在应急状态下不可或缺的应急产品，同时，促进这类产品的产业化发展也能够带动其所在领域相关产业的发展。交叉性应急产品主要包括各类药品、化学品、危险品以及抵抗自然灾害等使用的大量物资。

第三，同应急管理具有弱关联性的产品。这类产品是前两类产品的关联支撑或服务方，这类产品能够为公共安全提供大量的基础性服务，尤其是在软环境服务方面，未来的应急产业化建设将大力开发这类具有潜在应急服务能力的产品。关联性应急产品主要包括信息技术、通讯技术、软件开发、中介咨询、特种技术标准等。

2. 工信部对应急产业的类型划分标准如下：

（1）感知预警类。

①自然灾害监测产品。如气象雷达、对地遥感观测卫星等灾害天气监测装备，山体崩塌、泥石流等地质灾害监测设备，海啸、赤潮等海洋灾害监测仪器，蝗虫、稻飞虱等生物灾害监测仪器，地震、水旱、森林大火等灾害监测设备。

②事故灾难监测产品。如瓦斯、辐射、微波、静电、噪音、粉尘、毒物等安全隐患监测设备，河流、湖泊、水库及沿海水域污染物监测设备，交通运输装备防撞预警装备，核辐射、危险化学品（含剧毒品）泄漏监测仪器，感光、感温、感烟、可燃气体探测仪器等。

③公共卫生监测产品。如鼠疫、疟疾等传染性疾病监测设备，禽流感、甲型 HINI 流感等疫情监测仪器，食品药品卫生安全检测设备，空气质量与环境检测仪器，土壤、化肥、农药、兽药残留物、污染物检测仪器，体温监测仪器等。

④社会安全监测产品。如群体性突发事件、金融突发事件、涉外突发事件监测系统，易燃、易爆、强腐蚀、放射性等危险物品监测仪器，人脸和声音识别设备，监视监控防范系统等。

（2）预防和防护类。

①个人防护产品。如阻燃、防静电、绝缘、拒水、防辐射、防油、防弹、防生化等防护产品，安全帽、目镜、面具等头部防护产品，绝缘、高温、低温、防砸等手足防护产品，安全网、安全带等防坠落产品，眼睛、面部、手

等护肤用品，疫苗等。

②生产防护产品。如交通、工矿安全设备，危险化学品安全设备，机械设备安全防护设备，建筑作业安全设备，电力作业安全防护设备，冶金工业安全设备，消防安全设备，危险材料存放、处理设备，高空作业防护及防坠设备，瓦斯监控设备，锅炉压力容器安全设备等。

③公共防护产品。如出入口控制系统，防雷产品，社区安全防范系统，网络安全系统与防护产品，电子报警安全装置，公共安全标志设备等。

④防护材料。如聚碳酸酯，凯夫拉纤维，有机芳香聚酰胺纤维，超高强度聚乙烯，耐燃耐火材料，阻火填塞材料，阻燃剂及阻燃材料，耐燃耐热电线电缆，防火建筑装饰材料等。

（3）救援和处置类。

①应急救援产品。如起重、挖掘、破拆、清除、支撑等工程装备及相关便携式设备，生命和物体探测装备，搜救救生设备，消防救援器材，道路、管道、桥梁、通信等基础设施修复装备，舟桥装备等。

②应急运输产品。如直升机、水上飞机、运输机等空中救援装备，搜救车辆、运输车辆等地面救援装备，搜救船只等水面救援运输装备，城市街道、高速公路及其他领域的除冰雪设备等。

③应急救护产品。如抢救医疗器械、医药用品、消杀用品、医疗急救车、卫生防疫车、呼吸器等。

④应急通信产品。如应急指挥调度平台、救援应急指挥系统、卫星通信设备、短波电台、移动应急通讯车等。

⑤应急电源产品。如移动应急电站车、应急电源配电车、应急发电设备、应急照明设备等。

⑥应急生活产品。如简易板房、帐篷、棉衣、棉被、食品等。

⑦反恐产品。如特种车辆，无人机，橡胶救生船，排爆设备及各种器材，定向爆破器材，反恐救援、作战和训练装备等。

⑧其他产品。如液体、气体和固体废弃物处理材料和设备等。

（4）服务类。

①社会救援服务。如为事故救助提供专业救援力量的各类社会机构和组织。

②咨询培训服务。如为政府、企业、个人提供应急管理咨询和培训的机构和组织。

③应急物流服务。如为应急工业产品提供仓储、运输等服务的各类组织。

二、应急产业的外延

厘清应急产业的外延，对于推动应急产业发展具有十分重要的意义。由于符合公共安全需求的应急产品与服务十分庞杂，不能将那些原本归属于相关产业的产品与服务统统纳入应急产业范畴，要避免应急产业泛化的误区。

应急产品的外延按照适用对象的不同可分为三类：一是面向各级政府部门的应急产品，包括应急系统与应急指挥平台、面向政府部门的应急技术等；二是面向专业救援团队的应急产品，包括感知和预警类、预防和防护类、救援和处置类的装备、设备、设施、技术等；三是面向公共场所与居民个人的应急产品，主要包括应急照明工具、应急通讯设备、应急医疗工具、应急食品、应急消防工具、应急救援工具、应急逃生工具等。

应急服务的外延按照供给主体及服务性质的不同可分为三类：一是在应急管理中提供专业化的应急服务，包括非专业救援企业提供的应急服务和专业救援公司提供的应急服务；二是应急教育培训，包括认证培训、职业资格考试培训等；三是应急咨询服务。

第三节　应急产业的理论研究

一、关于应急产业理论基础的研究

应急产业是基于突发公共事件的应急需求而产生的，因此，理解应急产业有必要对突发事件及应急管理做一个系统的梳理。

第一，危机与突发事件。危机与突发事件通常情况下是不同的。危机通常用来表示重大的、影响程度深的事件或状态，而突发事件有可能演变为危机事件。通常突发事件管理也称之为公共危机管理，以公共危机管理理论指导突发公共事件应急管理。危机研究的先驱 Hermanna（1972）基于危机所处的情景，将危机定义为“危机是威胁政策集团优先目标的一种形势，是一种情境状态，决策改变所获得的反映事件非常有限，其形势改变也往往出乎意料”。从危机过程、变化上，Rosenthal（1989）则理解危机为“一个过程，一种对社会系统基本结构和行为准则构成严重威胁的事件，在时间和不确定性压力下，必须做出关键决策的事件”。到 Barton（1993）开始提出危机的特定事件属性，他认为危机“是会引起潜在负面影响的并具有不确定性的大事件，这一事件以及事件后果可能会对组织及人员、产品、服务、资产和声誉造成巨大损害。”Mitroff（1993）也认为危机是“一个事件实际威胁或潜在威胁到组织整体”。这种从特定事件角度理解危机，可以说是对突发事件理解的起点。突发事件是一种具体、特定的危机。Keith Mihael 和 Jeffrey（2003）从社会角度出发，认为突发事件是人类所特定面对的，人类活动导致的突发的危险的，对人类生存和利益带来威胁的事件。Brennan Day（2004）等人通过对 SARS 的分析，提出突发事件是需要使用非常规手段来处理的，需要进行社会机制创新的情形。李苏鸣（2006）从公共性角度区分突发事件为广义突发事件和狭义突发事件，广义角度，“凡是历史上和社会上突然发生的各种不平常的大事，都可以称之为‘突发事件’”；狭义角度，“突然发生，具有重大影响和严重危害的社会性事件，它强调其影响范围的公共性和危害程度的社会性”为“突发事件”。

第二，对应急管理的理解。David a. Mcentire（2007）将应急管理看成一种学科与职业，其应用科学技术、规划与管理来应对极端事件。这里的极端事件是可能导致人员伤亡，财产重大损失，扰乱社会生活的事件。William L. Waugh，Jr.（2003）则将应急管理看做风险管理，“应急管理是使社会能够承受和应对环境、技术风险，以及它们所导致的灾害”。Haddow 和 Bullock（2006）将应急管理简要定义为“应对风险与规避风险的学科”。有美国学者总结了“综合性应急管理”的解释，“综合性应急管理是一种管理应急计划与活动的整体性方法，包括减缓、准备、响应与恢复四个应急阶段，还包括各个层次的政府与私有部门，综合性应急管理的主要特征是全参与、全风险、全过程”。王宏伟结合我国《突发事件应对法》，界定应急管理是“为了预防与应对自然灾害、事故灾难、公共卫生事件和社会安全事件，将政府、企业和第三部门的力量有效组合起来而进行的减缓、准备、响应与恢复活动”。孔令栋、马奔在《突发公共事件应急管理》一书中指出，“应急管理是一种特殊类型的管理”，强调事件的突发性和紧迫性，突发事件的管理具有明显的不可逆性，应急管理是一个研究问题、发现问题、解决问题的过程。国家层面上，美国国土安全部定义应急管理为“协调、整合所有对于建立、维持与提高一系列能力来说很有必要的所有活动，涉及针对潜在的或现实的灾害或紧急事务而进行的所有准备、响应、恢复、减缓……”。联合国在《术语：灾害风险消减的基本词汇》中提出，应急管理是“组织与管理紧急事务的资源与责任，包括准备、响应与恢复。应急管理包括各种计划、组织与安排等，包括预防、响应与恢复”。

二、关于应急产业动力机制的研究

关于应急产业发展动力机制，现有研究较少。唐林霞等人（2010）分析提出了应急产业发展动力机制模型，该模型中，应急产业的发展动力机制系统包括产业成长的外部动力机制和内部动力机制。外在因素主要有市场需求、技术创新、政府政策等；内部因素包括有经济利益驱动、竞争与协作。该模型中，分析了应急产业发展动力的外在动力因素和内在动力因素，但这些因素构成的动力机制模型未能充分考虑到应急产业与一般产业的不同特点；影响因素分析中，忽略了投资这一市场机制下影响产业发展的重要外部因素；内部因素中，经济利益驱动难以纳入自组织理论；内在因素和外在因素之间的关系未能有效体现。

王建光（2015）对应急产业动力机制的分析中，主要分为两个方面，一方面是内部动力机制，主要包括竞争与协作和产业政策，在竞争与协作方面，他认为在开放系统中，通过市场的竞争与协作机制，应急产业技术水平得以不断提升，产业内的竞争与协作共同推动了应急产业的成长；在产业政策方面，他认为针对公共物品的影响，相应的应急产业政策可以解决市场经济的竞争与协作机制在推动应急产业发展中的失效问题，成为促进应急产业发展的内部动力系统组成部分。另一方面是外源动力机制，主要包括市场需求、技术创新、投资和产业政策，在市场需求方面，他认为随着社会经济的快速发展，政府、公众和企业对应急产品与服务的需求不断增长，需求结构不断变化，需求的升级带动了应急产业的升级；在技术创新方面，他认为技术创新直接决定着应急产业的生命力，没有关键技术的突破，应急产业就难以满足日益增长的公共安全需要；在投资方面，他认为对于应急产业中处于起步阶段的产业领域，投资能催生产业新的发展，风险投资将发挥重要作用；对于应急产业中一些处于成长阶段的产业领域，投资可为进一步壮大应急产业规模创造条件；对于应急产业中一些处于成熟阶段的产业领域，投资主要作用于技术的升级；在产业政策方面他认为从技术发展水平来看，应急产业部分领域已经进入成熟阶段，部分领域尚处于起步阶段，对此，通过制定有针对性的应急产业政策，可以对处于起步阶段的应急产业领域，发挥促进作用，对于处于成熟和衰退阶段的产业领域，发挥抑制作用，从而淘汰落后企业，鼓励技术创新，优化投资、人力、设备等产业资源配置，提高产业整体生产效率，促进应急产业发展。

三、关于应急产业规模的研究

截至 2014 年 6 月，全国已经涌现了广东东莞、浙江乐清、上海徐汇区、重庆合川、辽宁沈阳、四川绵阳等多个应急产业聚集区，聚集了应急产业相关企事业单位，应急产业聚集化、特色化发展明显加快，年产值达 4000 亿元。北京市、安徽省、广东省和重庆市正建设不同类型的应急产业基地，出现了北京丰台科技园、合肥公共安全产业园、东莞应急产业总部基地、重庆中国安全（ 应急）产业基地等诸多正在规划或建设中的应急产业相关产业园区，其中，北京、重庆等多个应急产业园区规划的年产值规模都在 500 亿元左右。现阶段，浙江、江苏、广东等省一些民营资本开始按商业化模式自主投资应急产业园建设，应急产业发展的集聚效益正在显现。

（1）长三角区域应急产业集聚情况。长三角区域应急产业是以安徽省为产业集聚区，主要分布在安徽合肥、江苏徐州、浙江乐清等地。安徽省将应急产业作为先导性产业和战略性新兴产业，在合肥市国家科技示范区中央核心区内建设应急产业示范基地，致力于打造应急产业产品制造中心、技术中心、展示中心，推动产学研结合，搭建应急产业综合服务支撑体系。江苏徐州市作为国家重要的重工机械、煤能源产地，依托中国矿业大学等科研院所，与中国安全生产科学研究院共同打造国家安全科技产业园，主要围绕矿山安全相关研究及产业化应用，推动安全科技创新、安全科技产业、安全科技服务集聚。

（2）珠三角区域应急产业集聚情况。珠三角区域应急产业是以广东省为产业集聚区，主要分布在东莞、深圳、广州等地。广东省在东莞市，与中国应急救援产业支持中心合作在松山湖国家高新技术产业园建设应急产业基地。产业基地主要功能包括救援装备研发与制造，救援装备展示与交易，以及救援物质储备与配送，预计产值 63.5 亿~83.5 亿元、创造利税 12.6 亿元。此外，广东省率先成立了广东省应急产业协会，积极搭建政府和企业的沟通平台，架设企业间的交流协作平台，推动行业自律发展，大大加快了广东省应急产业发展进程。广东省应急产业相关企业主要生产疫苗、药品、应急发电照明等中小型应急救援产品和针对终端消费者的应急个人防护用品，产品覆盖了国家《产业结构调整指导目录（2011 年本）》“公共安全与应急产品”中 43 个子目录的 60%以上。

（3）西南区域应急产业集聚情况。西南区域应急产业是以重庆市、四川省为产业集聚区，主要分布在重庆、四川绵阳、广西南宁等地。2009 年，重庆市与国家安监总局联手打造中国西部安全（应急）产业基地，基地主要功能包括产品制造、技术研发、成果转化和应急培训演练。截至 2014 年，重庆市已经形成较为健全的应急产品生产体系，自主生产 100 多个品种的应急产品，年产值约 40 亿元。四川绵阳市于 2011 年开始建设国家防灾减灾科技产业园，产业园处于绵安经济走廊和新北川重建区域的枢纽地带，是绵阳科技城产业带和绵阳高新区建设的核心区域，重点发展防震救灾装备、新材料、电子信息、新能源、环境保护、工程机械等产业，推动应急产业集聚发展，预计实现工业总产值超过200亿元。

四、关于应急产业科技创新的研究

程宇、肖文涛（2016）认为在相当大程度上，应急产业是“绿色产业”与“新兴产业”的集合体，具有典型的技术知识密集的特点，符合国家对战略性新兴产业技术创新的认定。由于兼具“绿色”和“新兴”的双重特点，应急产业为市场提供的是代表战略性、发展性、成长性方向的产业和服务，通常需要利用新的技术和新的工艺，使得应急产业成为高新科学技术转化的载体。同时应急产业技术创新的高技术性特点也决定了应急产业是实施创新驱动战略，实现产业结构转型升级，促进产业创新的结果，代表着未来产业发展的新方向。

周林生（2016）认为，应急产业应当建成以高校和研究机构为核心，以企业研发中心为技术依托，以技术转移和成果转化为目的的技术研制应用系统。我国应急产业综合研究起步较晚，政府、社会和企业投入的人力、物力和财力较少，基础性和应用型的应急技术研究薄弱，应急技术研究水平落后，应急成果转化水平低，应急技术引进层次不高、数量少，应急人才培养模式落后，应急产业的基础性和方向性研究水平低、技术研究模式落后导致应急产业的核心技术跟不上时代发展潮流。

郭翔（2014）认为，科技支撑体系建对促进应急能力提升具有重要作用。应急科技支撑体系引导着应急产业的发展方向，有助于培育新的经济增长点，推动经济增长方式根本性转变；有助于优化产业结构，增加产品科技含量和附加值。应急科技支撑体系建设对于推动应急产业较好地适应经济社会变革所带来的应急挑战，具有重要意义。当前应急产业的科技支撑体系建设应按照其系统构成，有针对性地展开。

张继海（2013）等人认为，应急产业的发展直接与国家、人民和社会的公共安全相联系。与发达国家相比，中国应急产业的发展仍然处于起步阶段，科技含量低、自主创新能力不足。大部分应急产品还没有摆脱低技术含量、低附加值的状况。同时，科技研发力度不够，产品缺少核心竞争力。科学技术是第一生产力，技术创新是应急产业化的基础和动力，科技应用含量是检验一个国家灾害防御和紧急救援现代化的重要标志之一。我国的应急产业必须以提升自主创新能力和产业综合竞争力为重点，明确企业是技术创新的主体，支持应急企业培育自主知识产权、自主品牌，加强应急产业科技创新能力建设，提高应急产品的科技水平。加强应急产业内各企业之间以及科研机构之间的业内协作以及相关平台建设，及时沟通共享信息。

五、关于应急产业政策的研究

2007 年 11 月 1 日起施行的《突发事件应对法》第三十六条规定“国家鼓励、扶持具备相应条件的教学科研机构培养应急管理专门人才，鼓励、扶持教学科研机构和有关企业研究开发用于突发事件预防、监测、预警、应急处置与救援的新技术、新设备和新工具。”为应急产业发展奠定了法律基础。

唐林霞等（2010）认为，推动应急产业发展的政策措施是由三个部分组成的整体性结构：一是诱导性政策，也就是推动产业投资激励机制建设，促进投资多元化；二是管制性政策，包括健全法律法规，建立补偿机制及市场准入机制等；三是指导性政策，包括制定发展规划，优化空间布局，加强信息指导。

张继海、杨婧、刘建昌（2013）认为，现行的应急产业政策分散于各个法规、各个部门文件中，组合性不足，尤其缺乏顶层设计、宏观谋划，全国性应急产业分散在各个领域，没有通过系统性政策引导进行有效整合。有些政策停留在一般化的要求提倡上，缺乏具体的实施细则和配套措施。同时，现行的产业政策偏重引导，缺乏对应急产业中企业经济利益的保障。外部投资机制不健全，法律法规不完善，在一定程度上限制了投资资金的进入。

综上所述，目前国内对应急产业的研究主要集中在对应急产业理论基础、应急产业动力机制、应急产业规模、应急产业科技创新、应急产业政策的研究。现有的研究成果还略显单薄与不足，主要表现在：（1）缺乏对应急产业全面的理解，没有形成对统一的应急产业定义界定、特征、内涵等，亟待比较系统全面的研究与分析；（2）大多从宏观层面上侧重对其外部环境问题进行探讨，缺乏对应急产业本身发展优势、发展障碍等微观层面上的问题进行深入剖析；（3）对国外应急产业的研究甚少。因此，本研究首先研究了美国、澳大利亚、欧洲、日本的应急产业的发展，其次，研究了国内应急产业发展相对比较先进的北京、上海、广州等地区的应急产业的发展，以期发现国内外应急产业发展过程中的一些先进经验，具有一定的借鉴意义。另外，本研究还从河南省省情出发，研究了河南省应急产业发展的现状，并根据现状以及国内外先进经验确定河南省应急产业发展的原则及定位，同时明确了河南省应急产业生态化发展的要素条件和政策环境。

综上所述，本研究首先明确了应急产业的定义、内涵、特征、类型与外延，其次，弥补了以往研究的注重宏观方面和缺乏对国外应急产业研究的不足，具有一定的理论意义和现实意义。

第三章　国内外应急产业的发展实践与经验

欧美等发达国家应急产业起步比较早，发展比较成熟，应急产品和服务的市场化程度比较高，基本上已经形成了完整的服务链和产业链。分析国内外先进的应急产业模式，对河南省应急产业的发展、政策的制定、产品的生产销售都会起到很好的借鉴作用。本章通过分析美国、日本、欧洲、北京、上海、广东、湖北、四川等国家和地区应急产业的发展状况，以便为河南省应急产业的发展提供经验和建议。

第一节　美国应急产业

一、美国应急管理体系建设情况

美国各大城市都有专门的应急管理办公室，它们是进行突发事件应急管理的常设机构，是进行应急管理的最高指挥协调机构，是应急管理战略的制定者。比如纽约应急管理办公室下设四个部门，分别为：健康和医疗科、危机恢复和控制科、国土安全委员会、人道服务科。另外，危机监控中心实施24小时值班制制度。

首先，应急管理办公室与警察局和消防局、医疗服务机构进行通力合作，设计并组织实施对各种危机事态的应急预案；其次，应急管理办公室与州以及联邦政府部门保持日常的合作关系，以应对突发事件的突然发生；另外，应急管理办公室与非营利机构、私人部门进行合作，保证市民的正常工作和生活能够尽快从危机中恢复。应急管理办公室负责的主要工作有三个：应急监控、应急准备以及应急处理（如图3-1所示）。

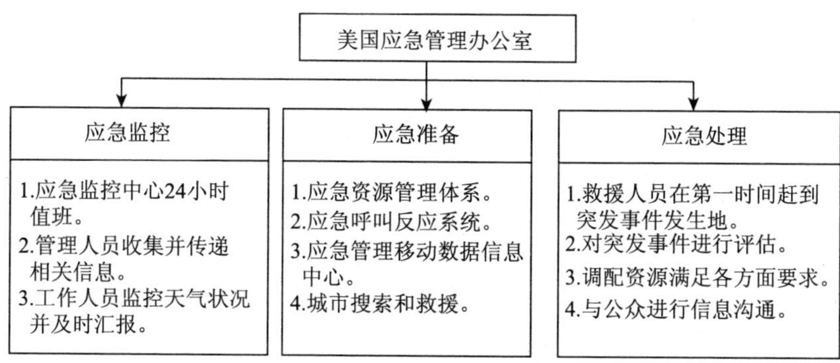

图 3-1　美国应急管理办公室的职能

美国各大城市的应急管理系统是一个包括应急预警、应急处理、应急恢复的系统工程（如图 3-2 所示）。为了更好地应对突发公共危机事件，各大城市开展了许多应对突发事件准备项目，比较典型的项目是社区危机反应团队合作项目。开展这些项目主要是为了给市民提供基本的应急反应训练，当突发事件发生时能够及时进行自救。

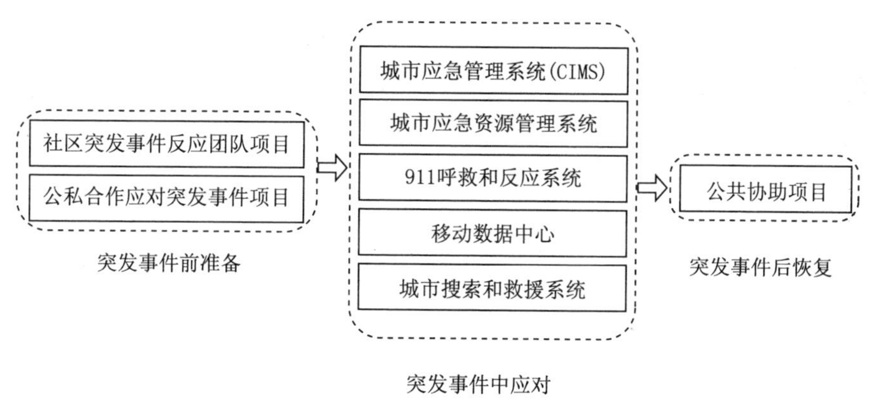

图 3-2　美国应急管理的系统工程

除了针对个人的项目外，美国很多城市还设计了主要针对商业界的应对突发公共危机事件准备项目。其中，影响比较大的项目是公私合作应对突发公共危机事件项目，该项目的推出使得许多商业部门能够从政府部门得到帮助，由此建立了公共机构和私营机构之间的信息共享机制。

各应急管理办公室不只是针对各种潜在突发公共危机事件做出必要的准

备和预防措施，还制定了一系列的突发公共危机事件反应机制，能够在危机突发时提供充分的人员、信息、资源以及组织上的保证，从而做出快速有效的反应，包括城市危机管理系统、移动数据中心、911 危机呼救反应系统、城市突发公共危机事件资源管理体系以及城市搜索救援系统等。

另外，应急管理办公室还要通过公共协助项目来帮助受到突发公共危机事件影响的市民、企业以及社区尽快地恢复正常的活动。项目通过向公共机构以及非营利组织提供资金帮助，使得他们能够尽快摆脱危机事件对其造成的影响，并恢复正常的工作和生活。而且对于符合相关标准的“紧急性应对工作”和“永久性修复工作”，联邦政府至少会提供 75%的资金，其他的资金由州政府以及申请机构共同分担。

各应急管理办公室很注重与其他相关部门的合作。例如，与消防局、警察局和医疗管理机构通力合作，设计并组织实施应对各种潜在危机事态的应急预案；与联邦、州以及地方机构进行合作，如州应急管理办公室、联邦紧急事务管理署、公平和正义部、能源部以及国家气象服务中心等，进行信息共享，协调有关人员和资源的调配方案，并共同进行培训和危机应对演习活动等；与志愿者组织、非营利性机构以及私人组织等合作，组织协调他们共同参与应急管理（如图 3-3 所示）。

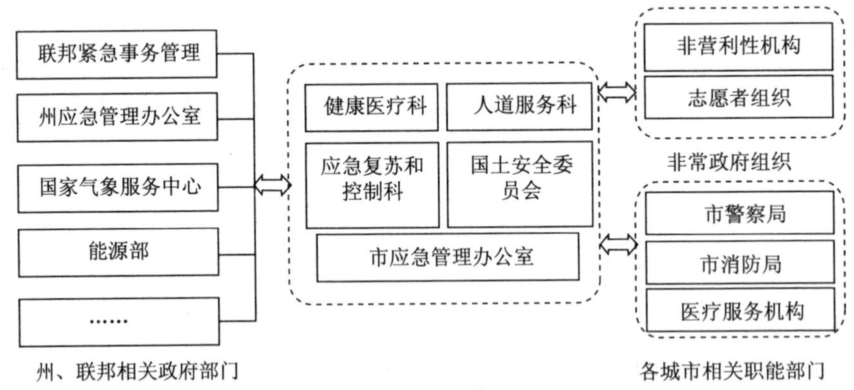

图 3-3 美国应急管理办公室工作网络

美国应急管理的成功之处就在于这个工作网络，这种管理并非只涉及一个机构，而是形成了一个管理网络，全方位的掌控局势，在发生危机时，能够又快又好的处理危机事态。通过这种网络结构，各市应急管理办公室通过与其他政府部门、相关专业职能部门进行合作，在需要的情况下，让非政府组织参与到应急战略管理中来，能够提高应急管理效率，减少突发公共危机事件造成的损失。

二、美国应急产业发展实践

美国应急产业起步相对比较早。例如，在世界安全协会赫赫有名的美国工业安全协会工业安协（American Society for Industrial Security）成立于1955年。该协会的主要宗旨是对美国应急管理的基本原则进行宣传，对应急管理人员进行培训，以提高其工作效率。该协会涉及到的领域非常广泛，例如，公共基础设施安全、化工采矿行业安全、电信金融市场的安全等。另外，美国还有其他一些应急行业协会，例如，防盗火灾报警协会、信息系统安全协会、安防行业协会等①。

美国应急产业发展迅速，最初的应急产品主要是针对建筑、制造、登山探险等特定行业。例如，产品遍及全世界，以自救产品为主的Resp Me公司；以生产应急包为主的Emergency Packs公司；以提供消防、交通应急装备为主的TEEX公司等②。后来，应急产业扩展到电子商务以及第三产业，尤其是应急救助救援方面的产业发展非常成熟。例如，火灾救助领域、航空应急救援领域等。据统计，2016年全球投入使用的通用航空器约有34万架，其中，美国大约占2/3。美国政府每年通过联邦应急管理局（FEMA）对灾难防护方面的产业都有专门的拨款。

在美国，除了有专门生产应急产品的企业，也有很多大型网站销售应急产品。这些网站所销售的产品内容丰富，非常齐全，支持世界各国的人民网上在线购买，对于美国整个应急产业链的整合起了巨大的作用。例如，非常著名的世界安全目录网站（http：//www. worldsecuritydirectory. com），整合了各应急产品制造公司的各种类型的应急产品，比如，航空应急服务产品、警

① 王惠生．美国工业安全协会（ASIS）简介［J］．中国安防产品信息，2002，(1)：28-29.

② 佘廉，许晶．应急产业发展趋势［J］．高科技与产业化，2011，7（3）：68-71.

报系统和入侵检测产品、通讯服务产品、消防设备产品、信息技术和安全服务、海上应急产品等。还有专门提供火灾救助产品的火灾（Fire World）网站。

近年来，美国应急产业的服务领域已经从制造业、建筑业、电子商务、交通运输、金融保险为主的第二、三产业延伸到各个行业，成为美国的支柱性产业。

三、美国应急产业发展经验

美国的应急管理最初是由应对自然灾害而不断地发展成熟起来的，因而，其应急产业的建立也是从应急管理的各个领域不断发展扩大起来的。美国在公共安全领域依托科学技术理事会、国土安全中心、大学和科研机构，建立了专业研究基地和科技创新体系，依靠高新技术进行综合集成开发应急产品，每年大约投入 250 亿美元研究经费。美国拥有专门的应急物流部门来专门对应急物资产品进行规划；拥有专业的应急仓库来储备紧急情况下所需要的应急物资；拥有专门的应急产品开发管理队伍来不断地开发研制应急新产品①。

总之，美国的应急产业起步早、发展也相当迅速，相应的法律法规也比较健全。美国政府虽然没有直接针对企业的政策扶持计划，但是，通过保险、拨款等途径，借助于联邦应急管理局来间接地促进应急产业的发展。另外，美国的应急产品主要针对普通民众生产安全的需要，类型齐全、市场广阔，并借助于互联网、电子商务等渠道将买卖双方紧密结合起来，极大地带动了其他行业的发展。

第二节　日本应急产业

一、日本应急管理体系建设情况

日本的应急管理体系具有以下特征：

第一，一元化的管理模式。日本政府汲取多年的抗灾经验，逐步从以往

① 刘艺，李从东．应急产业管理体系构建与完善：国际经验及启示［J］．改革，2012，（6）：32－36.

由健康部负责主要的抗灾活动体制转变为政府统一接管的一元化管理模式，即成立由政府统一领导的综合型的抗灾部门（如图3-4所示）。该部门可以在灾害来临时迅速做好应急决策和应对措施，能够从多角度、多领域、多层次地加强各部门的相互协作①。

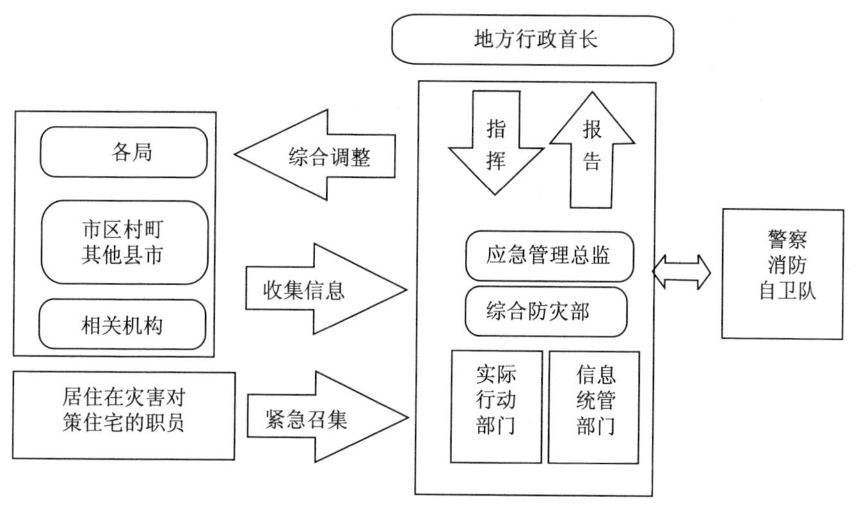

图3-4 日本应急管理体系

第二，重视应急管理的相关理论研究。日本成立很多应急科研机构，非常重视应急管理理论在应对突发公共危机事件管理中的应用。比如，日本将应急管理的发展周期理论、组织理论、决策理论等很好地应用到了“3·11”日本宫城县海域地震中。

第三，日本政府建立了非常完善的跨域协同合作机制。当灾难来临时，政府、企业、私人部门能够通力合作，充分发挥各自的优势，最低限度地减少损失。另外，日本也出台了很多政策法律，以保障应急管理体系的有效运行。比如《日本灾害救助法》规定每年税收的一部分作为灾害救助金，《日本国民保护法》规定各省、市、县、镇、村等机关部门必须制定应急管理计划②。

---

① 高小平．综合化：政府应急管理体制改革的方向［J］．行政论坛，2012，(2)：68-69.

② 国务院办公厅应急管理赴德国培训团．德国应急管理纵览［J］．中国行政管理，2005，(9)：73-76.

第四，日本建立了邻里相互守望制度。通过出台相关的法律法规，并依托其非常成熟的社会体制，日本政府联动了整个社会的相互守望和互帮互助力量，达到了一城有难，全国人民相助的效果，大大提高了应对突发公共事件的效率。

二、日本应急产业发展实践

日本政府很重视应急产业的发展。第一，通过举办应急管理产业展来促进应急产业技术的进步。到目前为止，日本已经成功举办了8次应急产业展。在这些展览会上，政府、企业、社会民间团体、新闻媒体通过讨论、展览等形式来交流讨论，来不断提高应急产业技术的进步。第二，通过出台一些应急行业的法律法规来鼓励应急产业的发展。比如，日本出台《建筑标准法律》，一方面，对建筑业的防灾应急标准进行规范；另一方面，对应急避难所进行整体规划。日本还出台了《地震灾害防护的特殊措施法律》，不仅保证了学校、公路、铁路等基础设施的抗震性，而且还为抗震救灾公寓设施建设的优惠贷款、减免税收等政策提供保障。

日本的应急产品具有以下特点：

第一，专业性强。由于日本特殊的地理位置，以及人口密度大等原因，日本的地震灾害和火灾较其他灾难发生的频率要高得多，进而日本的应急产品和服务主要集中在地震、火灾的防灾减灾上，并且向与之相关的领域扩充。比如，有用于防灾减灾的防震垫、车载急救箱、家庭消防地震应急包、阻燃铝布头盔、防火灾头巾、防灾兜帽、救生锤、逃生绳索等。

第二，融合高新技术。日本的应急产品具有极高的科技性。将先进的互联网、通信、机器人等技术融合到灾难救助当中。有软件公司开发的应急地理信息系统、救援机器人、卫星电话、多功能便携式手电筒、很容易被搜救人员发现的配备反光带和ID卡的腰带、能持续燃烧一百多小时的蜡烛等。

第三，搜救犬培训业务独具特色。日本不仅有专门的搜救犬培训公司，还有搜救犬展销会。搜救犬因和主人之间的深厚感情，同时穿戴全球定位系统、摄像头等设备，在搜救过程中凭借敏锐的嗅觉以及高科技设备，能够及时地传送幸存者的确切方位、受伤程度以及废墟的内部情况等，在应急救灾中发挥了极其重要的作用①。

三、日本应急产业发展经验

由于日本灾害频发，在多年的抗灾过程中积累了丰富的经验，形成了相对成熟的管理体系，制定了一系列比较完备的法律法规，成立了许多研究机构，斥巨资建设国家级公共安全和应急管理研究机构，仅独立行政法人防灾科学技术研究所，就拥有高级研究人员 250 余人，预算超过 100 亿日元。另外，日本应急产品专业水平强、科技含量高、覆盖面广、应急培训业务发达。

第三节 欧洲应急产业

一、欧洲应急管理体系建设情况

第一，建立统一的应急协调机制。随着欧洲一体化进程的逐步深化，欧盟不断整合各国力量和资源，对突发公共危机事件做出及时的响应。2002 年，欧盟成立欧洲联盟互助基金，以欧盟规章的形式规定了互助基金体制和运作机制，并确定与欧盟执委会、欧盟议会、欧盟经济和社会委员会、区域委员会承诺义务以及各方的责任，标志欧盟应急统一协调机制的形成②。

第二，构建应急管理支撑系统。欧盟在 2000 年建立统一的应急管理技术支撑系统——e-Risk 系统。该系统主要任务是为成员国实现跨国、跨专业、跨警种、高效及时处理突发公共事件和自然灾害提供支持服务。当突发公共危机事件发生时，e-Risk 利用卫星通信和多种通信手段不仅可以对事故现场进行精确定位，及时开展救援和应急处置工作，而且能够运用宽带卫星系统、

① 佘廉，许晶．应急产业发展趋势［J］．高科技与产业化，2011，7（3）：68-71.

② 谢迎军，马晓明，刁倩．国内外应急管理发展综述［J］．电信科学，2010，（12）：28-32.

数据网络系统、视频系统等多个系统关联指挥中心、专家小组和现场救援人员，迅速做出应急决策。

第三，重视应急文化。欧盟各国非常重视国民的危机意识，通过各种途径传递应急信息，推进全民减灾教育运动，塑造应急安全文化。例如，英国政府部门高度重视向国民及时沟通突发公共危机事件信息，并成立紧急事态管理办公室，在灾难爆发前，向公众宣传防灾、减灾知识；灾难发生后，及时协调公众信息战略，确保各政府机构和相关组织向外界传递信息一致。

二、欧洲应急产业发展实践

（一）德国应急产业

德国的应急管理体系是政府明确定位，把体制建设与激励机制、责任机制建设相结合，充分实现联邦（中央）与地方、政府部门之间以及政府与社会等三个维度上的有机整合①。首先，德国拥有多层次、多领域、动态管理的应急预案体系。通过《民事保护新战略》，明确规定各企业、大型活动场所、高校、商场、影院等必须有应对火灾、恶性事故、自然灾害等突发事件的应急预案。其次，德国成立了统一指挥、分工协作的突发事件管理运行机制。该机制有敏捷高效的信息平台，多举并用的卫星预警系统，统一规范的接报处警机制和以人为本的灾后处理机制。最后，完善的法律法规。德国出台了一系列的法律法规来保障应急管理系统的有效运行。譬如，《交通保障法》《铁路保障法》《灾难救助法》《黑森州救护法》《巴伐利亚州灾难防护法》等。

德国的应急产业具有以下特征：

第一，政府扶持力度大。一方面，德国政府通过财政拨款等措施为应急救援提供保障。另一方面，通过开展应急产业博览会来积极推动应急产业化。例如，国际消防产业最具代表、最重要的汉诺威国际消防设备博览会，每隔五年举办一次。该博览会有效地连接了制造商、经销商和采购商，通过展出消防车辆和设备、消防器材、消防设备材料、安防器材等极大地促进了应急

① 国务院办公厅应急管理赴德国培训团．德国应急管理纵览［J］．中国行政管理，2005，（9）：73-76.

消防事业的发展。

第二，应急培训业务非常完善。德国政府下设两个重要的应急培训部门。其中一个是联邦救援局，主要通过应急规划以及一些高校科研单位来对高层应急指挥人员进行培训。另外一个部门是技术救援部门，主要是通过基础培训和应急技术技能培训来提高消防、医疗、通讯等应急技术人员的专业技能。

第三，应急救援队伍发达。德国的应急救援队伍不仅包含了各个灾种，而且应急救援设备非常齐全完备，有搜救设备、通讯保障设备、后勤医疗设备等。

二、英国应急产业

英国应急管理最明显的特征就是强调资源的整合和多部门协同合作，也即各大城市通过成立应急服务联络小组，把治安、消防、警察局、急救中心等部门有效地联系起来。该应急管理体系不仅可以大大减少应急决策到执行的时间，还可以避免各个部门之间相互推诿的情形，极大地提高了应对非常规突发公共危机事件的效率。另外，英国还非常注重应急管理法制建设。早在 1920 年就颁布了《紧急状态权力法 1920》，还出台《应急准备》《应急处置和恢复》《国内紧急状态法》等法制文件，保障了应急管理在法律框架内实施。最后，英国政府还非常注重突发公共危机事件风险评估，成立风险评估小组，对各部门和辖区的各类风险进行评估和分级。

英国应急产业具有以下特点：

第一，产业联盟有效地促进了应急产业的发展。为了促进应急产业的发展，英国成立了很多应急产业联盟。其中，非常著名的是全英安全及救灾企业联盟（Nationai S ecurity & Resilience Consortium）和英国安全产业联盟（British Safety Industry Federation）。全英安全及救灾企业联盟主要针对的是各类人为和自然灾害。英国安全产业联盟主要针对的是职业安全事故预防和个体防护①。

第二，生产应急装备的企业很发达。英国有很多国家公司生产应急装备，

① 佘廉，许晶．应急产业发展趋势［J］．高科技与产业化，2011，7（3）：68-71.

并且品种齐全，尤其是救灾阶段的搜救产品和火灾救护等产品非常多。比如，医药急救箱、切割工具、急救车辆等。另外，英国网上应急产品交易也非常发达，有很多大型网站提供不同救援阶段和场合所需要的产品。例如，防火防毒面罩、应急灯、防坠落保护产品、望远镜、急救箱等产品。

其他一些欧洲国家的应急产业也非常成熟。比如法国拥有了国际、国家、地方、民间等完整的救援体系，所成立的亚洲国际紧急救援中心（AEA），业务范围覆盖全球，形成了良好的应急产业循环。俄国的应急产品专业性非常强，产品不仅包括检测、救援工具、医学药品，还提供一些应急救援培训、咨询服务等。

爱尔兰的应急产品有着鲜明的行业特征，大多针对某项运动，譬如登山、滑雪等或是某一类生产活动。

三、欧洲应急产业发展经验

总之，欧洲应急产业体系健全，理念先进，专业化程度高，品种齐全，应急物资储备良好、应急产品的产、研、销都较为成熟，实现了设备器材的集成化、模块化、系列化和优先级的存储。

纵观美国、日本、欧洲等发达国家的应急产业的现状，主要呈现以下几个特点：

第一，应急产业发展呈现产业化、规模化、专业化、标准化、集成化趋势。

第二，应急市场比较成熟，应急产品在研发、生产、销售、培训等方面已经形成了一条完整的服务链。

第三，应急产品专业化程度很高，科技含量高。欧洲很多国家的应急产品都能够运用高科技来提高产品的性能。

第四，政府扶持力度比较大，有力地推动了应急产业的发展。欧洲各国的政府出台各种法律、法规来保障应急产业的高效发展。

第五，应急产业与其他产业的交叉性强，推动了其他行业的发展。应急产业是综合性的产业，重在应急，但基本涵盖了消防产业、安防产业、信息安全产业及公共安全等产业。

第四节　北京市应急产业

一、北京市应急管理体系建设情况

北京市应急管理的主要特质如下：

第一，统一领导，决策中心集中，纵向单向授权。北京市成立突发公共危机事件应急委员会，来统一领导全市的突发公共危机事件。当突发事件发生时，由市应急指挥中心根据应急委员会的指令统一组织、协调、指导和应对突发事件，提高了应急决策的效率和质量。

第二，职责清晰，便于究责和监督。按照“党委领导、党政共管”的思路，北京市不断推进市级专项、区县、基层等各级各类应急机构建设，健全组织体系和责任体系，形成综合应急管理框架，并明确各机构和指挥部第一责任人及主要责任人的职责，明确规定应急决策和灾后处理时不能离开第一现场①。

第三，加强应急法律法规建设。北京市出台了一系列法律法规来为应急管理提供法律保障。比如2008年6月，在北京市第十三届人民代表大会常务委员会上通过了《北京市实施〈中华人民共和国突发事件应对法〉办法》，2011年5月出台《北京市消防条例》和《北京市突发事件应急演练管理办法》，2013年7月出台《北京市实施〈中华人民共和国防震减灾法〉办法》等。

二、北京市应急产业发展实践

北京市立足首都城市定位，全面贯彻《国务院办公厅关于加快应急产业发展发展的意见》，按照京津翼协同发展规划纲要总体要求，全面落实《〈中国制造2025〉北京行动纲要》，积极推动应急产业发展。北京市主要发展高

① 杨战英．以首都安全为目，以体系建设为抓手，以提升能力为核心，全面提升北京应急管理水平［J］．中国应急管理，2013，(10)：42-50.

端的应急装备和服务，努力建设成为国际应急交流中心。为了贯彻《国务院办公厅关于加快应急产业发展的意见》（国办发【2014】63号），全面落实《〈中国制造2025〉北京行动纲要》，大力推动应急产业发展，不断提高首都安全应急保障能力，北京市在2015年12月颁布了《北京市人民政府办公厅关于加快应急产业发展的实施意见》。该实施意见对北京市应急产业发展进行过全方位部署，提出了北京发展应急的指导思想，即“紧紧围绕首都城市战略地位，牢固树立和贯彻落实创新、协调、绿色、开放、共享的发展理念，坚持市场主导、政府引导、创新驱动、需求牵引，统筹推进、协同发展，服务社会、服务经济的原则，以增强防范和处置突发事件的产业支撑能力为核心，以培育新的经济增长点为牵引，不断优化应急产业发展环境，集中发展重点领域应急产品，探索创新应急产业服务模式，持续提升应急产业核心竞争力”；明确了北京应急产业的发展目标，即“到2020年，基本形成创新驱动、高端引领、带动周边、辐射全国的应急产业发展格局，安全保障和突发事件应对能力大幅提升，成为全国应急产业大众创业万众创新成果集聚高地和应急产业国际交流与合作中心”；通过“加强组织领导、优化发展环境、完善支持政策”来推动应急产业发展的保障措施①。

北京市主要以中关村应急管理产业技术联盟为依托，凭借新兴际华的产业优势和科技实力，建设了应急救援科技产业园和应急救援科技创新园。其中，应急科技救援园主要是新兴际华集团为主，生产各种高端应急装备；应急救援科技创新园主要是以中关村应急管理产业技术联盟为主，进行应急产业的调查研究、制定产业标准以及总体规划。

北京新兴际华集团有限公司产业版图庞大，是由解放军总后勤部原生产部（正军）及所辖军需企事业单位整编重组脱钩而来，是目前综合实力和技术水平位居世界前列、产销量居于世界首位的球墨铸管生产研发基地，总部成立于1960年6月。2011年12月，北京新兴际华集团联合中国人民解放军后勤工程学院等6所国内应急领域顶级科研机构成立技术创新战略联盟。该

① 佚名．北京市人民政府办公厅关于加快应急产业发展的实施意见［J］．北京市人民政府公报，2016，(9)：16-22.

联盟在运用市场机制集聚创新资源，整合国内政、产、学、研、用等优势资源，开发应急救援科技转化，培养应急救援人才，制定应急产业行业标准，提供应急产业社会化服务，进一步加强自主创新、集成创新和协同创新能力。2014 年 2 月 24 日，新兴际华应急装备技术有限公司成立，隶属新兴际华集团及新兴重工集团有限公司，是国资委监管央企，新兴际华集团跻身于世界 500 强。新兴际华集团公司在“十二五”期间提出“打造国际一流应急救援科技产业研发生产基地”的发展目标，建设国内一流国际知名的应急救援科技创新高地和高端装备制造基地，推进军民融合，创新应急救援模式，力创“新兴应急装备”知名品牌。主要经营的业务和产品有应急救援系统集成、应急装备、救援装备、救灾产品的技术开发、技术服务、技术转让、救援项目培训、承办展览展示活动、会议服务、劳务服务、投资管理、资产管理、机械设备租赁、销售公共安全设备、汽车配件、货运代理、仓储服务、钢格板、后勤军需品、职业装、职业鞋靴、高端纺织品生产研发、军需品、天然气非管网运输等。2017 年 2 月，新兴际华将 19 台自主研发生产的智能化轻型高机动应急救援装备交付北京市地震应急指挥部，纳入北京市应急体系，产品广泛用于南方雪灾灾、汶川地震、玉树地震、舟曲泥石流、北京“7 · 21”、重庆“东方之星”沉船、天津港危化品仓库爆炸、九寨沟地震等重大灾害救援。据统计，到 2016 年，新兴际华集团预计实现总收入超过 1100 亿元，年平均增长 15%以上，自主创新能力进一增强，企业研发经费年均增长 20%以上，发展了一批应急特色明显、行业优势突出的中小企业。

2012 年 11 月 6 日，中关村应急管理产业联盟成立。该联盟主要是由中国普天、大唐电信、庚顿数据、昆仑海岸、中国航天科技、北京东方正通科技有限公司、北京联信永益科技发展有限公司等国内应急管理行业核心企业和科研机构发起，目前会员单位已超过 30 家。联盟理事长单位北京东方正通科技有限公司成立于 2002 年，是国务院应急办、北京市政府应急指挥课题承担单位及专家组成员，多年来专注于城市应急指挥信息化体系的研究和政府应急平台的技术和产品开发，针对应急指挥领域提供标准研制、咨询规划、软件开发和系统集成等一系列服务。联盟是由产业发展研究中心、产业宣传展示中心和产业人才发展中心构成。该联盟同时与中关村大数据产业联盟、中关村物联网产业技术联盟、中国智慧城市产业技术创新战略联盟、中国云计算技术与产业联盟等其他产业联盟形成战略联盟。作为应急管理产业的聚集体，联盟以“联合创新、合作共赢、构建和谐”为宗旨，目前业务覆盖了政府综合应急、政府专项应急、国家大型企业应急、党校应急模拟演练培训、公共安全、新农村建设、减灾防灾等业务，已发展成为国际知名、国内领先的应急行业信息化建设全面解决方案提供商。随着国家推出的一系列应急产业政策，中关村应急管理产业联盟积极投身“互联网 + 应急”的新商业模式，未来主要发展方向为物联网技术、三维应急模拟演习演练技术、人脸识别技术、大数据技术等①。

三、北京应急产业发展经验

第一，行业依托特征明显。北京应急产业具备很强的行业依托性，分散在各个行业中，比如，消防安全、食品安全、社会公共安全、公共卫生等。一方面这些公共安全行业的快速发展促进了应急产业的不断扩充发展，另一方面应急产业的发展也促进了其他行业的发展②。

第二、集中发展重点领域产品。比如，在监测预警领域，重点发展高分辨率卫星、无人智能航空器、移动综合遥感监测和减灾系统。在预防防护领域，重点发展应急救援舱、移动供给站等避险救灾产品。在处置搜救领域，重点发展移动机场、移动加油站、救援航空器、应急宫排水、危险化学品处置等产品。

第三，应急产业基地与联盟相辅相成。北京主要以丰台区新兴际华为主的应急救援科技产业示范基地和中关村为主的应急管理产业联盟为依托，重点围绕应急技术研发协同创新、学术研究管理智库、应急服务国际交流等，打造应急创新中心和服务中心，成为辐射带动京津翼区域应急产业发展的综合示范区。

① 张骥．发展应急产业联盟共建美丽智慧城市——中关村应急管理产业联盟发展动态［J］．中国应急救援，2015，(4)：16-19.

② 朱伟，王瑜，方曼．北京发展应急产业的路径分析研究［C］．应急管理国际研讨会，2012.

第五节 上海市应急产业

一、上海市应急管理体系建设情况

上海是我国经济发展比较快的大城市，也是我国金融、贸易和航运中心之一，上海的政治稳定和社会安定显得尤为重要。目前，上海正面临着区域性人口、资源、环境、基础设施等方面潜在的各种矛盾日益激活和凸显局面，对该地区社会安全提出了崭新的历史性考验。上海在应对突发公共危机事件过程中逐步由单灾种管理向综合减灾管理转变。不仅建立了监测预警机制、应急处置机制、分工协作机制、应急保障机制、科普宣教机制、协同协作机制、值守应急和信息报送机制、评估考核机制，还成立了上海市突发公共危机事件预警信息发布中心、上海城市公共安全应急管理培训中心和上海市应急救援训练基地。上海市政府主要对突发公共事件进行三级管理，建立突发事件指挥体系和防范体系。三级管理主要体现在以下三个方面：

第一，设立减灾领导小组。主要负责上海突发事件和上海灾害处理工作，当发生重大事件时紧急启动指挥领导小组，对全市的灾害进行有效的指导和防治。

第二，在减灾领导小组的下面设立减灾办公室，主要执行减灾领导小组在处理突发事件工作中的决定，防范突发工作过程中的各种突发情况和产生变动，这样市减灾小组的决策就能够有效地落到实处。在各个区和社区设立分部办公室，这样在应对机构上就建立了完善的应对突发事件的机构。

第三，设立应急联动中心。主要对上海可能发生的突发事件和灾害进行预先处置，对全市突发事件进行观察，在收到突发事件的报告以后，对于突发事件进行全面的控制和调度。在工作体制上，成立分级反应制度。突发事件发生后，各相关单位和地区需要立即开始自我救护和处理，工作要取得成效，并且要立即对突发事件的严重程度进行评价，根据等级建立相应的联动方案。这样一方面能够对突发事件进行自救，另一方面政府能够有效的对全局进行有效的把握。遇到重大突发事件和重要突发事件时，上海最高应急机制会第一时间进行统一部署和规划。因此，在实际操作过程中，上海建立了分级管理、按级负责的管理机制，这样能够有效地调动各个地方组织的积极性和主动性，避免突发事件扩散。

二、上海市应急产业发展实践

上海市地域狭小，应急产业数不多，应急产业的发展方向为智慧应急，以需求引导企业，将大数据和物联网、云计算等互联网技术与应急产业结合，提供人员密集场所和电梯、电网、桥梁大坝等基础设施、安全检测预警服务，带动了中小微企业发展。因该市为经济和贸易中心，又有复旦、同济等各大高校云集，加之市政府鼓励应急产业的发展，上海市应急产业朝着智能化的方向发展。

目前，上海在智慧应急领域已经汇集了一批具有影响力的龙头企业和特色鲜明的创新型企业，具备了国内领先的产业基础和比较优势。例如，上海迪爱斯通讯设备有限公司隶属于大型中央科技企业大唐电信科技产业集团，是大唐应急产业骨干企业，是国家级重点新产品及归家重点火炬计划的高科技企业。迪爱斯公司致力于为政府公共安全部门、公共事业部门提供应急指挥与决策、预警防范等全面的系统解决方案，已在全国承建五百多个城市应急指挥中心，形成了覆盖全国各省市的客户群体。公司具有国家计算机系统集成一级资质，CMMI、ISO9001、上海市创新型企业、上海市明星软件企业等资质，是上海市知名的高新技术企业和软件企业。

2015 年 3 月 31 日，上海智慧应急产业联盟在沪成立。该联盟是由上海迪爱斯通讯设备有限公司、上海新联伟讯科技发展有限公司、上海城基中控有限公司、万达信息股份有限公司、中电科软件信息服务有限公司、中国移动通讯集团上海有限公司、中国联合网络通讯集团有限公司上海市分公司、中国电信股份公司上海分公司、上海交通大学、华东理工大学等 30 余家涵盖规划设计、研究开发、系统集成、产品服务、通讯网络、科研服务的企事业单位，共同发起成立的非营利性社会团体组织。该联盟不仅包括进行移动信号搜集的移动运营商、进行探头和图像分析的设备供应商，还包括将收集地铁、公交、出租车信息的各路信号集成方。联盟以“培育、整合、创新、集聚、发展”为宗旨，以“合作共赢、公平竞争、知识产权保护、平等自愿、权利义务对等、开放共享”为原则，把“产业链对接、标准制定、产学研用资合作、政策研究、宣传培训交流与人才培养”为主要任务①。联盟将着力于上海智慧应急产业发展规划，以此推进上海及周边地区乃至全国应急产业的创新和发展为目标，建立智慧应急产业链上下游、产学研用资等资源信息、知识产权的共享机制；建立与政府沟通的渠道及人才培养、国际合作的公共服务平台；组织企业、科研院所、高校等围绕产业自主技术创新的关键和重大问题，开展技术合作，突破产业发展的核心技术，实现创新资源的有效分工与合理衔接，实行知识产权共享；推动上海智慧应急领域科技创新平台的建立。

2016 年 1 月 20 日，上海消防科技产业高技能人才培养基地和上海应急产业（大消防）技术创新战略联盟于成立，上海市经济和信息化委员会副巡视员、市经济和信息化发展研究中心主任史文军，市社团局副局长贾勇，市消防协会领导沈林龙以及上海消防工程设备行业协会全体会员参与。上海消防工程设备行业协会会长杜桂潭向成立大会发出倡议表示，此举是为了进一步贯彻落实国务院办公厅《关于加快发展应急产业意见》文件精神，加快推动应急服务产业化、市场化和规模化发展，积极落实“2015 中国应急产业发展大会”提出的要求，重点建设“一案三制”（预案、机制、体制、法制），由过去政府包揽向政府主导、社会协同、公众参与、法制保障转变，充分发挥非政府组织的作用，提高应急管理处置能力，编织全方位、立体化的公共安全网络。联盟的成立将为上海应急产业科技创新、融合发展、转型升级，让城市运行更安全提供有力的支撑。

2017 年 8 月 11 日，上海市人民政府办公厅发布关于加快本市应急产业发展的实施意见。该意见明确了到 2020 年上海市应急产业的发展目标，也即“成立 3~5 个国家级应急产业示范基地，在应急智能机器人、北斗导航救援

---

① 佚名．智慧应急，为城市安全保驾护航—上海智慧应急产业联盟成立［J］．电信快报，2015,（5）：1-2.

系统、城市公共安全应急预警物联网、应急救援装备等方面的关键技术和产品的研发和制造能力达到国际先进水平，培育一批在国内外有影响力的应急产业企业，逐步实现高端应急装备核心产品的进口替代，实现应急产业工业产值与服务业产出达到1600亿元”。明确产业发展的四个重点，即：发展监测预警类应急产品、发展预防防护类应急产品、发展处置救援类应急产品、新应急服务业态。同时，提出推动应急产业示范基地建设、提升应急产业标准化水平、完善应急物资管理系统、推进应急产业军民融合发展、推广应急产品服务消费市场、促进应急产业国际交流与合作六大重点任务。最后强调通过强化政策支持、加大金融投资力度、加快应急产业人才队伍建设、建立应急产业运行体系、建立健全工作机制等措施来推动应急产业的发展①。

三、上海市应急产业发展经验

上海市应急产业发展的主要经验是：

第一，重点发展智慧应急产业。上海市作为我国的经济、交通、科技、工业、金融、会展和航运中心之一，科技水平发达，应急产业与大数据、物联网、云计算等互联网技术相结合，智慧应急产业发展迅速。

第二，政府对应急产业的资金投入力度大。上海市政府一方面通过财政拨款来大力支持应急产业，另一方面也通过各种政策措施鼓励民间资本、金融资本、私募股权投资等投向应急产业。

第三，重视应急产业人才培养。上海市政府一方面加强与上海交通大学、复旦大学、华东师范大学、上海大学的院校的科研合作，建立多层次、多类型的应急产业人才培养和服务体系。另一方面，完善相关配套支持政策，吸引海内外应急专业人才来上海创业和发展。

第四，不断完善应急产业监督体制。上海市政府不仅要求各地区、各部门要高度重视应急产业发展，切实加强组织领导，抓紧制定落实各项政策措施分工的具体措施，确保各项政策措施落实到位，并且还建立应急产业运行监测分析指标体系和统计制度，对应急产品的质量进行监管，对于经销假冒

① http：//www. shanghai. gov. cn/nw2/nw2314/nw2319/nw31973/nw31991/u21aw1249530. html

伪劣应急产品的行为严惩不贷。

第六节 广东省应急产业

一、广东省应急管理体系建设情况

广东在我国历史发展过程中具有悠久的历史，而且城市发展比较快，所以广东在建立突发事件应对机制方面也有比较成功的经验。主要如下：

第一，创新“一案三制”建设。全省各地、各有关单位坚持以“一网五库”为突破口，以“一案三制”为工作重点，不断夯实应急管理工作基础。在应急预案体系建设方面，广东省在全国率先出台了《广东省突发事件应急预案管理办法》，规范应急预案编制、审批、发布、备案、修订、宣教培训和演练等环节。在应急管理机制方面，广东省积极推进突发事件预测预警、信息报告、应急响应、恢复重建及调查评估等机制建设，督促有关单位加强气象、地震、环境污染、地质灾害、森林防火等监测系统建设。在应急管理法制方面，省人大常委会法工委、省法制办和省政府应急办成立了工作组，以《中华人民共和国突发事件应对法》为依据，结合广东省实际起草了《广东省实施〈中华人民共和国突发事件应对法〉》。

第二，重视应急宣教培训。广东省除了开展应急管理宣传月、张贴宣传海报、在新闻媒体刊发或滚动播出应急知识，把应急管理有关知识列入各级领导干部、公务员培训内容等常规做法外，还不断完善宣教培训工作，全力推进应急管理宣教培训“八个一”工程：也即出台一个文件《关于进一步加强应急管理宣教培训工作的意见》；二是举办一次发布会，即召开一次广东省应急管理工作新闻发布会。三是开辟一个宣传阵地。即通过省政府应急办网站（中、英文版），全面推介应急管理工作，普及应急常识，提高公众自救、互救能力。四是编写一本宣传手册。广东省编写了《你准备好了吗——广东省应急知识宣传手册》（中、英文版），免费向公众发放。五是举办一场竞赛，在全国范围内举办了广东省应急管理知识竞赛活动。六是筹建一个应急管理学院。依托全国211大学中的暨南大学筹建全国第一个应急管理学院，承担应急管理培训任务，培养应急管理本科以上专业人才。八是组织一支宣讲团。省、各地级以上市组织应急管理知识宣讲团下农村、下社区、下学校，宣传应急知识，全力提高社会公众的应急意识。

第三，加强应急管理区域合作。广东省在国际、国内、省内三个层面，建立应急管理区域合作机制。在国际交流合作方面，率先在全国建立了国际解备忘录的落实工作，并就交流培训和合作年会等问题进行了深入探讨，先后分别与香港、澳门特别行政区政府签署粤港、粤澳应急管理合作协议，重点在应急管埋信息共享、应急管理理论研究、科技及人才交流、平台建设、共同应对影响两地的区域突发事件等方面开展合作与交流。在国内合作方面，有序推动泛珠三角区域内地9省（区）应急管理合作，充分利用泛珠三角区域合作的平台，在《泛珠三角区域合作框架协议》下，推动建立泛珠三角区域内地9省（区）应急管理合作机制。在省内各地级以上市相互交流合作方面，省政府应急办定期召开地级以上市应急管理办事机构主要负责人座谈会，促进了相互间的交流合作，各地也积极探索建立毗邻市之间的应急管理联动机制。2008年，广州、佛山、中山、江门、肇庆、清远、云浮等市签署了应急管理合作协议，珠海、中山、江门3市，汕头、梅州、汕尾、潮州、揭阳5市也先后签署了应急管理区域合作协议。

二、广东省应急产业发展实践

广东省为南部沿海地区，矿山产业不发达，珠江三角洲的繁荣又使得广东省能够建设完备的交通体系，故广东省的应急产业技术与产品主要用于应急的防护和救援，其次用于贴近生活的食品安全检测，再次用于交通事故的监测与预防。据统计，广东省应急产业产值约在4000亿元左右，从业人员约130万人。该省具备各种类型的应急企业，且数目不在少数，形成了一套完整的应急产业体系。

广东省一直高度重视应急产业发展。省政府领导同志多次强调，要充分利用产业转型升级的大背景，推动建立应急产业体系，加快应急产业发展。

近几年来，广东省应急产业快速发展，以提升应急管理科技水平为目标，以“政府引导、部门协同、专家指导、全社会共同参与”为原则，以“应急管理产、学、研一体化”为突破口以广东省应急管理学会为平台，以第一批 10 个省级突发事件应急技术研究中心为依托，以东莞市为试点，坚持“应急工作科学化，应急技术产业化，应急产业园区化”，努力抢占应急产业发展高地，充分发挥广东省良好的产业发展优势，在全国率先推动建设应急产业园，积极培育应急产业龙头企业，不断探索应急管理事业发展新路径，取得了初步的成效。应急企业生产的产品主要涉及应急决策指挥平台技术开发与应用、防控突发公共卫生和生物事件疫苗和药品、应急救援人员防护用品开发与应用、社会群体个人防护用品开发与应用、应急发电设备、应急照明器材及灯具等方面①。例如，广东永强奥林宝国际消防汽车有限公司主要从事高端消防汽车（城市、企业、机场）、多功能抢险救援车、通信照明车等产品的研发、生产、经营和服务，年生产消防车 500 辆。

广东省应急产业主要具备以下特征：

首先，集群效应比较明显。广东省的应急产业不论是在地域分布上、行业类别上还是在经营规模上都具备一定的集群效应。比如，应急产业 75%以上集中在珠三角洲，大多行业都集中在疫苗药品、救援防护用品、应急设备等。

其次，应急产品科技含量高。广东省大力推进提高应急产品的科技水平。一方面，通过技术创新提高应急产品科技含量，例如，广东省知名的高新技术企业——广州市虎辉照明公司所生产的 LED 应急灯被应用于汶川地震、玉树地震。韶关市新宇建设机械有限公司生产的微型挖掘机、塔式起重机等远销德国、意大利、荷兰等国家。东莞市德生通用电器制造有限公司自主研发的手摇发电式应急收音机，2005 年被美国军方一次性采购 20 万台②。另一方面，通过应急产业园区的建设来提高应急产品的科技含量。2011 年 3 月，中

① 广东省人民政府应急管理办公室．促进应急产业发展 加快产业转型升级——广东省应急产业发展现状与建议［J］．中国应急管理，2013，(2)：23-27.

② 路平．广东应急产业形成“榕树”集聚效应［N］．广东科技报，2013-07-12.

国南方应急科技大厦在东莞松山湖高新科技产业园区奠基，成为了泛珠三角应急产业的总部基地，其宗旨是应急科技研发、技术孵化和面向社会的专业培训、产品认证服务等。另外，在同一天东莞市应急产业协会成立。

最后，着力搭建产、学、研一体化平台。自 2008 年起，广东省科技厅、应急办等就开始组建应急技术研究中心，目前已储备了先进的应急技术。比如广东省禽流感监测、预警及快速诊断应急技术研究中心所研发的疫苗；地质灾害技术研究中心的风险评估技术；重大传染病预防控制研究所的抗体制备平台、快速分子诊断平台等。此外，广东省还通过组织实施一些科研专项计划来不断推动应急产业的发展。例如“防灾减灾关键技术”研究专项计划和“农产品安全生产关键技术研究与示范”重点专项计划等。

三、广东省应急产业发展经验

广东省推动应急产业发展具有系统性和前瞻性，起步早、思路清、办法多、成效大，其主要经验如下：

第一，政府大力支持。广东省出台一系列的法律法规来支持应急产业的发展。具体如下：

2010 年 2 月，广东省政府办公厅印发的《2010 年全省应急管理工作计划》（粤府办〔2010〕4 号）中提出，要推动应急管理产业发展，研究制订加快全省应急产业发展的指导意见。

2010 年 7 月，广东省颁布《广东省突发事件应对条例》。该条例鼓励和支持高等院校、科研院所和相关机构等开展公共安全技术理论研究，开发用于突发事件预防、监测、预警、应急处置与救援的新技术、新设备和新工具。

2011 年 1 月，广东省政府办公厅印发的《2011 年全省应急管理工作计划》（粤府办〔2011〕49 号）中再次提出，要充分利用产业转型升级的良好机遇，推动应急产业体系建设。

2011 年 12 月，省政府办公厅印发的《广东省突发事件应急体系建设“十二五”规划》（粤府办〔2011〕97 号）中明确提出，以救援与运输装备、应急能源与动力装置、应急通信与指挥设备、医药和防护用品、应急材料等领域为重点，鼓励企业对现有产品开展满足应急需要的适应性改进，推进重要应急工业品的规模化、专业化、系列化发展，推动形成一批应急产业聚集园区。

2012 年 12 月，省政府办公厅在全国率先出台的《广东省应急管理教学科研一体化扶持办法（试行）》（粤府办〔2012〕129 号）中提出，按照“政府引导，教学科研单位主导，创新技术先导，应急产品向导”的原则，通过实施应急管理教学科研一体化，形成公共安全科技创新机制和应急管理技术支撑体系。

2016 年 6 月，广东省政府办公厅制定《关于加快应急产业发展的实施意见》，提出重点打造深圳、珠海、东莞三地应急产业群，并把监测预警、预防防护、处置救援和应急服务作为重点发展领域，通过建立部门协调工作机制、开展应急产业运行监测、加强财政税收、完善投融资，以及落实相关配套措施等来保障应急产业快速有效发展。

第二，应急产业发展平台好。广东省努力搭建各种平台，促进了应急产业企业的良好发展。2010 年 7 月 20 日，广东省成立了全国第一个应急管理学会。该协会为应急管理工作者搭建了很好的发展平台，对于推动全员参与应急管理有着深远的意义。另外，2011 年 3 月 10 日，东莞市应急产业协会成。2012 年 3 月，广东省应急产业协会成立，该协会积极推进应急产业的技术进步和创新，致力于应急产业自律机制的建立。2012 年 5 月 8 日，广东省应急物资信息服务平台，即全国第一个应急物资服务平台正式开通，在“集中物资分散化，分散物资集中化”发面发挥了的重的作用。2012 年 9 月 22—25 日，以“做强应急产业，加快转型升级”为主题的中国应急产业展览会在广州市成功举办。

第三，应急产业园起了模范带头作用。广东省以东莞市为试点，推动应急产业园区建设。中国南方应急科技大厦在东莞松山湖高新科技产业园区的奠基与成立，为应急产品的研发、设计、生产、推广提供集中的办公环境，同时吸纳国内外应急产品制造商、服务供应商入驻，如中国电子科技集团中华通讯系统有限公司、北京佰能电气有限公司、泛珠三角九省（区）应急产业总部基地、应急培训中心、应急产品认证中心等。

第七节 湖北省应急产业

一、湖北省应急管理体系建设情况

湖北省创新应急管理工作方法，紧紧围绕“一案三制”，加强应急管理体制机制建设，在应急指挥平台建设及专业救援能力等各方面取得了很好的效果。目前已完成应急预案和 27 个专项应急预案的修订工作，形成了省、市（州）、县三级应急管理机构，实现了上与国务院应急办、下与各市（州）应急办互联互通的协调联动机制，建立了 8 支跨地区的危化品骨干应急救援队、7 支矿山骨干应急救援队①。其应急管理的主要特征如下：

第一，完善的应急管理联动机制。湖北省先后健全完善了预警联动机制、信息共享机制、应急物资保护机制和“生命通道”保障机制。湖北省安全监管局与气象、国土、地震、电力、公安、交通等部门建立了预警联动和信息共享机制；与省发改、财政、民政、交通等部门建立应急物资保障机制；与公安、卫生、交通等部门建立了“生命通道”保障机制；与省政府应急办建立应急管理工作联合检查机制，联合移动、电信、联通等运营商，建立手机短信平台，强化应急预警。

第二，注重应急投入。湖北省政府在应急管理方面的投入很大，并建立了应急经费投入机制。省政府安排 2000 万元专项资金，组织编印 700 万册《湖北公众防灾应急手册》，免费向社会公众发放。“十二五”时期，针对重点行业、重点区域、重点薄弱环节等方面存在的突出问题，省政府规划了 8 个方面建设任务、9 个重点建设项目，初步估算，各方面投入将达到 38 亿元，其中，政府性投入在 12 亿元以上。另外省政府还成立财政性专项基金，重点

① 陈英．坚持以“五个湖北”建设引领应急管理工作——访湖北省人民政府应急管理办公室主任陈惠霞［J］．中国应急管理，2013，(4)：42-46.

支持应救援、电子信息、船舶海洋工程等应急产业的发展[①]。

第三，积极发挥科技支撑作用。湖北省积极发挥高校“人才库”和专家“智囊团”作用，成立省应急管理专家咨询队伍，与华中科大等高校合作研制“十二五”“十三五”期间应急体系规划，在武汉理工大学建立灾害研究中心，培养本、硕、博等专业应急管理人才。

二、湖北省应急产业发展实践

湖北省处九省通衢，居中部之要，工业基础良好、自然资源丰富、交通条件便利，再加上省政府高度重视应急产业的发展，省内各类应急相关产品的生产研究企业在原有的工业基础上融合现代应急产业发展理念，目前已经初步形成了处置救援、预防防护、应急服务、监测预警等完整的产业链。另外，湖北省在应急装备、应急通信、应急交通、消防安全、监测预警等领域很有优势，生产的应急产品覆盖社会公共安全、事故灾难、自然灾害、公共卫生等多个类别[②]。据悉，2015 年湖北省应急产业企业数目达到 404 家，年创产值达 1412 亿元，实现利润高达 113. 3 亿元，主营业务收入 1310 亿元，从业人员 69739 人，为应急产业在湖北省不断蓬勃发展夯实了良好的基础。湖北依托武汉、随州、仙桃等产业集聚地，借力国防科工部门的职能优势，坚持走“军民融合、政产学研协同创新”的产业发展之路，着力培育几家收入过百亿的企业集团。例如，主要生产应急交通类产品的华舟重工应急装备股份有限公司、随州应急专汽、3611 机械有限公司、程力专用汽车股份有限公司、高德公司、710 研究所、湖北航天化学技术研究等大型企业和研究所。这些企业大多具备完备的高端技术设备、高水平技术研究人员、尖端生产科技以及强大的生产力，生产产品涵盖应急救援处置的各个方面，范围广、数量多、质量好、获多项国家专利认证。

湖北军工应急产业发展势头良好，目前湖北军工逐步形成了三大应急产

---

① 陈英．坚持以“五个湖北”建设引领应急管理工作——访湖北省人民政府应急管理办公室主任陈惠霞［J］．中国应急管理，2013，(04)：42-46.

② 张忠凯．品优势 思安危 在“危”与“机”中孵化出的应急产业——军民融合式的湖北军工应急产业发展之路［J］．中国军转民，2013，(7)：36-39.

业集群。即以武汉为中心的自然灾害应对装备产业集群，重点发展交通应急装备、灾害预测预警装备、应急通讯装备；以襄阳为中心的社会安全保障装备产业集群，重点发展治安防暴装备、应急保障装备；以宜昌为中心的事故救援装备产业集群，重点发展事故救援机具、救援防护装备。主要生产企业75家，主要产品52类，120余项，2012年产值突破500亿元。主要产品包括：应急桥梁、码头、机场、站台等应急交通装备、防暴乱武器系统、红外光电警戒、监控装备、应急通讯系统、灾害天气预警雷达、矿难救援装备、核、生、化监测防护装备、特种机器人、特种飞行器、特种消防装备等。主要产品不仅可以装备国内各级应急救援机构，而且还出口到十多个国家和①。

湖北省的应急产品采用标准化、模块化、系列化、特色化的发展模式。所谓的标准化指的是对应急产品的种类、功能、原材料和制作流程等采用统一标准，以便维持应急产品行业的秩序，实现应急产品的规范管理。模块化是指将应急产品按照类型和性能分成许多个不同的模块区域，然后将这些区域进行自由组合，组建成新型的应急产品，提高应急产品的生产效率，为应急市场提供充足的产品。系列化是以最少的投入生产数量最大、质量最优的应急产品，形成完整的应急产品生产体系，从应急产品的功能、种类上给予市场更多选择的权利。特色化是指用不同的方式来生产应急产品，使应急产品具有显著区别于其他产品的功能，能更好地处理突发事件②。

目前，湖北省已将应急产业纳入全省工业、战略性星星产业、科技发展等重点领域计划。对列入产业结构调整指导目录鼓励类的应急产品和服务，可以享受多项优惠政策，例如，对应急产业发展重大项目建设用地，在符合国家产业政策和土地利用总体规划的前提下予以支持，积极争取长江经济带产业基金、省级股权投资引导基金等支持应急产业发展等。同时，湖北省还鼓励金融资本、民间资本及创业与私募股权投资投向应急产业，支持符合条

---

① 张忠凯．品优势 思安危 在“危”与“机”中孵化出的应急产业——军民融合式的湖北军工应急产业发展之路［J］．中国军转民，2013，(7)：36-39.

② 卜越，刘冉，黄敏等．湖北省应急产业现状与“四化”发展模式分析［J］．当代经济，2017(13)．50-55.

件的应急产业企业扩大直接融资规模，鼓励和引导金融机构创新金融产品和服务方式，对符合产业政策、资质好、管理规范的应急产业企业，加大信贷支持力度。

三、湖北省应急产业发展经验

第一，坚持军民结合，加强政策扶持。2007 年，制定出台了《湖北省军民结合产业发展中长期规划（2007—2015）》，明确了应急产业的重点发展方向，规划了以武汉、襄阳、宜昌为中心的三大应急产业集群。同年，省人民政府发布了《关于支持军民结合产业发展的通知》，设立了军民结合产业发展专项资金，专项用于支持军民结合产业的发展。2009 年，建立了全省应急救援系统指挥中心。2011 年，湖北省国防科工办出台了《关于加强军工领域招商引资工作推动军民融合式发展的若干意见》，成立了省国防科工办军工领域招商引资工作领导小组。2013 年，召开了关于如何发展应急产业专题讨论会议，出台了《关于推进装备制造业、食品、电子信息、海洋工程装备、医药、资源循环利用等六大产业加快发展的意见》，进一步加大了对应急产业的支持力度，并编印了《湖北省军民结合产业化项目技术目录》，为应急产业发展搭建良好平台。2016 年，省政府办公厅印发《加快应急产业发展的实施意见》，明确了加快湖北应急产业发展的总体思路，提出力争到 2020 年，建成 1~2 个国家级应急产业综合和专业示范基地，把检测预警、预防防护、处置救援、应急服务作为重点发展方向。把推动应急产业示范基地建设、加快关键技术和装备研发、培育壮大优势重点企业、加快应急产品和服务推广、推进应急产业军民融合发展、加强应急产业国际交流与合作、加强应急物资储备基地建设等作为重点任务。

第二，创新管理模式，完善应急动员体系。首先，鼓励应急产品生产企业与政府部门签订事前协议，建设企业应急队伍，探索一种“政府买枪、企业打仗、人民受益”的应急管理模式。然后，通过建立应急产业园来引导产业的集聚发展。比如，2012 年建立了湖北华舟重工应急装备有限责任公司为主建设的应急装备暨专用车辆产业园，并且 2016 年 8 月 5 日，华舟应急在深交所挂牌上市。2015 年 2 月，武汉开发区与中国智慧城市产业联合签署战略合作协议，将联手打造应急产业园，共同推进智慧城市建设。最后，打造应急产业动员体系。省政府要求应急装备生产企业对主要应急产品制定应急生产预案，明确紧急情况下，动员各类资源保障扩能增产的措施，以期在短时间内迅速完成应急保障任务①。

第三，发挥军工技术溢出优势，提升应急产业水平。湖北省高校、科研院所众多，政府不断加大政、产、学、研合作力度，积极承担国家重大应急装备的研制开发工作，提升国家应急装备水平。比如，武汉大学与三八八厂联合研制开发的 OSMAR071 高频地波雷达，在海洋环境探测方面达到了世界先进水平，成功应用于福建沿海和南海海域的海洋环境观测，在沿海地区防灾减灾工作中发挥了重要作用。湖北地方军工企业九六一六厂结合军工技术，开发研制了机械震动除冰装置，实现了人员在地面即可完成高压输电线路除冰作业，具有操作简便、成本低、安全高效、无需外部动力的特点，可替代进口大型除冰车和除冰机器人，达到了世界领先水平②。

第八节　四川省应急产业

一、四川省应急管理体系建设情况

四川省在处理突发事件的工作中形成了比较高效的处理突发事件的系统和制度，主要有以下特点：

第一，健全的应急预案体系。四川省建立了总体应急预案、专项应急预案和省级部门应急预案构成的省级应急预案体系，各市（州）和县（市、区）全部制定了总体应急预案和相应的专项、部门应急预案，大力推进应急预案进街道社区、乡镇村组和企事业单位，基本形成了纵向到底、横向到边

① 陈英．坚持以“五个湖北”建设引领应急管理工作——访湖北省人民政府应急管理办公室主任陈惠霞［J］．中国应急管理，2013，(4)：42-46.

② 陈英．坚持以“五个湖北”建设引领应急管理工作——访湖北省人民政府应急管理办公室主任陈惠霞［J］．中国应急管理，2013，(4)：42-46.

的应急预案体系。

第二，完善的应急管理体制。四川省建立了“统一领导、综合协调、分类管理、分级负责、属地为主”的应急管理体制和层次分明的指挥系统。大多数部门成立了专门的应急管理工作机构，进一步强化了省级防汛抗旱、安全生产、公共卫生、消防等专业机构的应急指挥与协调职能，加强军地协同，基本形成了统一指挥、科学高效的突发事件应急处置机制。

第三，积极发挥社会力量在应对突发事件过程中的重要作用。四川省建立了以专业队伍为主，以志愿者和其他专（兼）职队伍为辅的应急救援队伍体系。积极鼓励社会各界力量广泛参与到突发公共危机事件的救援工作中，不仅提高了政府在救援方面的效率，而且提高了政府在公众心中的地位，也充分发挥了社会公众在应对公共突发事件过程的积极作用。

二、四川省应急产业发展实践

四川省所处的位置地势复杂多样，地震、泥石流、暴雨洪水、严重干旱等自然灾害频发，尤其在经历了汶川、九寨沟地震后，省政府更加意识到建设完善应急管理体系离不开应急产业的物质支撑，更加意识到应急产业发展的必要性与紧迫性。省委、省政府牢固树立了创新、绿色、协同、开放、共享的发展理念，将人民的公共安全需求作为基本，大力推动应急产业发展，引导社会公众的社会安全意识，带动了巨大的应急产品和应急服务需求，应用前景广阔①。

四川省工业门类齐全，在灾害监测预警技术、应急救援整体装备、消防安全防护与个医疗防护产品、应急管理咨询与应急服务等方面产业基础雄厚。四川省涉及应急产业的产业园区有 20 多个，形成了以“成都”为核心，以“绵阳、德阳、泸州、广元”为四带的产业布局，充分利用这“一个中心，四个发展带”的区域优势和产业基础，形成特色化、专业化、规模化的应急产业布局，以成都为科技创新核心，带动并引领“四带”形成多元化协同发展的应急产业格局。

2009 年 4 月，绵阳拟建防灾减灾科技产业园，目标是在 2010 年完成防灾

① 龚会．四川省应急产业现状与发展策略［J］．农村经济与科技，2016，27（22）：150-151.

减灾指挥园的建设，到2015年建设成完善的地震防灾减灾产业基地，引进一批高技术强竞争力的项目，运用信息技术、生物技术、新能源技术、新材料、空间技术等高新技术开发研究防灾减灾新产品新技术。重点发展防震救灾装备、新材料、电子信息、新能源、环境保护、工程机械等产业，并建立防灾减灾科技孵化及产品研发基地。2009年7月，在什邡市建立灾后重建应急管理系统项目，建设完善全市应急管理平台，完善公安信息化应用系统，即警用地理信息及智能布警系统、城市应急联动及视频指挥系统、移动警务系统、智能交通指挥系统、应急通讯调度系统等应用软件建设。2009年9月，成都拟建成都市民兵综合应急救援大队，目标是建成具备快速履行城市防空、城市消防、抗洪抢险、地质灾害处置等各种急难险重任务的新型民兵队伍。2010年，建设江湾城防灾减灾科技园；2015年，该园区将为国家近期和未来地震防灾减灾抗灾及恢复重建提供科学技术支撑，先进适用产品、成套技术、成功范例及有益的经验和借鉴参考模式。2016年7月，四川省政府发布《关于加快应急产业发展的实施意见》。《意见》提出，到2020年，全省应急产业规模显著扩大，应急产业体系基本形成，一批自主研发的重大应急装备投入使用。意见锁定了四大重点领域和九大重点任务。四大重点领域指的是发展监测预警类应急产品，提高各类突发事件监测预警的及时性和准确性；发展预防防护类应急产品，提高个体和重要设施保护的安全性和可靠性；发展处置救援类应急产品，提高突发事件处置的高效性和专业性；催生应急服务新业态，提高突发事件防范处置的社会化服务水平。九大重点任务包括：加快推进应急产业示范基地建设、加快应急产业关键技术和装备研发、建立应急产业领域科技创新体系、支持骨干企业加快发展、强化应急产业项目建设、引导产业集聚发展、推广应急产品和应急服务、加强应急保障体系建设、促进应急产业开放合作等①。

2016年11月3日，中国（成都）国际应急产业发展论坛在成都举行。大会以“加强国际合作·发展应急产业”为主题，旨在贯彻落实《国务院办公厅关于加快应急产业发展的意见》，充分利用西博会国际交流平台，多层

① http：//www. sc. gov. cn/10462/10778/10876/2016/8/3/10390661. shtml

次、多渠道、多方式推进应急产业国际合作与交流，推动应急产业发展，提高公共安全水平，培育新的经济增长点。为了给处于自然灾害频发的西部地区人民一个平安的生活，唤醒我们每个人心中的应急防灾意识，展会特别设立了应急减灾产业馆。应急产业馆面积近 1 万平米，涵盖空中救援展区、民政部紧急救援体系展区、紧急救援建材展区、紧急救援装备展区、车联紧急救援展区等。重点展示四川省在应急监测预警类、消防防护类、应急处置类、应急服务类的装备和技术具体涵盖了重大自然灾害监测预警产品、家庭防护产品、应急通信产品、智能救援装备、反恐产品、紧急医疗救援产品服务、航空应急救援产品、北斗卫星定位等。

另外，为了贯彻落实《国家防震减灾规划（2006—2020 年）》，将国家科技部提出的“抗震救灾，科技先行”工作落到实处，四川省科技厅围绕四川省委、省政府要求，加强科技攻关，大力推广科技成果转化。目前，地震预警技术已形成从科技攻关到商业化生产、销售、服务的创新链结构，为全省加快应急产业发展，寻找到一个新的增长点，2013 年地震预警产品销售收入 600 万元，2014 年达 1500 万元。

三、四川省应急产业发展经验

四川省在应急产业发展方面积累了丰富的经验，具体如下：

第一，应急产业集聚。成都作为四川省科研与创新中心，其地震灾害监测预警技术在全国领先，并以此为契机，整合生物工程、通信、轻工化工、教育等产业，促进应急监测预警与预防防护类产品协同发展；以绵阳国家防灾科技园区为基础的应急产业已经实现产业化、规模化和集聚化发展，在防震救灾设备、新材料、电子信息、新能源、环境保护等产业预计实现工业总产值超过 200 亿元；中德应急装备制造园区为基地应急救援装备制造业，整合应急装备研发、制造、物流以及培训等产业节点，形成应急设备生产、应急救援与处置、应急服务为一体的高端应急产业链；泸州依托机械产业基础，在重大事故的应急救援和处置产品方面优势突出；广元的经开区、苍溪经开区、利州工业集中区等园区在小型救援设备、小型个人防护产品等方面，基本形成产业发展规模，并逐步扩大。

第二，中小型应急企业协同发展。四川省涉足应急产业领域的企业多达500多家，纳入应急产业产品目录1000多种企业的有10多户，中小型企业150多家。如东汽、九州、长虹、邦立重机、特飞科技等大型龙头企业均具有一定的核应急救援设备、大型机械设备系统集成、救援设备成套与工程实施服务能力，产业集中度高，并带动德阳经开区、阳经开区、成都高新区、泸州经开区等工业园区中小型企业协同发展。从产业发展领域来看，出现一批具有明显应急特色的中小型企业，如在监测预警领域，成都高新减灾研究所CIL地震预警技术系统国内市场占有100%，西南科技大学的放射性污染远距离测量和机械剥离去污机器人系统、强辐射环境视频监控系统的特色也十分突出。在预防防护领域，如威特龙公司生产的大型石油储罐主动消防安全防护系统领先全国。在救援处置领域，如邦立重机生产的8-46吨级系列反铲液压挖掘机和加装液压锤装置特色十分明显。

第三，科技创新能力强。四川省科技资源丰富，应急技术、服务和产品的研发能力较强，尤其成是在成功应对两次大地震之后，四川省在应急管理咨询、灾害防治、避难工程、应急救援服务等领域积累丰富的经验，示范效应显著。一是拥有四川省委党校、四川行政学院的“5·12”汶川地震灾害应对研究与培训中心、四川大学灾后重建与管理学院等综合性的应急服务机构。二是拥有成都高新减灾研究所、西南科技大学特殊环境机器人实验室等专业科研和教学机构，而且四川大学、电子科大学、成都理工大学、成都信息工程学院等高校也在应急技术方面拥有较强的技术研究能力。三是四川省威特龙、森田、邦立等专业企业拥有相应的研发平台外，九州、成都航天设备有限公司、华日、科伦等企业也拥有较强的应急技术研发能力。四是商用无人机协会等产业联盟等也能够为应急技术和产品研发能力。

第四章　河南省应急产业的发展现状

应急产业是为突发事件预防与应急准备、监测与预警、处置与救援提供专用产品和服务的产业，是一项新兴产业。目前，河南应急产业发展处于起步阶段，因此，切实加快河南应急产业发展，培育新的经济增长点，是当前河南省应急产业发展的重要任务。

第一节　河南省应急产业发展的宏观思路

发展应急产业是编织全方位、立体化公共安全网的物质基础，是推进突发事件应急体系建设的主要内容，是培育新的经济增长点的重要力量（习近平语）。2006 年，我国首次提出发展应急产业；2014 年，国务院办公厅下发《关于加快应急产业发展的意见》（国办发〔2014〕63 号）。作为应急管理的重要物质和技术保障，应急产业受到国家的高度重视，随着各项政策、规定的不断出台，在未来的 20 年内，应急产业将会高速增长，被认为是极具市场潜力的新兴产业，具有广阔的发展前景。

一、国家应急产业发展的基本定位

（一）产业范围宽范，产业形态新颖

从应急产业的范围上看，表现为极大的宽范性。为了规范、促进应急产业发展，2014 年 12 月国务院印发《关于加快应急产业发展的意见》（国办发〔2014〕63 号），即国务院 63 号文件。63 号文件将应急产业明确界定为“应急产业是为突发事件预防与应急准备、监测与预警、处置与救援提供专用产品和服务的产业”。在此之前，国内外都没有对应急产业的概念做过明确的界

定，但存在“紧急救援产业”“安全产业”“安防产业”等一些相关提法，63号文件的出台是给应急产业颁发了一张身份证，这对我们今后认定应急产品、应急企业，以及建设统计指标体系工作具有指导性作用。

从应急产业的特点上看，应急产业较为新颖。应急产业是一门新兴产业，散落在现有各行业之间，具有交叉性，同时又具有公益性明显、政策导向性强的特点。应急产业包括消防产业、安防产业、信息安全产业、公共安全产业、应急救援服务业等，产业跨度较大、产品科技含量高、产品附加值高，未来将成为高技术产业的重要组成部分，增长潜力巨大，社会需求日益旺盛。

（二）产业起步晚，发展势头猛

从全国整体层面看，应急产业总体上处于起步阶段，但近几年发展迅速。据估算，2014年全国消防、安防、信息安全、应急通信装备、食品安全监测设备等领域专用产品和服务的产值已超过万亿元规模。产业发展呈现以下几个方面的特点。

一是应急产品、技术和服务呈现蓬勃发展态势。航天技术、物联网技术、新一代信息技术等高新技术在应急管理中形成了一批创新成果。道路救援、航空救援、工程救援等应急服务业态发展迅速。

二是应急产业集聚发展格局正在逐步形成。广东、北京、河北、湖北、安徽、重庆等地加快规划建设应急相关产业园区、集聚区等。

三是龙头企业优势逐步显现。中国航天科工集团、中国兵器工业集团、中国船舶重工集团等大企业重视发展应急产业，航天科工集团发展应急救援装备，贵州省詹阳动力集团发展应急工程装备，清华大学辰安伟业公司发展应急指挥平台等，智能救援机器人、应急通信装备等一批高水平应急产品和技术在应对突发事件中得到广泛应用。

从全国范围看，北京、江苏、山东、河北等地应急产业发展较全国其他地方表现为起步早、发展好、发展快。近几年，上述地方政府对应急产业发展非常重视，较早地规划了应急产业的发展，建设了应急相关产业园区，编印了应急物资生产企业目录，认定了一批应急物资生产能力储备试点企业，应急产业发展较为系统化。例如，北京市丰台区依托辖区内优势企业，建立了全国首家应急产业技术创新联盟，规划了应急救援科技创新园和应急救援产业基地（安全谷），组建了地震救援志愿者队伍，汇聚了一批应急特色明显的企业；江苏省徐州市设立了国家安全科技产业园，通过与中国矿业大学、中国安全生产科研院、中煤科工集团等高校院所合作开展安全科技协同创新，为智能矿山安全科技产业发展搭建平台；山东省收集汇总了本地338户企业生产的60类186种应急产品，编印了《山东省应急物资生产企业目录》，并认定了一批应急物资生产能力储备试点企业。河北张家口市规划了怀安县公共安全与应急产业创新基地，飞机制造与循环经济产业园、国际应急通用机场等项目已投入建设。

（三）应急产业发展要求明确

《关于加快应急产业发展的意见》确立了加快发展应急产业的政策导向以后，国务院又批准成立了应急产业发展协调机制，建立了协调工作制度。工信部与发展改革委、科技部等有关部委联合出台了一系列加快应急产业发展的文件，内容涉及应急产业重点产品和服务指导目录、国家应急产业示范基地申报与管理、遴选优质应急服务企业等诸多方面，为促进应急产业发展打下了坚实的政策基础。

二、河南省应急产业发展的重要性

在全国各地应对处理突发事件过程中，我们越来越清醒地意识到，核心应急装备技术水平不高，处置突发事件的产业支撑能力不足，已经严重影响了救援效率。在以往发生的地震、火灾、沉船等事故救援中，时常面临缺少大型救援设备，或者有大型救援装备却无法及时赶赴事故现场，又或者是赶赴现场后发现救援空间太过狭小，设备根本派不上用场。正所谓“工欲善其事，必先利其器”。面对严峻复杂的公共安全形势，加快发展应急产业，研发更加符合实际救援需要的设施设备已迫在眉睫，发展应急产业已经成为满足人民群众日益增加安全需求的有效途径。

（一）应急产业发展为应对突发事件提供强大的物质保障

当前，随着河南省工业化、信息化、城镇化和农业现代化深入推进，各种传统和非传统的、自然的和社会风险矛盾交织并存，各类突发事件发生概率更高，破坏率更大，影响力更强，尤其在食品安全、生产安全、信息安全等领域，要求我们必须提高应对突发事件的产业支撑能力，据 2013 年统计，全国自然灾害造成直接经济损失 5808.4 亿元，事故灾害造成死亡失踪 69434 人。突发事件已严重影响了经济社会的稳定发展，面对突发事件防控和处置难度不断加大的严峻形势，没有强大的应急产品支撑，有效应对处置突发事件就无从谈起。

（二）应急产业发展有利于扩大内需、壮大实体经济、推动产业转型升级

根据河南省委、省政府提出的建设“四个河南”（富强河南、文明河南、平安河南、美丽河南）的伟大战略，依托国家批复的河南九大国家战略，发挥河南区域优势，面向全国市场，将有力扩大全省内需市场。通过实施创新开放双驱动战略，推进应急制造与应急服务深度融合发展，又将夯实实体经济发展基础。通过着力突破关键技术、着力提升产品层次、着力壮大优势企业、着力培育产业集群，将不断提高河南省应急产业的竞争优势和整体实力，持续强化防范和处置突发事件的产业基础，进而带动相关产业产品结构升级，使之成为河南省建设先进制造业大省、高成长服务业大省、现代农业大省的有力支撑。

（三）应急产业发展有利于加快行政职能转变、加快服务型政府建设进程

工业应急管理是应急管理的一个组成部分，而应急管理又是社会管理、公共服务和社会保护的重要组成部分，是公共职能的应有之意。实际救援过程中，政府可以通过合同委托等方式向社会购买应急产品和救援服务，发展应急产业可以提供更为丰富的应急产品和救援服务，这有利于增强政府执行力，加快服务型政府建设进程。

三、河南省应急产业发展的总体要求

河南省应急产业的发展，需要有序推进，在习近平新时代中国特色社会

主义思想的引领下，坚持创新驱动、需求牵引，围绕特色优势领域，重点突破一批关键核心技术，加速科技成果的产品化与产业化，实现既定的战略目标。

（一）指导思想

以习近平新时代中国特色社会主义思想为指导，深入贯彻落实党的十九大精神以及国务院决策部署，围绕建设“四个河南”，依托实施河南九大国家战略规划，发挥区域优势，面向全国市场，实施创新、开放双驱动战略，推进应急制造与应急服务深度融合发展，着力突破关键技术、着力提升产品层次、着力壮大优势企业、着力培育产业集群、不断提高河南省应急产业的竞争优势和整体实力，持续强化防范和处置突发事件的产业基础，带动相关产业、产品结构升级，使之成为河南省建设先进制造业大省、高成长服务业大省、现代农业大省的有力支撑，为建成富强、民主、文明、和谐、美丽的现代化河南做出新的贡献。

（二）基本原则

坚持创新驱动、需求牵引，围绕特色优势领域，重点突破一批关键核心技术，加速科技成果产品化、产业化。在上述基本原则的指导下，着力研制一批应急装备和产品，立足于满足经济社会发展需求，积极拓展应用市场，形成对应急产业发展的有力拉动；坚持开放合作，集群发展，搭建多层次合作平台，促进省内外科研机构、企业等开展广泛合作，围绕优势产业链，吸引国内外品牌企业布局河南，带动本地企业发展，优化产业布局，形成特色应急产业群；坚持统筹推进、融合发展，创新应急产业发展机制，促进省内应急产业资源整合，推进应急产品制造与应急服务业深度融合发展，培育新型业态；坚持服务社会、服务经济发展，把社会效益放在更加重要的位置，引导企业承担社会责任，研发应急产品，储备生产能力，强化应急服务，实现经济效益与社会效益相统一。

（三）发展战略

通过引进和培育若干具有较强竞争力的大企业和一批应急特色明显的中

小型与微型企业，在优势领域形成集应急装备制造、关键技术研发、系统集成、综合服务为一体的特色应急产业链。力争到2020年，全省应急产业规模明显扩大、效益明显提升，特色优势领域自主创新能力进一步增强，一批关键技术和装备的研发制造能力达到国内领先水平，一批自主研发的重大应急装备投入使用，建成若干特色应急产业集聚区（园区），将河南省打造成全国重要的应急产业示范基地和应急物资生产能力储备基地。

第二节　河南省应急产业发展的主要任务与关键领域

应急工作实践使各级政府越来越认识到发展应急产业的重要性和紧迫性。目前，河南省各级地方政府，结合经济结构调整、产业升级和企业转型，已经将应急产业作为战略新兴产业予以重点支持，一批产业基地正在形成。

一、河南省应急产业发展的主要任务

（一）加快关键技术和装备研发

通过省级科技计划（专项、基金等）对应急产业相关科技工作进行支持，推动应急产业领域科研平台体系建设，集中力量突破一批支撑河南应急产业发展的关键共性核心技术。加强知识产权运用和保护，加快应急产业科技成果资本化、产业化，建设一批在中部地区乃至全国具有较强影响力的区域性创新中心和成果转化中心。引导政、产、学、研、军五方优势单位共同参与，筹建河南省应急产业技术创新战略联盟。提升中高端应急装备研制能力，提高应急装备数字化、网络化、智能化水平。

（二）推动特色应急产业园建设

遵循现代产业发展规律，推动应急产业集聚、集群发展。加强规划布局、指导和服务，依托河南省产业集聚区发展基础，鼓励有条件的地方发展各具特色的应急产业园。结合区域突发事件特点和产业发展情况，规划建设一批国家级和省级应急产业示范基地，完善区域性应急产业链，引领全省应急技术装备研发、应急产品生产制造和应急服务适度集聚发展。

（三）促进大、中、小微企业协调发展

建立全省应急产品企业数据库和联系人制度，重点培育一批骨干应急企业，认定一批省级应急产品示范企业，加速培育具有较强创新能力和国际竞争力的本地应急龙头企业。充分发挥市场主导、政府引导与监管的作用，鼓励企业通过兼并重组、品牌经营等方式进入应急产业领域，支持有实力的企业做大做强。发挥应急产业骨干企业带动作用，培育一批技术水平高、服务能力强、拥有自主知识产权和品牌优势、在国内外具有一定影响力的大型企业集团。支持企业参与各类监测及应急平台建设。研究制定财政涉企资金、基金等支持应急领域大、中、小微企业发展的政策措施。充分利用财政涉企资金、基金，对生产应急产品的大、中、小微企业予以支持，推动形成大企业与中小微企业链条互补、协调发展的产业格局。

（四）加快应急产品和服务推广

加快编制河南省应急产业重点产品和服务指导目录。加强全民公共安全和风险意识宣传教育，增强公民应急意识、忧患意识，推动消费观念转变，着力培育应急产品市场，激发单位、家庭、个人在逃生、避险、防护、自救互救等方面对应急产品和应急服务的消费需求。完善矿山、危险化学品生产经营场所、高层建筑、学校、公共场所、应急避难场所、交通安全领域等应急设施设备配置标准，完善各类应急救援基地和队伍的装备配备标准，推动应急设施与建设主体工程同时设计、同时施工、同时投入使用。建成一批应急信息与数据分析平台，为应急实践提供支撑与服务。利用风险补偿机制，支持重大应急创新产品首次应用。推动应急服务业与现代保险服务业相结合，将保险纳入灾害事故防范救助体系，加快推行巨灾保险。

（五）推进应急产业军民融合发展

充分利用军工技术优势提升河南应急产业发展水平，引导支持军工应急技术转化和产业化。谋划设立应急产业军民融合产业园，实现相关产业集聚发展。积极搭建应急产业军民对接平台，畅通军民企业联系、合作的渠道。加强军地协作，加快非涉密军用应急技术民用化进程，加快军民通用国家标

准工程进度，推动信息资源共享，建立健全协同创新机制。抓住军转民、民参军两大关键，促进应急产业领域军转民技术开发应用、军用与民用技术双向有效利用和顺畅转移，实现技术、产品、市场等方面的优势互补。

（六）构建高层次开放合作平台

全面推进区域间科技交流与合作，鼓励企业引进、消化、吸收国内外应急先进生产技术和先进服务理念，提升企业竞争力。鼓励国内外企业、知名院校、科研院所在河南省设立研发中心，促进更多应急产业创新成果在河南转化应用。组织开展应急产品博览会、投资洽谈会、应急产业发展论坛等投资促进活动，充分利用相关平台交流推介河南省应急产品和服务。支持企业参与全球市场竞争，鼓励企业以高端应急产品、技术和服务开拓国际市场。鼓励国外先进应急技术装备进口，引导外资投向河南省应急产业有关领域。

（七）加强应急物资储备基地建设

充分依托资源、区位、交通、市场和产业等优势，借力郑州航空港经济综合实验区优质高效物流网络，建设一批具有区域特色的省级防爆设备、矿用救援设备、急救医药器材、特种救援机械、特种防护设备等应急产业示范基地、产业园区、集聚区，形成一批应急物资和生产能力储备基地，争取成为国家级应急产业示范基地。健全应急产品实物储备、社会储备和生产能力储备管理制度，研究应急装备物资“以储代购、零库存”采购模式，拓宽应急装备物资储备途径，建设应急产品和生产能力储备综合信息平台，确保应急产业发展规模合理化、应急物资储备适度化。加强应急仓储、中转、配送设施建设，提高应急产品物流效率。扶持大型应急流通企业，鼓励其立足省内市场积极开拓国内外市场。

二、河南省应急产业发展的关键领域

河南省工信委曾多次组织召开由省应急办、省国防科工局、有关行业协会、解放军信息工程大学等有关部门、研究机构及专家参加的应急产业发展专题座谈会，会同省国防科工局实地考察中国（郑州）军民融合产业基地和荥阳应急产业园区，实地调研金惠科技、信大捷安、威科姆、思维自动化、防爆集团等企业。从河南省产业、科研、人才和区位优势实际出发，把脉河南省应急产业发展的关键领域。

2015 年 11 月，河南省出台《关于加快应急产业发展的意见》，致力于把应急产业培育成新的经济增长点，将河南省打造成全国重要的应急产业示范基地和应急物资生产能力储备基地。根据《意见》，河南省应急产业正在或已初步形成了并形成的五大优势领域和七大潜力领域。五大优势领域包括信息安全、军民融合、应急装备、交通安全、应急医疗、七大潜力领域包括空间信息、航空应急、智能机器人、农业安全、食品药品安全、家庭应急、应急服务。五大优势领域和七大潜力领域同时也是河南省应急产业的发展重点。

（一）河南省应急产业发展的五大优势领域

1. 信息安全领域

近几年，各领域信息安全需求快速增长，信息安全产业发展空间巨大。郑州是我国为数不多的信息安全科研、技术、教育、人才的集聚地，更是国家信息安全产品研发生产基地。拥有解放军信息工程大学、中电科第 27 研究所、移动信息安全关键技术国家地方联合实验室、国家保密局涉密信息系统检测中心河南分中心、密钥管理中心等高端研发与教育机构，涌现出信大捷安、金惠计算机、思维自动化、威科姆公司等多家信息安全优势企业。其中，解放军信息工程大学在通信安全、遥感测绘、密码装备工程、网络空间安全、导航与空天测控等信息安全领域拥有强大的技术优势，还携手信大捷安等 11 家省内知名信息安全企业成立了云安信息安全产业联盟，搭建企业、行业、社会团体、政府间沟通的桥梁，联盟作为技术研发、行业应用和市场推广的一体化平台，将推进信息安全的技术进步和产业发展，加强产业联合，推动产业链完善发展，提升信息安全产业核心竞争力，河南省有望成为国内领先的信息安全产业基地。信大捷安公司是一家专业从事移动信息安全产品研究与开发、移动电子政务、商务安全接入及应用系统集成的高新技术企业，参与制定了公安信息移动接入技术规范和国家电网移动安全接入规范等九项行业规范，是国家密码管理局批准的商用密码产品生产定点单位，河南省首家获工业和信息化部认定的集成电路设计企业，是公安部唯一批准进行公安移动安全接入的民营企业，具有信息安全服务安全工程类一级资质。威科姆公司在 GPS 卫星信号转发、应急通讯等领域技术超前，在出现突发自然灾害，地面通讯基站无法正常使用时，可对卫星信号进行中继转发，解决灾时通讯中断问题。综合以上情况，河南省应急产业信息安全领域科研优势不可替代，生产及区位优势明显，市场潜力巨大，具有突出的整体产业链优势，未来也将拉动相关产业大幅增长。

2. 军民融合领域

当前国家高度重视军民融合工作，提出要深入实施军民融合发展战略，加快形成全要素、多领域、高效益的军民融合深度发展格局。通过与省国防科工局座谈以及对中国（郑州）军民融合产业基地与荥阳应急产业园区、部分军工企业实地调研情况来看，河南省在军民融合领域基础扎实，合作空间巨大。2013 年，河南省军民结合产业销售收入总规模突破 1000 亿元，在建的军民结合产业园区有 25 个，中航工业新航集团等 10 家企业年销售收入超过 10 亿元，4 家军工企业上市，国防科工系统现拥有国家级企业技术中心 6 个，省级企业技术中心 25 个，省级工程技术中心 12 个，拥有中船重工七二五所、电子科技集团二十七所和二十二所、中船重工集团七一三所、中国人民解放军信息工程大学等一批研发创新平台，在特种应急车辆、新材料、空间信息、光电、新能源、无人机等领域拥有一批高端产品。2012 年以来，河南省与中航科工集团、兵器工业集团等 8 家军工集团签订了战略合作协议，涉及投资项目 48 个，投资额达 780 亿元。为推动军工经济与区域经济的有效融合，2013 年省政府专门出台了《关于加快军民结合产业发展的意见》（豫政〔2013〕16 号）。目前，河南省在“高分”“北斗”等应急产业高端领域已经抢占了先机。2014 年，国家国防科工局批复同意河南省设立高分辨率对地观测系统河南省数据与应用中心，通过高清地面成像技术和产品，未来将实现对环境和灾害的预测、预报和预警，并为应急及相关产业发展提供更为全面的空间信息服务；郑州高新区依托解放军信息工程大学、中科院计算所等科研院所在北斗导航技术方面强大的研发力量，聘请国内外顶级规划咨询机构编制了“北斗云谷”总体发展规划，总投资 50 亿元的郑州北斗产业园项目建设方案业已通过专家论证，未来将成为全球用户定位导航和应急通讯功能的服务基地。

3. 应急装备领域

2014 年，河南省装备制造业主营业收入超过 1 万亿元，是河南省第一大产业，拥有南阳防爆、郑州煤机、石油二机、洛阳一拖、宇通重工、中铁工程装备、高远养护、华阳装备、卫华集团等应急装备企业，在防爆装备、特种车辆、矿用安全设备、钻采设备、救援设备、预防防护类避难硐室、盾构机、起重装备等领域拥有一批高端产品。在赴南阳市实地调研过程中发现，南阳已经发展成为全国最大最强的防爆电机、监控设备产品研发、生产和销售基地和机电产品出口基地，现有防爆装备生产及配套企业 100 余家，集聚了南阳防爆集团、南阳一通防爆等大型企业以及南阳防爆电气研究所等科研机构，南阳防爆集团是全国防爆电机行业的领军企业，南阳防爆装备研究所是国内唯一的防爆装备技术研究所，具备产品检测、资质认证、标准制定等多项功能。

4. 交通安全领域

思维自动化设备公司专业从事列车监控系统及产品研发、设计、生产与服务，市场占有率超过 50%，陆续研制推广的 JK－2H 型、LKJ－93 型、LKJ2000 型共 3 代列车运行监控装置，为历次全国铁路大提速、保障铁路运输安全，做出了突出贡献。金惠计算机公司长期致力于互联网图像内容的识别检测技术的研发，在图像、视频流识别过滤技术研究方面处于国内领先的地位，自主研发的智能客流统计系统、智能巡检机器人等已经投入道路运输、铁路巡检、电力监控等市场。

5. 应急医疗领域

河南省拥有一批具有区域特色的生物医药企业，在疫苗、血液制品、诊断试剂、中药等领域具有优势，可以借助区位交通物流优势形成应急药品储备基地和应急医疗服务中心。河南省新乡的华兰生物成功生产出国内首批甲型 H1N1 流感疫苗、手足口病疫苗等，多品种疫苗的陆续上市使华兰生物成为中国疫苗业的后起之秀，其中，季节性流感疫苗的生产能力居中国和亚洲之首。2009年春，全球爆发甲型H1N1流感疫情，华兰生物以最快的速度和最优的质量研制生产出世界第一批甲型H1N1流感病毒裂解疫苗，有力地保证了60周年国庆庆典和国家的储备任务。2008年“5·12”汶川地震，华兰生物积极向灾区人民捐献价值3600万元的疫苗和药品。河南在中医药领域具有独特优势，拥有宛西制药、羚锐制药、辅仁药业、太龙药业等一批知名的中药现代化企业，中医药在重大灾害和传染病防治方面也有着重要的作用。位于郑州高新区的生物医药产业园，在诊断制剂、中药现代化等领域拥有80多家企业。2013年，由英国Blore生化制药集团公司与河南蓝环医疗设备有限公司共同出资建设、中部地区最大的体外诊断试剂生产项目在此落地。

（二）河南省应急产业发展的七大潜力领域

七大潜力领域对于河南省应急产业的发展来说，相当于股市中的蓝筹股，发展前景广阔，未来对河南省经济增长的拉动作用将是巨大的。

1. 在空间信息领域

重点围绕北斗卫星导航系统的导航、定位、授时及短报文功能，支持北斗芯片、模块、天线等高端产品的研发，以及北斗车载、船载、手持终端的研发生产，积极支持北斗卫星在重点行业、重点领域、重点地区的推广应用；积极推进国家高分辨率对地观测卫星遥感应用，加快河南省数据与应用中心建设，扩展数据获取渠道，提升数据处理和和应用能力。

2. 航空应急领域

重点发展应急救援用水陆两栖飞机、监测无人机、救援用无人机、空中巡逻、航空运输、航空救援、航空喷洒等，依托郑州航空港打造航空应急救援基地。

3. 智能机器人领域

重点发展大型智能救援机器人、巡检机器人等。

4. 农业安全领域

重点发展农作物监测、水旱灾害监测、病虫草鼠害监测与防控、农药及农药残留监测、水源安全监测、林业安全监测、重要生态环境安全保护等装备。

5. 食品药品安全领域

重点发展食品药品产品追溯、采样取证、现场复查、监测预警和违禁物质污染、农兽药残留、非法添加、疫情疫病快速检验检疫等装备。

6. 家庭应急领域

重点发展家庭安防监控报警装备及系统、危险气体检测仪、灭火器、自救工具、求救工具、高楼逃生装备、应急食品等。

7. 应急服务领域

重点发展应急物流、交通救援、抗洪抢险及抗旱减灾、紧急医疗救援、安全风险评估、监测预警服务、安全生产、消防安全、环境监测、安防工程、隐患排查、应急管理市场咨询、工程抢险、应急保险等。

（三）河南省应急产业发展近期应展开的重点工作

1. 提请省政府建立应急产业发展协调机制

参照国家在促进应急产业发展方面的做法，提请河南省政府尽快建立推动应急产业发展的协调机制，督促有关部门落实好 63 号文件精神，研究出台加快河南省应急产业发展的意见。

2. 开展全省应急产业现状调查

各地市要充分掌握全省应急产业有关企业、产品和服务分布状况。按照工信部、国家发改委联合印发的《应急产业重点产品和服务指导目录（2015 年）》分类标准，详细登记辖区企业生产的应急产品名称、种类、型号（规格）、年产量、最大日产量、库存、销售额、利润，以及所属企业地址、联系人、电话等信息，为下一步制定河南省应急产业重点产品和服务指导目录和应急产业发展规划提供科学依据，更为应对处理突发事件提供强有力的物质保障。

3. 做好应急服务企业汇总推荐工作

工信部即将出版《中国应急服务企业指南》一书，书中将收录全国范围内管理规范、特色明显、保障有力的应急服务企业，这相当于是为企业进行无偿的广告宣传，机不可失。为了充分展现河南省在应急救援服务方面的实力，更好地宣传河南省的应急服务企业，各地要高度重视这项工作，全面收集汇总辖区内符合条件的应急服务企业，以便能在书中展示河南省应急服务企业的风采。

4. 开展应急产业示范基地培育创建工作

国家工信部、国家发改委、科技部联合印发了《国家应急产业示范基地管理办法（试行）》，三部委将从全国现有产业园区中遴选5个左右具有优势与潜力的园区，列为国家应急产业示范基地。结合河南省应急产业发展实际，省工信委将与发改委、科技厅共同筛选1~2个具有发展潜力并初具规模的产业园区，向国家申报首批应急产业示范基地。同时，研究制定省级应急产业示范基地评定标准，探索性开展省级示范基地认定、创建工作，并通过现有渠道对示范基地给予支持，处置突发事件时将优先推荐示范基地的应急产品、技术和服务。

5. 探索建立河南省应急产业重点企业联系制度

全省应急产业现状调查工作结束后，将筛选确定应急产业特色鲜明的30家左右企业，动态掌握情况，合同有关部门将企业应急项目优先纳入省级应急体系建设、重点研发等规划计划。

第三节　河南省应急产业重点产品和服务

为贯彻落实《河南省人民政府办公厅关于加快应急产业发展的意见》（豫政办〔2015〕144号），更好地指导各地开展培育发展应急产业工作，提高公众对应急产品和服务的知晓度，提升突发事件应急处置能力，河南省在监测预警产品、预防防护产品、救援处置产品、应急服务等应急产业重点产品和服务方面做了很大的努力，并取得很大进步。

一、国家应急产业重点产品和服务指导目录

（一）监测预警产品

1. 自然灾害监测预警产品

（1）地震灾害监测预警系统。地震台站、台网和流动地震观测系统及仪

器设备，流动预警系统，MEME 地震烈度仪等。

（2）地质灾害监测预警系统。山体崩塌灾害监测设备，泥石流灾害监测设备。

（3）海洋灾害监测预警系统。绿潮灾害预警监测仪器，赤潮灾害预警监测仪器，海啸灾害预警监测仪器。

（4）水旱灾害监测预警系统。汛情、旱情、灾情监测、防洪预警预报仪器设备，水利工程震情监测、大坝等水利工程探测、山洪灾害预警监测系统，遥感卫星、无人机监测设备，水文应急测报、水情水质监测、数据采集处理与传输仪器及设备等。

（5）气象灾害监测预警系统。对地遥感观测卫星等灾害天气监测装备，移动应急气象观测系统，应急探测火箭系统，气象灾害预警发布系统等。

（6）农林灾害监测预警系统病虫草鼠兔害监测预警设备（农作物害虫种群密度自动监测），草原灾害监控技术，林业有害生物灾害监测检疫设备（林木害虫种群密度自动监测）。

（7）森林草原火灾监测预警系统。森林火灾监测预警系统，草原火灾监测设备。

2. 事故灾难监测预警产品

（1）矿山安全监测预警产品。瓦斯、煤尘、辐射、微波、毒物、围岩、矿井水等监测设备，煤矿井下监测及灾害预报系统，煤炭安全检测综合管理系统等。

（2）危险化学品安全监测预警产品。危险化学品全程动态监控系统，危化品运输泄漏监测装备，危险化学品运输车辆安全避险与主动防御系统，危险化学品危险性快速鉴别系统等。

（3）特种设备安全监测预警产品。起重机安全监控管理系统，电梯锁死后自动校正逃生开门装置。

（4）交通安全监测预警产品。道路交通信息监测预警设备，交通基础设施（含公路、桥梁、隧道、交通工程等）安全状态监测预警设备，交通基础设施工程建设安全监测预警设备等。

（5）环境应急监测预警产品。有毒有害气体环境应急监测预警技术与产品，水环境污染应急监测预警技术与产品，土壤环境污染应急监测预警技术与产品，海上溢油快速监测鉴定仪器，水上溢油监视雷达、码头溢油报警装备等。

（6）有毒有害气体泄漏监测预警产品。

（7）火灾监测预警产品。消防物联网监控系统、火灾报警触发器件、电气火灾监控系统、可燃气体探测报警系统、早期火灾智能探测报警设备、火灾报警控制设备和消防联动控制系统。

（8）消防产品质量快速检测设备。

（9）重大危险源安全监测监控预警系统。

（10）其他监测预警产品。放射性物质监测系统：关键介质放射性监测系统，移动监测技术与装备，应对复杂环境辐射监测系统，液体安全检查系统，车辆放射性物质监测系统等，堤坝隐患自动监测报警系统，尾矿库安全自动监测报警系统，核与辐射事故监测预警系统。

3. 公共卫生事件监测预警产品

（1）农产品质量安全监测产品。

（2）食品药品安全检测产品。食品安全快速检测设备，药品安全检测设备。

（3）生产生活用水安全。饮用水快速安全检测和监测预警系统，应急水质监测设备和试剂。

（4）流行病监测、诊断试剂和装备。群体性不明原因疾病监测预警系统，新发传染病检测试剂和仪器。

（5）动物疫情监测预警系统。野生动物疫源疫病远距离视频传输设备，野生动物疫源疫病监测信息数字化采集设备，禽流感等动物疫情监测仪器设备。

（6）公共场所体温异常人员快速筛查设备。本质安全型红外测温设备，红外体温监测设备。

4. 社会安全事件监测预警产品

（1）城市公共安全监测预警系统。城市公共安全监测预警和信息发布传播平台，城市公共交通安全运行监测设备及应急反应管理系统，超高层建筑安全物联网监测与应急救援系统，地下管网安全运行监测设备，水库水电站大坝监测预警系统，机场、车站、广场人员信息采集系统。

（2）网络与信息系统安全监测预警产品。高性能防火墙、高性能统一威胁管理系统（UTM）、入侵检测系统（IDS）、高性能入侵防御系统（IPS）、高性能安全隔离与信息交换系统、网络病毒监控系统（VDS）、网络漏洞扫描和补丁管理产品等重要信息系统安全监测预警产品。

5. 其他监测预警产品

突发事件预警发布系统，应急广播系统及设备，毒品等违禁品探测产品，核生化恐怖源探测产品，易燃、易爆、强腐蚀性、放射性等危险物品快速检测产品。

（二）预防防护产品

1. 个体防护产品

（1）应急救援人员防护产品。灾害事故现场定位、图侦、通信、呼吸、生命体征监控等数字化消防单兵装备，高效智能消防员呼吸防护装备，水域救援装备，灭火防护装备，化学防护装备，自动苏生器，电动送风式正压防护系统，病毒防护/隔离服，避火服、隔热服等隔热、阻燃、防毒、绝缘、防静电、防尘、防砸、防穿刺防护产品，防油、防水、防火纺织材料等。

（2）矿山和危险化学品安全避险产品。煤矿及非煤矿山井下紧急避险系统，综合防治矿山重大事故装备，化学品致灾特性评估大型智能安全实验舱，煤气化过程关键安全技术装备，燃爆防控技术装备，超大规模超深井金属矿山开采安全技术装备，煤矿生产过程综合监控装备，矿井进出人员自动监控记录系统等。

（3）特殊工种保护产品。新型正压式放射性气溶胶防护气衣，井下工人安全防护装备集成包，煤矿呼吸尘职业危害防控关键技术装备等。

（4）家用应急防护产品。自救呼吸器、应急包、家用火灾探测器，逃生绳，呼吸面罩等。

2. 设备设施防护产品

（1）社会公共安全防范产品。出入口控制防范系统，重点人员监控预警系统，多通道视频监控、搜救和自动监测报警系统，视频人脸检索系统，人体安全检查系统等。

（2）重要基础设施安全防护产品。工程建设新型安全防护产品，雷电灾害新型防护产品，油库自动化连锁保护系统，防震避险装置，防汛堤坝用混凝土防渗墙施工装备，建筑工程减隔震装置等。

（3）重要生态环境安全保护产品。重污染应急防护装备，山洪地质灾害防治，水生态系统及地下水保护等。

3. 火灾防护产品

（1）防火涂料。长效阻燃制品，不燃和难燃建筑外保温材料，饰面型防火涂料、钢结构防火涂料、电缆防火涂料、混凝土结构防火涂料。

（2）防火封堵材料。防火封堵材料、防火膨胀密封件、阻燃处理剂、不燃无机复合板、隧道防火保护板。

（3）阻火抑爆装置。石油气体管道阻火器、石油储罐阻火器、机动车排气火花熄灭器。

4. 其他防护产品

绝缘低烟无卤阻燃电缆、耐热电线电缆、半预浸树脂及纤维防弹材料、耐火电缆及光缆等。

（三）救援处置产品

1. 现场保障产品

（1）突发事件现场信息快速获取产品。

（2）应急通信产品。卫星应急通信系统：基于海事卫星网络的卫星电话终端，移动卫星通信产品（动中通），利用卫星定位系统的便携式无线电定位设备，Ka/S 复合卫星移动通信多媒体终端等。区域应急通信系统。短波应急通信系统，小型化、智能化以及区域空中应急通信系统，单兵及小组任务平台，大型通信指挥车，具有快速部署能力的无线电集群通信设备，井下应急通信系统等。

（3）应急指挥产品。应急指挥调度系统。基于北斗指挥调度平台，无线应急多媒体指挥决策系统，应急指挥多源遥感影像应用服务平台等。

（4）应急电源。应急发电设备。便携式应急发电设备，大容量应急发电车（2000 千瓦、1000 千瓦），集装箱式柴油应急电站，移动电池系统应急电源，移动供电设备等。

（5）应急后勤保障产品。应急后勤及生活保障产品。自行式炊事车，多功能集成式充气、发电、照明车，救援宿营车，移动式应急照明系统及产品，利用新能源或传统能源的节能型发电，应急安置房屋，易拆装保温篷房等。安全饮水设备。组合式一体化净水器（处理量 100~2500 吨/小时），移动式应急生活供水系统等。

（6）其他产品。

2. 生命救护产品

（1）生命搜索与营救。生命探测装备。生命探测仪，应急搜索机器人等。高效应急救援产品。侦检、破拆、掘进、支护、救生、堵漏、洗消、输转、照明、排烟等设备，高楼应急救生缓降装置，应急救援机器人等。

（2）医疗应急救治。防控突发公共卫生和生物事件疫苗和药品，动物疫病新型诊断试剂、疫苗，生命支持—治疗—监护一体化急救与后送平台。

（3）卫生应急保障。消毒供应装备，救援医疗物资供应产品。

3. 抢险救援

（1）消防产品。大型公共建筑、高层建筑、石油化工设施、森林、山岳、水域和地下设施消防灭火救援技术与产品，自动寻的森林灭火导弹系统，航空特种侦查和灭火产品。登高平台消防车、举高喷射消防车、机场消防车、森林消防车、城市轨道交通专用消防车，消防专用底盘灯特种救援底盘等。消防机器人。灭火机器人、排烟机器人、侦察机器人、洗消机器人、照明机器人、救援机器人等。消防水带（公称直径≥150mm 消防水带、人工合成橡胶衬里消防水带等）。灭火剂。用于哈龙替代的合成类气体灭火剂，A 类泡沫、高效无氟泡沫灭火剂，D 类、F 类灭火剂，金属火灾专用灭火剂等。自动灭火系统。水系、泡沫、洁净气体灭火系统等。

（2）建（构）筑物废墟救援。救援破拆、顶撑设备，全地形应急救灾设备，综合灭火抑爆系统等。

（3）矿难救援。矿用潜水泵，应急供排水装备，矿用应急排水钢管及快速街头，应急排水高压软管，矿山应急救援大直径钻孔成套技术与装备，井下快速抢险掘进机，液压轻便救援支架，救援提升机等。

（4）危险化学品事故应急。车载危险化学品灾害现场快速控制系统，港口危险化学品、油品应急设备，危险化学品事故专用应急装备，危险化学品洗消剂（有机磷降解酶），二氧化氯消毒剂等。

（5）工程抢险。疏浚船舶，快速水深测量设备，长臂挖掘机，应急高空作业车，大型破拆装备，应急救援多功能工程车等。

（6）海上溢油及有毒有害物质泄漏应急。溢油应急救援技术与产品。高分子吸附技术与材料、浮油回收技术与装置，船舶水上溢油应急处置装备，聚丙烯、聚酯等高吸油非织造产品，自动充气式围油栏，自动布放式储油囊，高分子吸油及水面溢油清理配套装备，FOA 睡眠浮油凝集剂等。

（7）道路应急抢通。应急机动舟桥，柔性可快速铺设土工纺织合成材料应急路面及铺设车，道路、桥梁、港口、机场等基础设施恢复、修复装备，隧道救援车，架桥机，除冰雪机械，环保型融雪剂等。

（8）航空应急救援。应急救援用航空器。特种飞机和直升机及灭火、喷洒、吊挂、精确定位等航空器救援专用任务设备，探测、灭火、救援、医疗等航空应急救援装备，应急物资投放伞具和托盘器材。

（9）水域应急救援。漂浮物应急打捞清理设备，无线电装置（含搜索雷达应答器、应急无线电示位标），恶劣海况下救生设备，救生/救助玻璃钢专用艇，大深度沉船中油品、危化品抽吸清除设备，潜水员作业用抗危化品潜水服，沉船打捞用水下开孔、堵漏设备，远洋深海探测搜寻及打捞设备，海上救援系统液压控制升降系统。

（10）核事故处置。核应急处置装备（核生化事故处置装备），核与辐射污染去污消技术装备，移动式核生化废水处理设备等，核电站应急抢险设备。

（11）特种设备事故救援。

（12）突发环境事件应急处置。有毒有害液体快速吸纳处理技术装备，移动式医疗垃圾快速处理装置，移动式小型垃圾清洁处理装备，人畜粪便无害化快速处理装置，禽类病原体无害化快速处理装置，生态清淤装备及淤泥无害化处置一体化技术，高稳定性聚维酮碘消毒剂（粉剂+溶液），活性炭，漂白水/漂渍液消毒剂。

（13）疫情疫病检疫处置。

（14）反恐防暴处置。反核恐怖机器人，应急防爆车，中型反恐排爆机器人，防爆拖车，爆炸物销毁器等。

（15）其他。防汛抗旱应急处置。防汛抢险专用材料和器材，应急排涝设施设备，抗旱找水打井器材和设备，人工影像天气作业系统等。

（四）应急服务

1. 事前预防服务

（1）风险评估服务公路工程建设风险评估咨询服务，水旱灾害防治与风险评估，洪水影响评价，洪水风险图编制，多灾种灾害综合防治与风险管理，灾害风险评估与预警技术，自然灾害综合风险图编制技术，城市区域综合风险评估系统，多灾种综合风险评估系统，灾害应急救助决策支持系统，环境损害鉴定评估，城市危险源爆炸和危化品泄漏定量风险评估系统，森林火灾综合风险评估系统，重大有害生物灾害风险评估系统，野生动物疫病传播风险评估系统，煤矿瓦斯爆炸事故生存空间预测系统，核应急事故后果评估与辅助决策系统，危化品泄漏扩散分析应急决策系统，城市生命线工程故障分析应急决策系统等。

（2）隐患排查服务，水利工程险情探测排查。

（3）消防安全服务。安全管理咨询，消防工程设计与施工，消防设施维护保养，消防产品与工程质量检测，电气系统安全检测，消防员心理疏导及恢复。

（4）安防工程服务。机场、车站、码头等安检全通道设备检测及相关服务，平安城市建设平台建设维护管理。

（5）其他事前预防服务。应急案例库管理系统，应急物资管理系统，突发事件情景构建系统，应急模拟演练系统等。

2. 社会化救援

（1）紧急医疗救援服务。

（2）交通救援服务。综合交通枢纽防灾救灾及应急疏散系统。

（3）应急物流服务。

（4）工程抢险服务。工程建设重大突发事件应急抢险救援基地协调联动服务。

（5）安全生产服务。

（6）航空救援服务。海上空中监督巡逻和搜救设施，小型航空器应急起降场地，航空医疗救援服务设施等。

（7）网络与信息安全服务。数据恢复和灾备服务，信息安全防护、网络安全应急支援服务，云计算安全服务、信息安全风险评估与咨询服务，信息系统等级保护安全方案设计服务等。

3. 其他应急服务

（1）灾害保险。巨灾保险，航空医疗保险等。

（2）北斗导航应急服务。

（3）测绘保障服务。灾害现场信息快速获取，各类专题地图编制及影像解译与灾情分析评估，应急地理信息指挥决策平台等。

二、河南应急产业重点产品和服务目录

（一）监测预警类（共四类46种产品）

1. 自然灾害监测预警产品（共8种产品）

表4-1　自然灾害监测预警产品

序号	产品或服务名称	企业名称	企业地址	地区
1	地震监测传感器	三门峡诚义电器有限公司	三门峡市湖滨工业园	三门峡
2	余震监测设备	郑州晶微电子科技有限公司	河南省郑州市华山路78号	郑州
3	现场地震预警设备			

续表

序号	产品或服务名称	企业名称	企业地址	地区
4	便携式自动气象站	凯迈（洛阳）环测有限公司	河南省洛阳市解放路 107 号	洛阳
5	自动虫情测报灯	鹤壁佳多科工贸股份有限公司	鹤壁市开发区海河路 327 号	鹤壁
6	农林病虫害自动测控物联网			
7	植物病害快速诊断仪	郑州锦农科技有限公司	河南省郑州市丰乐五金机电城 28-1-12	郑州
8	植物病害快速监测仪	河南中西恒大仪器仪表有限公司	河南省郑州市金水区丰乐五金机电城 1 号楼 2 单元 5 楼北	郑州

2. 事故灾难监测预警产品（共 25 种产品）

表 4-2 事故灾难监测预警产品

序号	产品或服务名称	企业名称	企业地址	地区
1	智能甲烷检测报警仪	河南中煤电气有限公司	河南省平顶山市平安大道中段北 2 号	平顶山
		鹤壁市德政气体检测有限公司	鹤壁市山城区建设街 9 号	鹤壁
2	甲烷测定器、气体检测管	鹤壁市新星分析仪器有限责任公司	河南省鹤壁市山城区山城路中段	鹤壁
3	矿用复合高分子风门			
4	矿用职能喷洒除尘装置			
5	甲烷传感器校验装置	河南中煤电气有限公司	河南省平顶山市平安大道中段北 2 号	平顶山
6	一氧化碳测定器	河南中煤电气有限公司	河南省平顶山市平安大道中段北 2 号	平顶山
		鹤壁市德政气体检测有限公司	鹤壁市山城区建设街 9 号	鹤壁

续表

序号	产品或服务名称	企业名称	企业地址	地区
7	自救器正压气密检测装置	河南中煤电气有限公司	河南省平顶山市平安大道中段北 2 号	平顶山
8	安全监控系统	河南省济源市矿用电器有限责任公司	河南省济源市高新技术集聚区	济源
9	矿井人员管理系统			
10	井下自动排水系统			
11	矿用隔爆兼本安型声光报警器	鹤壁华盛监控设备制造有限公司	河南鹤壁市山城区车站路 3 号	鹤壁
12	矿用本安型控制器			
13	矿用本安型红外收发传感器			
14	矿用本安型通信分站			
15	矿山轨道运输监测报警系统			
16	化学品检测仪	河南海克尔仪器仪表有限公司	河南省郑州市中原区中原西路新田大道	郑州
17	土壤分析仪	郑州欧柯奇仪器制造有限公司	河南省郑州市高新技术产业开发区	郑州
18	温度（热量）测量仪表	郑州龙仪器仪表有限公司	河南省郑州市郑花路 99 号	郑州
19	电气火灾监控设备	河南许继智能科技股份有限公司	河南省许昌市许继大道 1298 号	许昌
20	交流电源防雷器			
21	避雷器、防雷器	河南益之润雷电防护科技有限公司	河南省郑州市高新区瑞达路 96 号 1 号楼 A533	郑州
22	防雷插座			
23	防雷模块			

续表

序号	产品或服务名称	企业名称	企业地址	地区
24	电梯远程监控平台	洛阳澳凯富汇信息技术股份有限公司	洛阳市洛龙区王城大道与太康路交叉口雅香金陵商务楼B座5-6楼	洛阳
25	通信铁塔安全监测系统	新乡市西瑞克斯物联网设备有限公司	河南省新乡市红旗渠金穗大道国际快捷酒店五星座D座403	新乡

3. 公共卫生事件监测预警产品（共7种产品）

表4-3　公共卫生事故监测预警产品

序号	产品或服务名称	企业名称	企业地址	地区
1	水质分析仪	郑州沃特测试技术有限公司	河南省郑州市高新技术产业开发区	郑州
2	多参数水质检测仪	郑州奥宇特科技有限公司	郑州市金水区博颂路索凌路交叉口丰乐五金机电城28号楼	郑州
3	病原微生物检测车	郑州神汽汽车技术发展有限公司	河南省中牟县建设路南段	郑州
4	电子测温仪、红外检测仪	郑州豪润奇电子科技有限公司	河南省郑州市郑东新区26号	郑州
5	气体探测仪	河南汉威电子股份有限公司	河南省郑州市高新技术开发区雪松路169号	郑州
6	食品安全综合速测仪	河南农大迅捷测试技术有限公司	郑州市文化路95号14号楼	郑州
7	食品安全快速检测卡	河南赛沃思生物科技有限公司	济源市高新技术产业开发区2号厂房	济源

4. 社会安全事件监测预警产品（共 6 种产品）

表 4-4　社会安全事故监测预警产品

序号	产品或服务名称	企业名称	企业地址	地区
1	边海防视频监控站系统	河南中光学集团有限公司	河南省南阳市中州路 254 号	南阳
2	指挥中心综合显示系统			
3	智能区域安防监控系统			
4	安防监控系统综合管理平台			
5	望远镜、微光镜、光学侦察仪			
6	智慧应急守望者系统设备	河南圣昌智慧应急系统设备有限公司	河南省郑州市中原区中原西路与杭州路交叉口向南 300 米	郑州

（二）预防防护类（共两类 42 种产品）

1. 个体防护产品（共 34 种产品）

表 4-5　个体防护产品

序号	产品或服务名称	企业名称	企业地址	地区
1	矿用可移动式救生舱	郑州泰固机械制造有限公司	新密市来集镇陈沟村　452382	郑州
		平顶山煤矿机械有限责任公司	河南省平顶山市姚电大道西段	平顶山
		河南省济源市矿用电器有限责任公司	济源高新技术产业开发区矿用电器公司	济源
2	供氧器	河南中煤电气有限公司	河南省平顶山市平安大道中段北 2 号	平顶山
		河南核心恒达实业有限公司	信阳市京深路 101 号	信阳
3	建筑防水卷材	濮阳市虹霞新型防水材料有限公司	濮阳市东环路南段	濮阳

续表

序号	产品或服务名称	企业名称	企业地址	地区
4	碘片	郑州安誉科技有限公司	河南省郑州市二七区航海路	郑州
5	应急包	郑州市豫兴帆布制品有限公司	郑州市管城区金岱产业集聚区文治路与鼎尚街交叉口路中心向北70米路东	郑州
6	特殊面料、服装（防水、防油、防静电、阻燃）	濮阳华源纺织有限公司	濮东产业集聚区新东路与卫都路交叉口东300米路南	濮阳
		新乡市护神特种织物有限公司	河南省新乡市国家经济技术开发区	新乡
7	战斗服	洛阳市浪潮消防科技股份有限公司	河南省洛阳市伊滨区龙顾路	洛阳
8	防护服	河南飘安集团有限公司	河南省长垣县飘安工业园	长垣
		新乡市护神特种织物有限公司	河南省新乡市经济技术开发区	新乡
		高贝斯卫生防护用品（濮阳）有限公司	濮阳县产业集聚区铁丘路于文化路交叉口	濮阳
9	医用一次性防护服	新乡市华西卫材有限公司	河南省长垣县丁栾镇工业区	长垣
10	医用一次性无菌口罩	河南省科隆医疗器械有限公司	河南省长垣县张三寨卫材工业园区	长垣
11	隔离衣	高贝斯卫生防护用品（濮阳）有限公司	濮阳县产业集聚区铁丘路于文化路交叉口	濮阳
12	避火服（防火服）、隔热服	洛阳市浪潮消防科技股份有限公司	河南省洛阳市伊滨区龙顾路	洛阳
13	防辐射服	河南省健琪医疗器械有限公司	河南省长垣县丁栾工业区	长垣

续表

序号	产品或服务名称	企业名称	企业地址	地区
14	消防头盔	洛阳市浪潮消防科技股份有限公司	河南省洛阳市伊滨区龙顾路	洛阳
15	防毒面具			
16	消防手套	洛阳市浪潮消防科技股份有限公司	河南省洛阳市伊滨区龙顾路	洛阳
		河南飘安集团有限公司	河南省长垣县飘安工业园	长垣
17	防化服	洛阳市浪潮消防科技股份有限公司	河南省洛阳市伊滨区龙顾路	洛阳
18	防护口罩	河南飘安集团有限公司	河南省长垣县飘安工业园	长垣
19	防化护目镜	洛阳市浪潮消防科技股份有限公司	河南省洛阳市国家高新科技工业园区	洛阳
20	防化手套			
21	防化靴	际华三五一五皮革皮鞋有限公司	河南省漯河市人民东路	漯河
22	防护靴	鹤壁飞鹤股份有限公司	鹤壁市山城区朝阳街59号	鹤壁
		洛阳市浪潮消防科技股份有限公司	河南省洛阳市伊滨区龙顾路	洛阳
		际华三五一五皮革皮鞋有限公司	河南省漯河市人民东路	漯河
23	保护气垫	洛阳市浪潮消防科技股份有限公司	河南省洛阳市伊滨区龙顾路	洛阳
24	救生绳			
25	安全带			
26	安全钩			
27	呼吸器充填泵			
28	防弹头盔	河南永威安防股份有限公司	河南省沁阳市西向镇虎子村454591	焦作
29	防弹衣	河南永威安防股份有限公司	河南省沁阳市西向镇虎子村454591	焦作

续表

序号	产品或服务名称	企业名称	企业地址	地区
30	防割手套	河南永威安防股份有限公司	河南省沁阳市西向镇虎子村 454591	焦作
31	SL-01 型 LED 反光背心	河南世龙警用装备有限公司	郑州市郑东新区崔庄 21 号楼 1628 室	郑州
32	防爆球	三门峡市常新防护设备有限责任公司	三门峡市春秋路北段	三门峡
33	车用阻燃防爆桶			
34	手持式防弹盾牌、防弹箱	河南永威安防股份有限公司	河南省沁阳市西向镇虎子村 454591	焦作

2. 设备设施防护产品（共 8 种产品）

表 4-6 设备设施防护产品

序号	产品或服务名称	企业名称	企业地址	地区
1	高性能安全玻璃	河南恒鑫丰安防科技有限责任公司	平顶山市建设路东段 612 号院	平顶山
2	防火阻燃剂	偃师市雪峰塑料化工有限公司	—	洛阳
3	室外光缆	河南省通信电缆有限公司	河南省郑州荥阳市郑上路 3 号	郑州
4	电线电缆	河南华泰特种电缆集团有限公司	郑州市上街区万泉河路 8 号	郑州
		河南久通电缆有限公司	周口市川汇区昆仑路东侧神农路南侧 466000	周口
5	防火电缆	河南圣源线缆有限公司	河南省夏邑县南环路中段 476400	商丘
6	低烟无卤阻燃电缆	河南乐山电缆有限公司	驻马店关王庙工业聚集区 463000	驻马店
7	生态木室内防火门	濮阳市东宝科技发展有限公司	河南省南乐县产业集聚区鸿宇路	濮阳
8	陶瓷纤维棉、板、高温结合剂散装料	洛阳热盈节能材料有限公司	河南省洛阳市宜阳县产业集聚区	洛阳

（三）救援处置类（共三类225种产品）

1. 现场保障产品（共48种产品）

表4-7　现场保障产品

序号	产品或服务名称	企业名称	企业地址	地区
1	低空探测飞行器	郑州郑航通用航空工业科技有限公司	河南省郑州市经济技术开发区	郑州
2	大白航拍无人飞机DB-2	河南翱翔航空科技有限公司	河南省登封市高新技术工业园区	郑州
3	卫星信号转发器	威科姆科技股份有限公司	—	郑州
4	远程应急广播系统	郑州菘天电子科技有限公司	郑州高新区红松路52号1幢4单元2层204号	郑州
5	调频接收功率放大器			
6	数字智能调频广播发射机			
7	华骏安全与应急管理平台	郑州华骏技术有限公司	郑州市东风路8号5号楼	郑州
8	发电机组	郑州金阳电气有限公司	郑州市伏牛路1号450006	郑州
		郑州佛光发电设备有限公司	郑州高新区冬青街50号	郑州
		河南威达军警装备有限公司	河南省濮阳濮上路与南环路交叉口向西304米路北	濮阳
		河南华阳装备制造有限公司	南阳高新技术产业集聚区工业园纬八路	南阳
		河南柴油机重工有限责任公司	河南省洛阳市中州西路173号	洛阳
		中原特种车辆有限公司	河南省濮阳市大庆路南段15号	濮阳

续表

序号	产品或服务名称	企业名称	企业地址	地区
9	挂车电站	郑州金阳电气有限公司	郑州市伏牛路1号 450006	郑州
		河南华阳装备制造有限公司	南阳高新技术产业集聚区工业园纬八路	南阳
		郑州佛光发电设备有限公司	郑州高新区冬青街50号	郑州
10	汽车电站	郑州金阳电气有限公司	郑州市伏牛路1号 450006	郑州
		河南华阳装备制造有限公司	南阳高新技术产业集聚区工业园纬八路	南阳
11	方舱电站	郑州佛光发电设备有限公司	郑州高新区冬青街50号	郑州
12	集装箱电站			
13	东方红——YZDZ80全液压自行电站	第一拖拉机股份有限公司	河南省洛阳市涧西区建设路155号	洛阳
14	液压式移动电站	洛阳德平机械设备有限公司	洛阳市高新区孙辛路土桥沟村	洛阳
15	移动电池系统应急电源	驻马店市圣力源科技有限公司	驻马店市平舆县产业集聚区 463000	驻马店
		驻马店市圣力源科技有限公司	驻马店市平舆县产业集聚区 463000	驻马店
16	电源车	中原特种车辆有限公司	河南省濮阳市大庆路南段15号	濮阳
		河南中光学集团有限公司	河南省南阳市中州路254号	南阳
		河南航天特种车辆有限公司	河南省信阳市工业城迎宾大道	信阳
		河南宜和城保装备科技实业有限公司	河南省南阳市高新区二号工业园	南阳
		郑州佛光发电设备有限公司	郑州高新区冬青街50号	郑州

续表

序号	产品或服务名称	企业名称	企业地址	地区
17	抢险照明车	河南红宇特种汽车有限公司	郑州市红专路 66 号豫棉大厦	郑州
		南阳二机石油装备集团股份有限公司	南阳市中州西路 869 号	南阳
18	液压动力站	新乡市万丰液压机械有限公司	河南省郑州市高新技术产业开发区	郑州
19	易拆装保温篷房（帐篷）	郑州市豫兴帆布制品有限公司	郑州市管城区金岱产业集聚区文治路与鼎尚街交叉口路中心向北 70 米路东 450001	郑州
20	集装箱房屋	河南天丰节能板材科技股份有限公司	郑州市管城区陇海南里 13 号	郑州
21	金属面岩棉新型节能建材	河南省金华夏钢结构工程有限公司	周口高新技术产业开发区（北外环东段北侧）466000	周口
22	棉被褥	郑州市豫兴帆布制品有限公司	郑州市管城区金岱产业集聚区文治路与鼎尚街交叉口路中心向北 70 米路东 450001	郑州
		河南省豫棉集团实业有限公司	新乡市开发区新一街 369 号	新乡
23	太阳能发电、路灯照明	河南明鑫科技发展有限公司	河南省汝州市轻工业园区 467500	汝州
24	装备车	郑州宇通重工有限公司	河南省郑州经济技术开发区宇工路 94 号	郑州
25	审判车			
26	宿营车	郑州宇通重工有限公司	河南省郑州经济技术开发区宇工路 94 号	郑州
		中航工业河南新飞专用汽车有限责任公司	河南省新乡市高新技术开发区新一街	新乡
		河南中光学神汽专用车有限公司	河南省南阳市高新技术产业开发区	南阳

续表

序号	产品或服务名称	企业名称	企业地址	地区
27	指挥车	郑州宇通重工有限公司	河南省郑州经济技术开发区宇工路94号	郑州
		河南森源鸿马电动汽车有限公司	郑州经开区经北五路56号	郑州
		郑州神汽汽车技术发展有限公司	郑州市中牟县建设路南段东侧	郑州
		河南中光学神汽专用车有限公司	河南省南阳市高新技术产业开发区	南阳
28	通信车	郑州宇通重工有限公司	河南省郑州经济技术开发区宇工路94号	郑州
29	净水车、运水车	河南华阳装备制造有限公司	南阳高新技术产业集聚区工业园纬八路	南阳
		河南中光学集团有限公司	河南省南阳市中州路254号	南阳
30	移动净水装置	河南华阳装备制造有限公司	南阳高新技术产业集聚区工业园纬八路	南阳
31	野战物资采购保障作业车			
32	平原暖风机			
33	应急救援装具包			
34	沐浴车	河南中光学集团有限公司	河南省南阳市中州路254号	南阳
		河南华阳装备制造有限公司	南阳高新技术产业集聚区工业园纬八路	南阳
35	炊事车	河南华阳装备制造有限公司	南阳高新技术产业集聚区工业园纬八路	南阳
36	工程车	中原特种车辆有限公司	河南省濮阳市大庆路南段12号	—
37	蒸汽解冻车			
38	锅炉车			

续表

序号	产品或服务名称	企业名称	企业地址	地区
39	冰熊牌冷藏/保温车	河南冰熊专用车辆制造有限公司	河南省民权县冰熊大道一号	—
40	应急加油车	正星科技有限公司	河南省荥阳市京城南路001号	郑州
		河南华阳装备制造有限公司	南阳高新技术产业集聚区工业园纬八路	南阳
41	多功能工具车	河南高远公路养护设备股份有限公司	河南省漯河市人民东路197号	漯河
42	吸污车	河南奔马股份有限公司	—	—
43	折叠床	洛阳市安顺保密器械有限公司	河南省洛阳市伊滨区庞村镇西庞村工业区	洛阳
44	睡袋	郑州市顺乾篷布有限公司	河南省郑州市新郑路200号	郑州
45	救灾棉大衣、棉衣裤	河南省豫棉集团实业有限公司	新乡市开发区新一街369号	新乡
46	空调箱	濮阳国诚空气净化技术有限公司	濮阳市濮东产业集聚区457001	濮阳
47	镁粉	金戈利镁业	毛堂乡 474450	南阳
		福森镁粉	县城工业园 474450	南阳
48	小包装成品粮	郑州博大面业有限公司	河南省郑州市荥阳演武路东段	郑州

2. 生命救护产品（共60种产品）

表4-8　生命救护产品

序号	产品或服务名称	企业名称	企业地址	地区
1	照明灯	三门峡鹏飞电子有限责任公司	三门峡产业集聚区摩云路8号	三门峡
		河南科强电器科技有限公司	河南省固始县信兮大道西段	固始
2	探照灯	河南云华灿光电科技有限公司	河南省泌阳县北环路产业集聚区西段	—
		生茂光电科技股份有限公司	河南省郑州市高新区西四环路399号	郑州
3	防水灯	南阳市中通防爆电机电器有限公司	河南省南阳市宛城区伏牛路	南阳
4	应急灯	生茂光电科技股份有限公司	河南省郑州市高新区西四环路399号	郑州
5	警示灯			
6	紧急疏散标志灯			
7	头灯			
8	移动式升降照明灯组			
9	移动式交通信号装置			
10	警戒标志杆（柱、牌）			
11	手电筒	河南威达军警装备有限公司	河南省濮阳濮上路与南环路交叉口向西304米路北	濮阳
		生茂光电科技股份有限公司	河南省郑州市高新区西四环路399号	郑州
12	荧光棒	内乡星火玩具	河南省南阳市内乡县北工业园区	南阳
		新郑市满星星发光玩具厂	河南省新郑市中兴大道18号	郑州
13	烟雾弹	河南恒泰消防设备有限公司	河南省郑州市郑东建材城D7-30	郑州

续表

序号	产品或服务名称	企业名称	企业地址	地区
14	发（反）光标记	河南恒泰消防设备有限公司	河南省郑州市郑东建材城 D7-30	郑州
15	生命探测仪	洛阳市浪潮消防科技股份有限公司	河南省洛阳市国家高新科技工业园区	洛阳
16	救生滑道			
17	充气滑梯			
18	抛绳器			
19	切割工具			
20	扩张工具			
21	破碎工具			
22	呼吸机	河南辉瑞生物医电技术有限公司	郑州市金水区农业路南经三路西英特大厦 9 层 7	郑州
		河南辉瑞生物医电技术有限公司	郑州市农业路 33 号英特大厦 9 楼	郑州
		河南中象医疗保健器械有限公司	河南省郑州市金水区优胜南路	郑州
23	头孢曲松钠粉针剂	辅仁药业集团有限公司	河南省鹿邑县产业集聚区 477200	鹿邑
24	甲硝唑片			
25	阿奇霉素片			
26	折叠担架	圣光医用制品有限公司	河南省平顶山市新城区纬五路	平顶山
27	制氧机	圣光医用制品有限公司	河南省平顶山市新城区纬五路	平顶山
		郑州市通达氧应用开发有限公司	河南省郑州市高新技术开发区长椿路	郑州
28	电动五功能病床	圣光医用制品有限公司	河南省平顶山市新城区纬五路	平顶山
29	多频振动排痰机			
30	多功能牵引床			

续表

序号	产品或服务名称	企业名称	企业地址	地区
31	季节性流感病毒裂解疫苗	华兰生物疫苗有限公司	河南省新乡市华兰大道甲 1 号附 1 号	新乡
32	重组乙型肝炎疫苗			
33	破伤风免疫球蛋白			
34	人血白蛋白			
35	血浆			
36	人用疫苗			
37	抗毒血清			
38	急救包	河南威达威警用装备有限公司	河南省濮阳市开发区化工一路西侧	濮阳
39	心肺复苏机	河南迈松医用设备制造有限公司	河南省南阳市独山大道 172 号	南阳
40	便携除颤监护仪	河南华南医电科技有限公司	—	—
41	一次性输液器、一次性注射器	圣光医用制品有限公司	平顶山郏县龙山大道东段	平顶山
		河南省宇安医疗科技开发有限公司	河南省长垣县张三寨工业区 168 号	长垣县
		河南省莲花医疗用品有限公司	河南省漯河市郾城区龙江路西段	漯河
		南阳市久康医疗器械有限公司	南阳市白河办事处九龙路 88 号	南阳
		河南曙光健士医疗器械集团股份有限公司	漯河市滨河新城湘江西路	漯河
42	手术衣/手术包	高贝斯卫生防护用品（濮阳）有限公司	濮阳县产业集聚区铁丘路于文化路交叉口	濮阳
		河南省宇安医疗科技开发有限公司	河南省长垣县张三寨工业区 168 号	长垣

续表

序号	产品或服务名称	企业名称	企业地址	地区
43	绷带	河南凯旋医疗器械有限公司	河南省濮阳县铁丘路产业集聚区	濮阳
		河南省宇安医疗科技开发有限公司	河南省长垣县张三寨工业区 168 号	长垣
		新乡市康贝尔医疗科技有限公司	河南省长垣县中医院对面	长垣
		许昌振德医用敷料有限公司	河南省鄢陵县金汇区民营工业园	许昌
44	口罩	河南凯旋医疗器械有限公司	河南省濮阳县铁丘路产业集聚区	濮阳
		河南省宇安医疗科技开发有限公司	河南省长垣县张三寨工业区 168 号	长垣
		许昌振德医用敷料有限公司	河南省鄢陵县金汇区民营工业园	—
45	医用纱布块	许昌振德医用敷料有限公司	河南省鄢陵县金汇区民营工业园	—
		河南省健琪医疗器械有限公司	河南省新乡市长垣县丁栾工业区	长垣
		河南省宇安医疗科技开发有限公司	河南省长垣县张三寨工业区 168 号	长垣
46	手术巾	许昌振德医用敷料有限公司	河南省鄢陵县金汇区民营工业园	许昌
47	一次性使用中心静脉导管包	新乡市驼人医疗器械有限公司	河南省长垣县南蒲区驼人健康科技产业园	长垣
		郑州迪奥医学技术有限公司	河南省郑州市经济技术开发区经南五路 16 号	郑州

续表

序号	产品或服务名称	企业名称	企业地址	地区
48	一次性使用麻醉穿刺包	新乡市驼人医疗器械有限公司	河南省长垣县南蒲区驼人健康科技产业园	长垣
49	无菌孔巾	河南省宇安医疗科技开发有限公司	河南省长垣县张三寨工业区 168 号	长垣
50	医用棉球			
51	无菌帽			
52	医用橡胶检查手套			
53	医用高分子夹板	新乡市康贝尔医疗科技有限公司	河南省长垣县中医院对面	长垣
54	一次性使用切口牵开器	郑州迪奥医学技术有限公司	河南省郑州市经济技术开发区经南五路 16 号	郑州
55	一次性无菌鼻胃肠管			
56	一次性无菌腹腔引流导管及附件			
57	一次性无菌血液透析导管及附件			
58	敷料	河南省健琪医疗器械有限公司	河南省新乡市长垣县丁栾工业区	长垣
59	血压计	河南溢泉健康科技实业有限公司	汝州市劲松路 4 号 467500	汝州
60	救护车	郑州合力达电动车辆有限责任公司	郑州高新区化工路与科隆路向北 301 米路西	郑州
		河南中光学集团有限公司	河南省南阳市中州路 254 号	南阳

3. 抢险救援产品（共 117 种产品）

表 4-9　抢险救援产品

序号	产品或服务名称	企业名称	企业地址	地区
1	矿用救援侦查机器人	河南中煤电气有限公司	河南省平顶山市平安大道中段北 2 号	平顶山
2	灭火器	郑州市汜水黄河消防器材厂	荥阳市汜水镇西邢村	郑州
3	消防箱	郑州市豫中消防器材有限公司	荥阳市汜水镇东河南村	郑州
		郑州市荥阳中基消防设备有限公司厂	荥阳市汜水镇西邢村	郑州
4	防火门	郑州净瓶集团有限公司	新密市米村创业园	郑州
5	消防炮	郑州净瓶集团有限公司	新密市米村创业园	郑州
6	灭火装置	河南享龙安全系统设备有限公司	川汇区大庆路与神农路交叉口	周口
7	金属堵漏套管	河南恒泰消防设备有限公司	河南省郑州市郑东建材城 D7-30	郑州
8	消防车	河南中光学神汽专用车有限公司	河南省南阳市北京路 1218 号	南阳
		南阳二机石油装备集团股份有限公司	南阳市中州西路 869 号	南阳
		郑州新大方重工科技有限公司	郑州市二七区马寨工业园区明晖南路 1 号	郑州
9	大功率水泵车	河南中光学神汽专用车有限公司	河南省南阳市北京路 1218 号	南阳

续表

序号	产品或服务名称	企业名称	企业地址	地区
10	泡沫供应车	河南中光学神汽专用车有限公司	河南省南阳市北京路1218号	南阳
11	ABC干粉灭火剂、干粉灭火器	郑州市海天消防材料有限公司	荥阳市京城路与站南路交叉口东南角	郑州
12	泡沫灭火剂	洛阳市浪潮消防科技股份有限公司	河南省洛阳市伊滨区龙顾路	洛阳
13	拯救工具	河南威达军警装备有限公司	河南省濮阳濮上路与南环路交叉口向西300米路北	濮阳
14	多功能救援包			
15	多功能折叠工具锹			
16	便携式液压多功能钳			
17	WDLZ-4型全遥控阻车路障			
18	10T四立柱手动液压机	河南航天特种车辆有限公司	河南省信阳市工业城迎宾大道	信阳
19	牵拉、液压和气动顶撑	洛阳市浪潮消防科技股份有限公司	河南省洛阳市国家高新科技工业园区	洛阳
20	葫芦、绞盘和千斤顶	河南省大象起重机械有限公司	河南省长垣县起重工业园区	长垣
21	煤矿井下用聚氯乙烯管	郑州远见安全装备股份有限公司	河南省新密市米村镇柿树湾村452370	郑州
22	矿井提升机	鹤壁市豫兴煤机有限公司	鹤壁市山城豫兴工业园458007	鹤壁
		鹤壁市双信矿山机械有限公司	鹤壁市山城区石林镇前马村	鹤壁
		鹤壁市华星矿山设备有限公司	鹤壁市山城区石林工业区	鹤壁
		鹤壁市星光矿山机械制造有限公司	鹤壁市山城区石林镇工业区北　458000	鹤壁

续表

序号	产品或服务名称	企业名称	企业地址	地区
23	矿用潜水泵	焦作神华重型机械制造有限公司	河南省焦作市新华中街5号 454000	焦作
24	抽油机	濮阳市望联机械设备有限公司	濮东产业集聚区	濮阳
25	打井机	河南普锐斯钻探设备有限公司	河南省洛阳市310国道钢材批发中心	洛阳
		临颍县东泰机械制造有限公司	河南省漯河市临颍县瓦店镇李化宇村	漯河
		河南省许昌奔康机械有限公司	河南省许昌市北郊尚集	许昌
26	洗井机	郑州海泉供水设备安装有限公司	河南省郑州市嵩山南路亚星山水9号	郑州
		临颍县富灿机械制造有限公司	河南省漯河市临颍县东关	漯河
		临颍县东泰机械制造有限公司	河南省漯河市临颍县瓦店镇李化宇村	漯河
27	修井机	濮阳市望联机械设备有限公司	濮东产业集聚区	濮阳
28	风机	新乡市风机总厂有限公司	河南省新乡市北环与107国道交叉口向北500米路东	新乡
		周口市华原电机有限公司	河南省周口市周西路	周口
29	避难硐室	河南省济源市矿用电器有限责任公司	河南省济源市高新技术集聚区	济源
30	蓄电池电源	河南省济源市矿用电器有限责任公司	河南省济源市高新技术集聚区	济源
31	矿用可移动式救生舱	河南省济源市矿用电器有限责任公司	河南省济源市高新技术集聚区	济源
32	矿灯	河南省济源市矿用电器有限责任公司	河南省济源市高新技术集聚区	济源
		济源市华光矿灯有限公司	河南济源市天坛中路240号	济源

续表

序号	产品或服务名称	企业名称	企业地址	地区
33	煤矿用液压钻机	郑州泰固机械制造有限公司	新密市来集镇陈沟村 452383	郑州
		平顶山市铁福来机电设备有限公司	平顶山市新华区北环路南　467000	平顶山
34	锚杆钻机	郑州宇通重工有限公司	河南省郑州经济技术开发区宇工路 93 号	郑州
35	步履式长螺旋钻孔机			
36	履带式旋挖钻机	郑州宇通重工有限公司	河南省郑州经济技术开发区宇工路 88 号	郑州
		河南黄海工程机械有限公司	河南永城市产业集聚区僖山路 2 号	永城
37	钻机车	洛阳武轩重工机械有限公司	河南省洛阳市高新区东马沟工业园 21 号	洛阳
38	多功能旋挖钻	河南黄海工程机械有限公司	河南永城市产业集聚区僖山路 2 号	永城
39	工程钻机	洛阳阿特兰提克出口贸易有限公司	河南省洛阳市老城区钢材批发中心	洛阳
40	水井钻机	洛阳阿特兰提克出口贸易有限公司	河南省洛阳市老城区钢材批发中心	洛阳
		南阳二机石油装备集团股份有限公司	南阳市中州西路 869 号	南阳
41	井下轻型救灾钻机、大口径救生钻机	平顶山市铁福来机电设备有限公司	河南省平顶山市新华区北环路南	平顶山
42	井下快速成套支护设备	郑州煤矿机械集团股份有限公司	河南省郑州市经开区九大街 167 号	郑州
		平顶山煤矿机械有限责任公司	河南省平顶山市姚电大道西段	平顶山
43	油套管接箍短节	河南东方龙机械制造有限公司	濮阳市濮东产业集聚区　457001	濮阳

续表

序号	产品或服务名称	企业名称	企业地址	地区
44	装载机	上蔡县恒通机械有限公司	驻马店市上蔡县 463800	驻马店
		第一拖拉机股份有限公司	河南省洛阳市涧西区建设路155号	洛阳
		郑州宇通重工有限公司	河南省郑州市经济技术开发区宇工路88号	郑州
45	玻璃钢船艇	河南省天中鸟船艇有限公司	驻马店市南开发区梧桐路西段 463000	驻马店
46	摆臂式自装卸车	中原特种车辆有限公司	河南省濮阳市大庆路南段13号	濮阳
47	YTG50刚性矿用自卸车	郑州宇通重工有限公司	河南省郑州经济技术开发区宇工路88号	郑州
48	排液车	中原特种车辆有限公司	河南省濮阳市大庆路南段13号	濮阳
49	工程救险车	河南宜和城保装备科技实业有限公司	南阳市明山路一号	南阳
		河南华阳装备制造有限公司	南阳高新技术产业集聚区工业园纬八路	南阳
50	YK500垃圾清运车	郑州合力达电动车辆有限责任公司	郑州高新区化工路与科隆路向北300米路西	郑州
51	高空作业车	南阳二机石油装备集团股份有限公司	南阳市中州西路869号	南阳
52	铲运机	郑州宇通重工有限公司	河南省郑州市经济技术开发区宇工路88号	郑州
53	打桩机	郑州宇通重工有限公司	河南省郑州市经济技术开发区宇工路88号	郑州
54	碎石机	河南黎明重工科技股份有限公司	河南省郑州市国家高新技术产业开发区科学大道169号	郑州
		郑州市恒星重型设备有限公司	河南省郑州市高新技术开发区	郑州

续表

序号	产品或服务名称	企业名称	企业地址	地区
55	压力容器	濮阳兴泰金属结构制品有限公司	河南省濮东产业集聚区	濮阳
56	单井油气收集装置	濮阳兴泰金属结构制品有限公司	河南省濮东产业集聚区	濮阳
57	抽油机	河南信宇石油机械制造股份有限公司	河南省濮阳市濮东产业集聚区　457006	濮阳
58	水油分离设备	新乡市北方滤器有限公司	新乡市寺庄顶工业园3号	新乡
59	阻燃型围油栏	洛阳隆中重工机械有限公司	河南省洛阳市涧西区南昌路	洛阳
		河南瑞达机械设备有限公司	河南省郑州市须水工业园区	郑州
60	吸油毡	洛阳隆中重工机械有限公司	河南省洛阳市涧西区南昌路	洛阳
		河南瑞达机械设备有限公司	河南省郑州市须水工业园区	郑州
61	吸油索	洛阳隆中重工机械有限公司	河南省洛阳市涧西区南昌路	洛阳
		河南瑞达机械设备有限公司	河南省郑州市须水工业园区	郑州
62	浮油吸收机	洛阳绿洁工程机械设备有限公司	—	洛阳
63	架桥机	郑州新大方重工科技有限公司	郑州市二七区马寨工业园区明晖南路2号	郑州
64	轮胎式推土机	郑州宇通重工有限公司	河南省郑州经济技术开发区宇工路88号	郑州
65	液压式履带起重机	郑州宇通重工有限公司	河南省郑州经济技术开发区宇工路88号	郑州
66	桁架式桥检车	郑州宇通重工有限公司	河南省郑州经济技术开发区宇工路88号	郑州

续表

序号	产品或服务名称	企业名称	企业地址	地区
67	履带式挖掘机	河南黄海工程机械有限公司	河南永城市产业集聚区僖山路 2 号	永城
		第一拖拉机股份有限公司	河南省洛阳市涧西区建设路 155 号	洛阳
68	东方红—CB1002 履带拖拉机	第一拖拉机股份有限公司	河南省洛阳市涧西区建设路 155 号	洛阳
69	叉车			
70	除雪铲	河南路太养路机械股份有限公司	许昌魏都民营科技园区宏腾大道	许昌
71	除雪机	河南路太养路机械股份有限公司	许昌魏都民营科技园区宏腾大道	许昌
		河南路畅养护机械制造有限公司	河南省许昌经济开发区阳光大道东段	许昌
72	融雪撒布机	河南路太养路机械股份有限公司	许昌魏都民营科技园区宏腾大道	许昌
73	扫雪滚	河南路太养路机械股份有限公司	许昌魏都民营科技园区宏腾大道	许昌
74	吹雪机	河南路畅养护机械制造有限公司	河南省许昌经济开发区阳光大道东段	许昌
		瑞德路业有限公司	河南省新乡市人民路 195 号	新乡
75	融雪剂撒播机	河南路畅养护机械制造有限公司	河南省许昌经济开发区阳光大道东段	许昌
		瑞德路业有限公司	河南省新乡市人民路 195 号	新乡
76	除冰车	河南远东大方道路养护设备有限公司	河南省新乡市高新技术开发区新一街	新乡

续表

序号	产品或服务名称	企业名称	企业地址	地区
77	防滑链	洛阳卡世达防滑链厂	河南省偃师市高新技术开发区	洛阳
		洛阳车友防滑链有限公司	河南省洛阳市伊滨区佃庄工业区	洛阳
		洛阳旌展机械设备有限公司	河南省洛阳市涧西区文兴现代城 7 楼	洛阳
78	碎石撒布机	河南亿龙机械设备有限公司	河南省郑州市经济开发区九龙工业园	郑州
		河南新友工程机械有限公司	河南省新乡市开发区化工路东段 23 号	新乡
79	稀浆封层车	河南高远公路养护设备股份有限公司	河南省新乡市高新区新一街 367 号	新乡
80	沥青洒布车			
81	半挂车	新乡市骏华专用汽车车辆有限公司	新乡市凤泉区大块镇陈堡村	新乡
82	内燃凿岩机	洛阳风动工具有限公司	洛阳市老城区中州中路 42 号	洛阳
83	铣刨机	河南亿龙机械设备有限公司	河南省郑州市经济开发区九龙工业园	郑州
84	夯实机	长葛市双龙建筑机械厂	河南省长葛市和尚桥镇樊楼村	许昌
85	沥青搅拌设备	河南陆德筑机股份有限公司	河南省南阳市新能源产业区纬十路	南阳
86	吊桥、吊索桥	新乡市中鑫游乐设备有限公司	河南省新乡市获嘉县中义开发区	新乡
87	同步碎石封层车	新乡市骏华专用汽车车辆有限公司	—	新乡
88	平板振动器	河南省远东实业集团有限公司	—	—

续表

序号	产品或服务名称	企业名称	企业地址	地区
89	冲锋舟、救生船、橡皮艇	河南省天中鸟船艇有限公司	河南省驻马店市南开发区梧桐路 11 号	驻马店
90	辐射剂量计（仪）	河南永安射线防护器材有限公司	河南省郑州市金水路 288 号	郑州
91	空气炮	濮阳市鸿宇压力容器有限公司	濮阳市南乐县元村镇东关开发区/457405	濮阳
		南乐县永昌机械制造有限公司	南乐县元村镇工贸区 457405	濮阳
92	活性炭	河南省同兴化工有限公司	河南省长葛市长社路西段	—
		新乡市予辉活性炭有限公司	河南省新乡市辉县市胡桥乡南观营	新乡
93	脱油吸附剂	河南省同兴化工有限公司	河南省长葛市长社路西段	—
94	脱硫剂	河南省同兴化工有限公司	河南省长葛市长社路西段	—
95	聚合氯化铝等净水化合物	巩义市富源净水材料有限公司	河南省巩义市芝田镇建业路 2 号	巩义
		巩义市永兴生化材料有限公司	河南省巩义市芝田镇八陵工业区	巩义
		河南科泰净水材料有限公司	河南省巩义市芝田镇芝田村建业路	巩义
96	高压消毒器	河南兄弟仪器设备有限公司	河南省郑州市天明路 86 号	郑州
97	空气清菌片	洛阳民康生物工程有限公司	河南省洛阳市洛龙区太康东路 369 号	洛阳
98	预防性消毒、杀虫、杀菌、灭鼠等药剂	开封市普朗克生物化学有限公司	河南省郑州市未来路纬五路	郑州
99	动植物样本采集装置、杀虫灯	郑州欧柯奇仪器制造有限公司	河南省郑州市高新技术产业开发区	郑州
		鹤壁佳多科工贸有限责任公司	河南省鹤壁市国家经济技术开发区	鹤壁

续表

序号	产品或服务名称	企业名称	企业地址	地区
100	除虫脲、灭幼脲、毒死蜱	安阳市全丰农药化工有限责任公司	—	安阳
		安阳市安林生物化工有限责任公司	—	安阳
101	激光眩目器	河南华阳装备制造有限公司	南阳高新技术产业集聚区工业园纬八路	南阳
102	干扰车	河南华阳装备制造有限公司	南阳高新技术产业集聚区工业园纬八路	南阳
103	防汛铅丝笼网片	义马市金顺达线材制品有限公司	义马市西工区振兴路	三门峡
104	排涝车	河南宜和城保装备科技实业有限公司	南阳市明山路一号	南阳
		新乡市万鑫泵业有限公司	河南省新乡市宏力大道丝绸路 3 号	新乡
105	高压永磁智能真空断路器	河南平康电气有限公司	淮阳县产业集聚区羲皇大道南段	—
106	高压输变电快速架设系统	河南起重机器有限公司	新乡市新长北线北侧	新乡
107	电线杆	郑州市雷德水泥制品有限公司	河南省新郑市梨河工贸区	郑州
108	铜芯铝绞线	郑州华通线缆有限公司	河南省郑州市中原区须水镇	郑州
109	移动式融冰设备	许继柔性输电系统公司	河南省许昌市许继大道 1298 号	许昌
110	帆布	恒利达篷布有限公司	河南省长葛市老城开发区	许昌
111	苫布	郑州恒丰篷布厂	河南省郑州市新郑路	郑州
112	移动浇灌、喷滴灌设备器材	郑州汇发机械设备有限公司	河南省郑州市富华大厦	郑州
113	大功率供排水装置	郑州市神龙泵业有限公司	河南省郑州市金水区太康路 70 号	郑州

续表

序号	产品或服务名称	企业名称	企业地址	地区
114	不停产管道带压封堵设备	河南锐驰管道工程技术有限公司	河南省濮东产业集聚区北环路南（457001）	濮阳
115	封隔器	濮阳市东昊机械电子有限公司	濮阳市濮东产业集聚区锦田路与惠西路	濮阳
116	钻井液随钻不落地处理成套设备	濮阳市天地人环保工程技术有限公司	濮阳市濮东产业集聚区锦田路	濮阳
117	移动式重金属豫有机物复合污染土壤修复一体机	河南豫韩环境治理股份有限公司	新乡市新长北线北侧	新乡

（四）救援处置类（共一类5种产品）

1. 社会化救援产品（共5种产品）

表 4-10 社会化救援产品

序号	产品或服务名称	企业名称	企业地址	地区
1	管道技术服务	河南中拓石油工程技术有限公司	河南省濮东产业集聚区	濮阳
2	因特网数据中心业务、互联网信息服务	郑州市景安网络科技股份有限公司	郑州经济技术开发区经北三路二号楼	郑州
3	电梯钢丝绳探伤（排绳）系统	洛阳泰斯特探伤技术有限公司	河南省洛阳市高新区滨河路22号院3号楼4层	洛阳
4	TST输送带钢绳芯探伤（机站）系统			
5	TST钢丝绳探伤（工程）系统			

第五章　河南省应急产业发展路径

2016—2020 年是河南省全面建成小康社会的决胜阶段，经济社会发展处于重要转型期，矛盾叠加、风险隐患增多，各种传统和非传统的、自然和社会的安全风险交织并存，公共安全和社会应急能力面临严峻考验。突发事件应对，是我国当前乃至今后一个时期内面临的最重要的民生问题之一，关系到千家万户老百姓的生命和财产安全。如何发展应急产业，以减少灾难造成的损失和人员伤亡，保障人民健康安全的生活，已成为摆在政府面前亟待解决的问题。

综观近年来的应急产业实践，人们已经认识到应急产业是复合性的新兴行业，涉及的经济存量资源相当广泛，很多部门与行业都可以参与建设，理论上的市场容量相当诱人。然而，我们对应急产业的客观内涵、运行规律和产品创新机制，仍在探索之中，应急产业对整体经济的整合机制、驱动方式，需要我们抱着清醒的态度去进行有序的实践与创新。既不能狭隘定位，将现有产品作简单改变进入市场，忽略了应急产品的技术创新与应急服务功能开发；也不能不切实际，搞盲目的“无中生有”式的开发，尤其要注意防止一哄而起，不能以应急产业名义进行“圈地”和盲目建设。发展应急产业，需要政府部门站在推动传统产业向中高端迈进、培育经济新增长点的整体角度，进行顶层设计与规划统筹。发展应急产业一定要遵循市场规律，按市场规律办事。应当规划先行，结合本地区、本行业、本部门的具体应急需求和自身能力，以满足本地需求为前提去找准细分市场、开发定向产品，量力而行、顺势而为。应当将本地区经济结构转型升级同应急产业有序渐进发展的工作统筹起来，更多地考虑如何将本地区的优势资源转化为应急产业发展的引擎和平台，用好政府采购与服务外包的政策来激励本地区应急产业的健康、快速发展，实现应急产业发展的良性循环。

2014 年 12 月 8 日，国务院办公厅以国办发〔2014〕63 号印发《关于加快应急产业发展的意见》。该《意见》充分认识到发展应急产业的重要意义、总体要求、重点方向、主要任务、政策措施、组织协调六部分。全面部署了我国发展应急产业的发展目标与建设路径，对提升我国突发事件应急救援能力，保障人民群众生命财产安全，维护国家公共安全具有重要意义。《意见》的出台，以提升我国应急产业整体水平和核心竞争力为目标，以增强防范和处置突发事件的产业支撑能力为宗旨，为今后一个时期的应急产业发展方向、工作重点、运行机制做了顶层设计。2015 年 6 月，工业和信息化部、发展改革委印发了《应急产业重点产品和服务指导目录（2015 年）》，该目录依据《意见》确定的 4 个领域、15 个发展方向，进一步细化到 266 项细分产品和服务（其中，监测预警 69 项、预防防护 49 项、救援处置 108 项、应急服务 40 项），进一步细化应急产业的具体内涵，体现了专用性、前瞻性和包容性，更好地引导社会资源投向，有利于各部门、各地区以此为依据，开展培育发展应急产业工作。2017 年 7 月 10 日，工业和信息化部以工信部运行［2017］153 号印发《应急产业培育与发展行动计划（2017—2019 年）》的通知，明确了 2017—2019 年我国应急产业培育和发展重点任务，推动应急产业持续快速健康发展。2015 年 11 月 11 日，河南省人民政府办公厅以豫政办〔2015〕144 号号印发《关于加快应急产业发展的意见》。这些意见和规划为引导河南省应急产业正规、健康发展奠定了坚实基础。我们要依据国家和省里的发展意见及相关部委制定的目录计划，研究制定河南省应急产品技术标准，鼓励支持先进应急产品研发、应用、推广，实现产业化、规模化发展。推进应急技术系统集成和重大技术装备研发，完善应急产业科技成果转化机制，形成应急产业良性发展态势。实行应急产业市场化运营模式，鼓励组建应急产业协会、应急产业投资联盟、应急产业发展服务公司和应急产品产销平台等，推动应急产业健康发展。本章节从应急产业的特征、河南省应急产业发展的总体思路、河南省应急产业发展路径上面临的困境、河南省应急产业发展路径的实现方式、河南省应急产业发展路径实现的保障措施五个方面论述河南省应急产业的发展路径。

第一节　应急产业的特征

各类突发事件的预防、应对、救援、恢复都离不开充足的应急装备、应急物资等的保障，应急产业贯穿于整个突发事件应急管理全过程。因此，应急产业可以定义为人类为了保障自身的生命财产安全和维护社会的安全稳定，满足有效应对各类突发事件的需求（包括预防与准备、预警与监测、处置与救援到恢复与重建各个阶段的需求），从事研发、制造、生产、销售和提供各种相应服务活动的部门、单位和社会组织，特别是企业的总集合体，其有以下特征（图 5-1）。

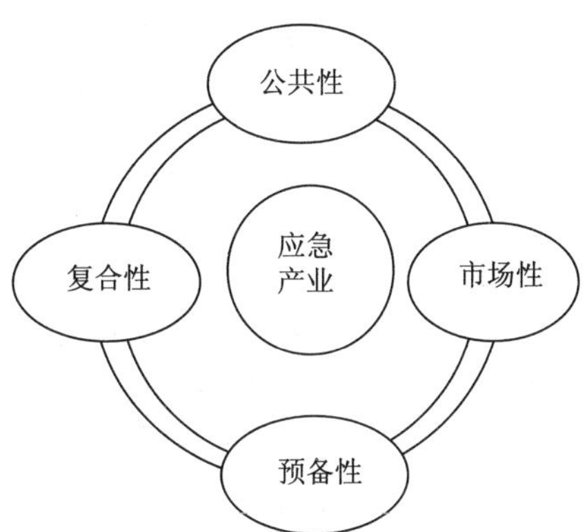

图 5-1　应急产业的特征

（一）公共性

应急产业的公共性是由突发事件的公共性决定的。突发事件损害的往往不是某一个体，而是面向全社会不特定的对象，其所造成的损失也具有经济、政治、社会、文化、环境等方面的破坏力，需要政府予以应对、处置。相应的，应急管理的公共性也赋予应急产业一定的公益性质，应急产业所服务的对象是全体公民，应急产品的卖家主要是政府。因此，应急产品具有社会公共产品的属性，应急产业的发展需要政府的参与。

（二）市场性

虽然应急产业主要面向公共领域，具有一定的公共性，但其还是在市场经济体制下发展的，离不开市场机制的调节。应急服务与应急产品必须以需求为导向，把握好成本、质量、数量之间的辩证关系，才能实现社会效益与经济效益双收。同时，应急产业在保证基本公共需求的基础上更要尊重商品经济规律，在市场经济体制中进步发展。

（三）预备性

突发事件具有突发性、破坏性的特点，因此，应急产品和服务需要在突发事件发生的第一时间内使用，否则就会带来负面影响，甚至严重的经济、社会和政治后果[3]。政府对于应急服务与应急产品的采购往往不是出于现实需要，而是将此作为一种战略储备。因此，在突发事件的事前管理阶段诸如应急管理人员的培训、应急指挥系统的构建、应急物资的储备等应急服务与应急产品就要就位，以缩减和预防突发事件的发生。

（四）复合性

与其他产业不同，应急产业所提供的并不是单一的产品，而是多层次、多方面的产品集合。应急产业为突发事件的全过程管理服务，所以应急产业涉 及教育、食品、计算机网络技术、建筑、服装等多种行业，是一种综合产业。

第二节　河南省应急产业发展的总体思路

一、基本原则

坚持创新驱动、需求牵引，围绕特色优势领域，重点突破一批关键核心技术，加速科技成果产品化、产业化，着力研制一批应急装备和产品，立足于满足经济社会发展需求，积极拓展应用市场，形成对应急产业发展的有力拉动；坚持开放合作，集群发展，搭建多层次合作平台，促进省内外科研机构、企业等开展广泛合作，围绕优势产业链，吸引国内外品牌企业布局河南省，带动本地企业发展，优化产业布局，形成特色应急产业群；坚持统筹推进、融合发展，创新应急产业发展机制，促进省内应急产业资源整合，推进应急产品制造与应急服务业深度融合发展，培育新型业态；坚持服务社会、服务经济发展，把社会效益放在更加重要的位置，引导企业承担社会责任，研发应急产品，储备生产能力，强化应急服务，实现经济效益与社会效益相统一（图5-2）。

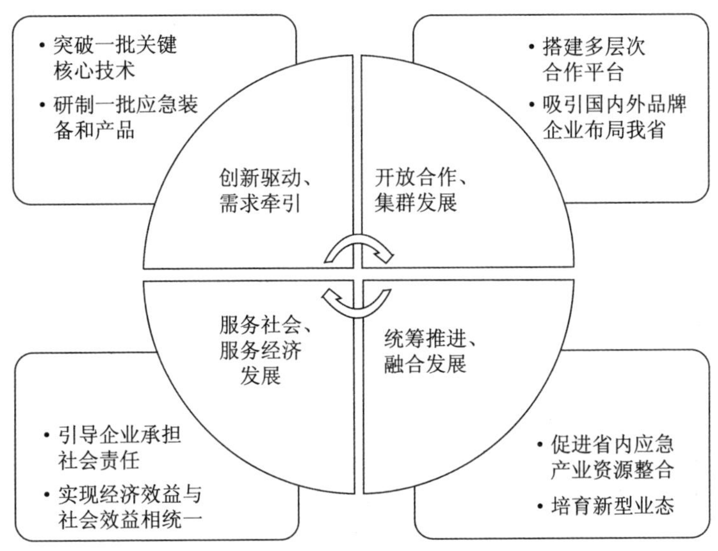

图5-2　河南省应急产业发展基本原则

二、发展目标

通过引进和培育若干具有较强竞争力的大企业和一批应急特色明显的中小微企业，在优势领域形成集应急装备制造、关键技术研发、系统集成、综合服务为一体的特色应急产业链。力争到2020年，全省应急产业规模明显扩大、效益明显提升，特色优势领域自主创新能力进一步增强，一批关键技术和装备的研发制造能力达到国内领先水平，一批自主研发的重大应急装备投入使用，建成若干特色应急产业集聚区（园区），将河南省打造成全国重要的应急产业示范基地和应急物资生产能力储备基地。

第三节　河南省应急产业发展路径上面临的困境

河南省委、省政府高度重视防灾减灾和应急能力建设，不断提高预防和处置突发公共事件的能力，客观上起到了推动应急产业发展的作用，河南省应急产业取得了较快发展。但必须看到，河南省应急产业还处于起步阶段，没有比较完善的产品目录，没有形成健全的产业发展模式。在应急指挥平台标准化建设、预警信息发布平台建设、应急队伍标准化装备配备、应急物资储备库建设等国家灾害应急体系建设，极端天气、洪涝等自然灾害的监测与预警，火灾、矿山事故、交通事故等突发事件的应急处置与救援，防控甲型H1N1流感等公共卫生事件，在四大类突发事件应急管理过程中暴露出了应急人才匮乏、关键应急装备发展滞后、应急产业标准亟待完善、应急科技水平有待提高、应急产品市场尚不成熟等多方面的问题（图5-3）。

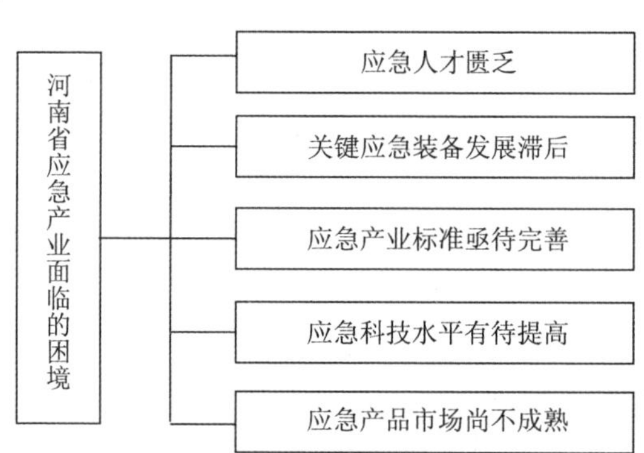

图5-3　河南省应急产业发展路径上面临的困境

一、应急人才匮乏

我国在政府职能管理方面实行的是“柱形管理”，上面有多大，下面就有多少人去执行。而中国的防灾应急产业则更像是一个“倒三角”，研发人员和管理人员都在上面，而最终执行的人却很少。我国防灾应急人才和专业队伍建设相对于产业发展速度来说比较滞后，在整个应急产业的供给力量当中，最为关键的当属于应急救援任务的终端执行环节，即专业应急人才和队伍的建设。到目前为止，我国关于应急人才的本科学历教育还没有设置相关的课程，在职业化教育方面，应急人才培养资源也依旧匮乏，如何形成一个有效的应急救援培训模式是摆在国家应急产业发展路上的一个大问题。人才是产业发展和创新的最重要资源。近年来，虽然应急产业人才培养力度在加大，但总体来看，仍然存在诸多方面的严重不足：一是人才规模仍然不能适应应急产业科技创新的需求，现阶段每年 1~2000 人左右的增速远远不能满足应急产业发展需求；二是人才结构主要偏重于管理型人才和通用型人才，专门的应急产业技术研发人才、技能型人才严重不足，国际化人才匮乏；三是人才培养机构主要集中于少数高校和干部教育机构；四是速成型人才占较大比重。

2003 年之前，河南省应急管理主要表现形式为单一的灾害管理，地质、气象、卫生等部门依据职权仅对本领域的突发事件进行防治，没有形成多部门、多领域的大应急体制，在整个应急管理体系没有被高度重视的背景下，应急人才也没有得到科学认识。2003 年“非典事件”后，对于突发事件的应急管理才被政府及社会各界所关注，随着应急管理体制的完善，社会对于应急人才的需求呈现井喷式增长，应急人才已经成为稀缺资源。然而由于起步较晚，河南省在应急人才方面存在大量缺口，不管是政府的应急管理人才还是高校、科研院所、企业的应急科技研发人才均严重紧缺。应急救援队伍数量不足，布局不尽合理，人员素质参差不齐，应急专业知识技能不足，缺乏有效协同训练。应急人才的匮乏已成为阻碍河南省应急产业发展的桎梏。河南省全省现有的一些专职应急救援队伍，存在队伍不健全、数量不足、人员老化、专业人才流失，缺少能够应对规模大、难度大的事故的跨区域作战经验；缺乏危险化学品专业应急救援队伍，不能满足危险化学品生产经营大省的安全生产需要；应急救援装备水平亟待提高；预警和协调联动机制尚待完善，还未建立以省安全生产应急救援指挥中心为中枢，横向联合专业应急救援指挥机构，纵向联合地市安全生产应急救援指挥机构的全省应急管理网络；应急救援预案还存在一些问题等。

二、关键应急装备发展滞后

应急处置装备要求先进、专业并且讲究配套。如应急抢险指挥系列车辆，包括通信车、饮水车、医疗保障车、发电车、炊事车等。要到达化学毒剂泄露或大规模疫病流行区域，并且需要一定时间的停留，就必须有专门的将被污染的水源处理成可饮用水的处理装备；事发现场没有电就需要发电照明的装备；很多时候还需要野外炊事装备和生活垃圾回收处理设备等。再如应急现场定向空投信息采集系统，利用自动导航飞行器搭载传感器，定向空投到目标区域，快速地完成反应、抵达、部署、采集、分析、预测预警工作，实现突发事件现场多参数实时采集、传输、快速分析和定位功能。这些都是中国当前应急装备中所匮乏的。

与先进国家相比，我国应急技术装备手段和生产能力差距大。一是科技含量不高。近几年，我国虽然注重提升应急装备水平，但由于我国工业基础相对薄弱，应急产业起步晚，大部分应急产品还没有摆脱低技术含量、低附加值的状况，特别是大型、关键性应急装备难以适应应急实践需要。二是自主创新能力不强。应急产品的科技研发不够，缺少核心竞争力。有些看起来比较先进的国产装备，其实是对国外零配件进行的集成，基本上处于“攒机”阶段。三是关键设备依赖进口。如航空应急救援，矿山井下救援，应急通信，生化、核辐射防护等设备、装备均严重依赖进口，难免被动。国外企业看中的是我国市场，在关键核心技术合作上设限，一些国家的生产商利用技术优势借机抬高价格，赚取超额利润；很多国家出于冷战思维，对先进产品限制或完全禁止对我国出口。应急装备的先进性决定了应急救援的有效性，提升应急装备水平的关键是推动应急产业的发展。反思我们历次处置重大突发事件，部分关键应急技术装备一直是制约救援效率的重要因素，支撑产业发展的关键共性核心技术亟待突破。

三、应急产业概念界定不清，标准亟待完善

应急产品是应急管理的物质基础，贯穿于突发事件全过程。但应急产品上升到“应急产业”在我国时间还不长，概念还比较生疏。目前，无论是政府部门还是学术界，对“应急产业”的定义不清晰、不统一、不规范，影响了政策导向的准确性和产业发展的稳定性。一是在制定产业政策或规划产业

园区建设时，对于哪些产品属于应急产品，哪些产品应鼓励，哪些产品应限制，哪些企业应引入等分歧较大，很难找到准确的依据和标准；二是对本地区应急产业范围无法界定，难以进行分类和统计，造成产能不明，家底不清，甚至出现“舍近求远”“隔山买牛”的现象。三是对于哪些产品列入产品储备目录，哪些列入产能储备目录不清，经常是张冠李戴，随意性很大。总体看，大部分地区应急产业的发展处于一种自发状态，不利于产业快速成长和发展。技术装备和产品标准匮乏是应急产业的现状之一，也是阻碍科技创新和产业升级的重要方面。新兴性、领域繁多等特征，决定了应急产业标准体系建设的推进，有必要率先建立标准平台。即由国家有关部门牵头，建立基于合理层级产业目录上的相关类别产业标准平台，鼓励和支持企业与有关机构在平台基础上，积极参与面向国际竞争、适应国内需要的具体技术装备和产品标准化工作，加快标准化体系有序建设进程。

产业标准作为某一产业发展的顶层设计，具有十分重要意义。由于我国应急产业刚刚起步，应急产业标准对于规范企业行为，维护市场秩序、促进产业健康发展意义重大。当前应急产业标准制定缺失，使得相关应急产品与服务难以兼容，如全国应急平台建设缺乏标准，影响了部门之间，上下级之间的数据共享与互联互通；应急产业标准化宣传、监督服务不到位，假冒伪劣、以次充好、存在安全隐患的各类应急产品经常充斥市场；应急产业标准化建设不到位，使得应急队员装备配备、应急物资储备库建设，应急物资储备品种缺乏统一标准，影响了灾害应急保障体系建设。

四、科技含量有待提高

根据生物学生命周期理论，经济产业同样具有生命周期，可分为孵化期、幼年期、成熟期、衰减期四个阶段。目前，河南省的应急产业仍处于孵化期和幼年期，正如少年阶段的孩童，面临着许多“成长中的烦恼”。借鉴杨小凯关于发展中国家“后发劣势”理论，河南省应急产业由于是后发产业，应急服务与产品领域市场广阔，为了快速发展和 占领市场，企业往往会优先选择进入低成本的劳动 密集型产业。而自主研发的高科技产业模式虽然在长期发展中更具发展潜力，但由于其成本高、短期效益低，被大多企业放弃，致使现阶段河南省应急产业集成化程度不高，科技含量低。

河南省应急科技起步较晚，与实际需求差距较大，共性问题研究不足，支撑持续自主创新的研发基地急需建设、人才储备急需加强、自主创新能力有待提升、跨行业的公共安全学术交流合作方式有待探索、公共安全学科建设有待健全。由于突发事件的预防与应急准备、监测与预警、应急处置与救援、事后恢复与重建等活动中存在着诸多不确定性，对应急装备、设施、设备的技术水平要求越来越高，突发事件的耦合性、突发性、衍生性等特征对应急处置技术也提出了高要求。因此，当前迫切需要提高公共安全与应急科技水平，提升应急产业科技含量。

五、应急产业市场不成熟，全社会的参与程度亟需提高

我国应急管理工作推进时间不长，社会参与程度低，应急服务市场化机制尚不成熟（如图 5-4 所示）。在事前预防环节，突发事件风险评估、隐患排查、监测预警等一般由政府或生产企业直接承担，政府较少采用购买服务方式引导社会参与，生产企业也很少委托专业公司承担。在应急救援环节，大型企业自建的救援队伍主要用于处置本企业突发事件，由于参与其他企业事故救援后往往得不到相应补偿，影响了企业推进救援市场化的积极性；航空救援、紧急医疗救援等社会化救援服务受合法性和相关政策限制等原因，在我国发展缓慢，这类应急服务在发达国家已成为服务业的重要内容。在灾后救助环节，群众损失主要靠政府补助，市场化的巨灾保险机制难以推开。应急产业与人民群众的生命健康息息相关，要培育应急产业市场，必须提高全民族的忧患意识和自救互救能力，提高社会公众的保险意识。保险具有经济补偿、资金融通与社会管理等三大功能。我国保险业正处于起步阶段，保险密度和保险深度都比较低，保险的经济补偿功能和在预防中的作用尚未充分发挥，在各项巨大灾害损失中，保险公司通过支付保费承担的损失不超过5%，远低于36%的国际平均水平。

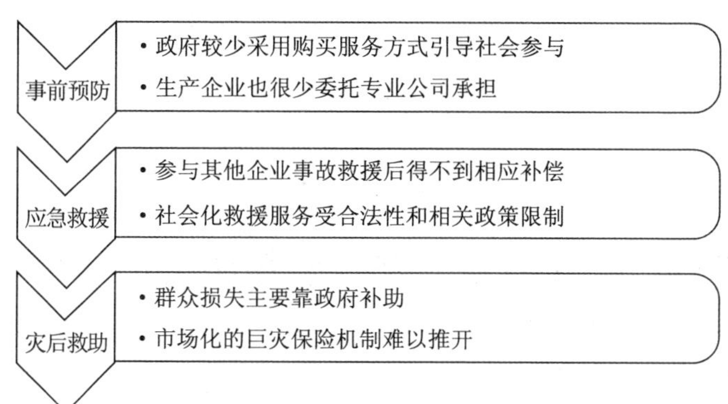

图 5-4　应急产业市场不成熟

我国公共安全理念尚处提升阶段，应急产业潜在市场还没有完全转化为实际需求。一是家庭自主购买应急产品意愿不强。公众大多抱有“灾害离我很远”的侥幸心理，认为这些东西可能永远用不上，不愿意在这方面消费。二是机关企事业单位配备应急产品缺乏相应规范。日本等发达国家要求高层建筑必须配备的逃生绳索、缓降器等应急装备还没有纳入我国强制配置标准，地震救援、环境应急、卫生应急等救援队伍和应急避难场所还没有从国家层面制定装备配备规范。企事业单位配置应急产品随意性大，一些学校、医院等公共场所没有配备逃生设施，一些危险行业企业不按规定将安全自救用品列入职工劳保范畴。此外，应急产品需求不稳定，应急产品订单要求时间短，导致企业生产计划性差，容易造成“常态吃不饱、应急吃不了”。政府对应急产品推广不足，对市场整体培育开发不够，主要表现为三个脱节。一是供求脱节。应急产品生产企业普遍反映，除了军队、武警、公安等少量用户外，应急产品需求主体不明确，找不到有效用户，无法进行有目的的生产；一些政府用户虽然有需求，但不知道按照什么样的产品目录和标准进行储备、配置，不知道企业能够提供什么样的应急产品。二是产学研脱节。政府、企业、院校与科研机构间缺乏有效的沟通协调机制，每年大量投入形成的应急科研成果往往被束之高阁“晒太阳”，没有及时转化为现实产品。三是资源共享脱节。“十二五”期间，我国普遍开展了政府应急管理信息平台体系建设，但是应急产品生产企业、应急资源部门、受灾地区信息难以共享，数据库建设滞后于硬件发展，普遍存在“硬件硬，软件软”的问题。地区与部门间、军地间、政企间应急产品、应急能力储备缺乏共享，导致贻误战机的现象时有发生。

第四节 河南省应急产业发展路径的实现方式

随着群众公共安全意识的提高，政府和社会公众的公共安全需求不断增长，进而推动了应急产业的产生与发展。应急产业是以满足政府与社会公众的公共安全需求而从事研发、生产、销售各种产品或提供服务等经济活动的集合，该集合既包括企业主体或组织，也包括企业或组织所从事的经济活动的结果，即具有应急功能的产品和服务。发展应急产业是保障公共安全和推动经济稳步增长的重大举措，必须立足编织公共安全网，研发高端应急产品和服务，为保障人民群众生命财产安全提供坚实保障。发展应急产业既可以为装备、材料、医药、通信、保险、物流等领域提供新的发展空间，也可能孕育出紧急救援服务等一批新的产业形态，促进大众创业、万众创新，增强经济活力，扩大社会就业，推动经济稳增长。对于刚刚起步的河南省应急产业，应该选择重点突破，以坚持政府主导、加强需求引导、整合存量资源、促进基地建设、提升科技水平四个方面作为抓手，促进和培育整个应急产业的发展（图 5-5）。

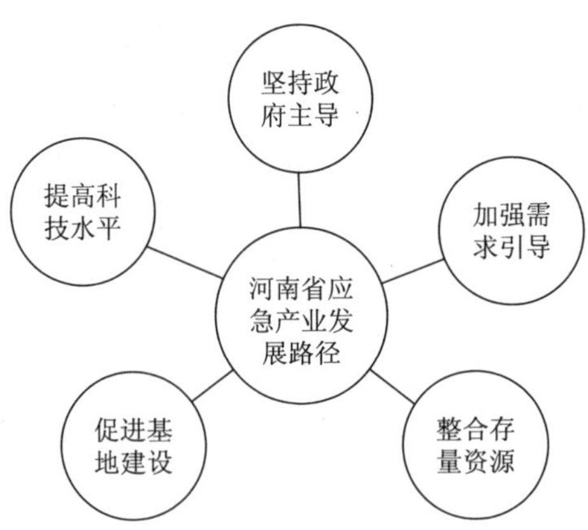

图 5-5 河南省应急产业发展路径的实现方式

一、以坚持政府主导优化应急产业市场

应急产业不同于其他产业，一方面满足公众安全防护需要，另一方面为政府履行职能和企业安全生产提供产品、技术、服务支撑，对稳增长调结构、保障公共安全等具有一举数得之效。保障公共安全是全面建成小康社会的应有之义，建议政府将应急产业作为新兴产业予以重点关注，主动引导，精准施策，为经济社会发展助力。应急管理是政府加强社会管理、搞好公共服务的重要内容之一，应急产业的发展必须坚持政府主导的原则。首先由政府组织实施具有战略意义的产业化项目，这种项目通常具有投入巨大、技术和知识密集、风险高等特点，一般的经济实体是很难胜任的，必须上升为政府行为，由政府组织相关部门和单位来共同完成。而后，由政府致力于科研院所和企业等的转制工作，使部分从事公共安全相关工作的企事业单位进入市场。同时，政府还要通过提供技术支持、市场保证、政策和制度供给来推动应急产业的健康、持续发展。进一步加强和完善公共安全体系，健全食品药品安全监管机制，建立健全安全生产监管体制，完善社会治安防控体系，完善应急管理体制。尽快建立健全应急产业的协调联动机制，明确产业门类、制定应急产业目录、制定应急产业的标准，并认真宣传贯彻实施。

政府在支持产业发展中要充分发挥管理者、协调者和监督者的作用，在应急产业发展中，政府的作用主要体现在产业引导、公共服务和市场监管三个方面（图 5-6）。首先，政府要采取相关政策措施加强对应急产业发展的引导。一是遵循产业规律和市场规律来科学界定应急产业内涵，厘清应急产业范畴与外延边界，找准应急产业市场定位，确定产业政策作用方向；二是把应急产业的发展纳入经济社会发展规划中，制定应急产业发展规划，对应急产业发展的定位、产业体系、产业结构、产业链、空间布局、经济社会环境影响、实施方案等方面做出科学合理的计划；三是合理配置应急产业发展资金，建立起以政府投入引导、企业投入为主、专项资金理财、保险预防资金、民间安全消费的“五位一体”投资模式，建立国家应急产业发展基金、应急产业科学技术研究基金支持应急产业发展，同时对专业从事应急产品生产、

提供专业应急服务的企业或组织实施信贷优惠、税收减免与财政补贴等政策；四是将应急产业的发展纳入政府的重要议事日程，提高政府部门对发展应急产业的认识，尽快制定应急产业标准（产业标准体系、产品认证制度），明确产业门类、制定应急产业目录。其次，政府要有效发挥公共服务职能。一是建立健全保障应急产业发展的法律法规和政策制度体系，规范企业行为，为应急产业发展营造良好的法制环境；二是由各级政府应急管理部门牵头，依托政府应急管理信息平台，建立全国性应急产品与服务的生产能力与储备能力动态信息数据库，实现应急产品与服务的信息化管理，及时更新相关的数据信息，为应急产业的发展提供信息引导；三是加强舆论引导与科普宣教，大力普及防灾减灾知识，增强公民应急意识、安全意识，着力培育、开发应急产品市场，促进有效需求的形成和培育。再次，政府要注重发挥市场监管作用。政府要维护应急产业市场秩序，健全统一、开放、竞争、有序的应急产业市场体系。建立应急产业市场准入制度，对提供应急产品与服务的企业进行资质鉴定和技术标准认证，根据应急体系建设规划对应急企业实行审批，防止低水平重复建设，推动应急产业的有序发展。

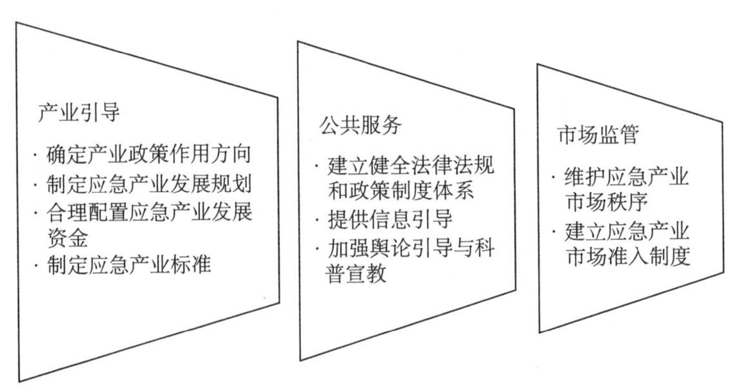

图 5-6　政府在应急产业发展中的作用

突发事件应对的外部性，决定了在应急产业发展的初期，政府有必要担纲推动产业发展的主导性力量。特别是在“十一五”以来应急管理信息平台体系建设、科技创新的主要领域选择、支持政策的制定等方面，政府都必须扮演其不可替代的的角色。随着应急产业的不断发展，“市场决定”的作业当不断彰显，政府的定位应逐渐从“主导”转为“引领与主导”，最终转化为“引领”。不过，基于当前应急产业发展的客观实际，“十三五”时期，政府还要二者兼顾，特别是对于一些重大的科技创新，“主导”成分应占比更大。

二、以公共安全需求引导应急产业方向

应急产业同其他产业具有相似性，即应急产业的需求导向，是以国家安全需求和民生安全需求为导向。应急产业具有公共产品性质，应急产品与服务的提供并不完全是以市场为导向，而是要关注民生、关注社会，把视野放在国家安全和民生安全上，国家和民生的安全需要决定着应急产业的市场方向与市场空间。当前社会已经进入到了一个突发事件高发期，传统与非传统公共安全事件的出现日益频繁，公共安全问题呈现出频繁性、群发性、链发性等特点。为有效应对各类突发事件，提升国家防灾减灾能力和应急处置能力，亟需推动应急产业发展。各地发展应急产业应该从本地区的实际情况出发，结合本地区的灾种特点与分布情况，在经济社会条件、科学技术水平允许的前提下，充分考虑本地区公共安全需求与应急能力短板，优先发展有利于提升本地区防灾减灾能力和应急管理能力的应急产业。

应急产业覆盖面广、产业链长，兼具经济效益和社会效益。发展应急产业可有效培育新的经济增长点、提高公共安全基础水平、增强应急技术装备核心竞争力。总体来看，河南省应急产业处于培育期，但发展潜力大。特别是近年来国家高度重视公共安全和应急管理，随着经济发展、社会进步和公众安全意识提高，各方面对应急产品和服务的需求将不断增长，应急产业面临难得的发展机遇。发展应急产业的核心在市场。市场需求是应急产业形成和发展的前提，而市场需求又主要来源于政府、企业和公众。政府加快应急体系建设、推动企业提高安全生产水平，客观上将为应急产业发展提供市场空间。当前要着力培育、释放公众市场需求，大力推广与群众需求密切相关的应急消费品，带动应急产业加快发展。

加快编制河南省应急产业重点产品和服务指导目录。加强全民公共安全

和风险意识宣传教育，增强公民应急意识、忧患意识，推动消费观念转变，着力培育应急产品市场，激发单位、家庭、个人在逃生、避险、防护、自救互救等方面对应急产品和应急服务的消费需求。完善矿山、危险化学品生产经营场所、高层建筑、学校、公共场所、应急避难场所、交通安全领域等应急设施设备配置标准，完善各类应急救援基地和队伍的装备配备标准，推动应急设施与建设主体工程同时设计、同时施工、同时投入使用，带动应急产业市场需求。鼓励超市、商场等流通企业履行社会责任，增加应急产品销售。支持发展应急产业专业市场。开展重大应急装备宣传，扩大应急产品应用。

三、以行业资源整合发掘应急产业重点

突发事件应急管理是一个复杂的系统，突发事件应急管理过程中需要的产品与服务类型多种多样。应急产业的发展要以现有行业资源整合为出发点，通过对现有产业基础进行重新划分整合，应急产业发展的重点。按照应急产业同突发事件应急管理的关联程度，应急产品可以分为通用产品和专用产品两类。通用产品既可以用于应急领域，也可以用于非应急领域，既可以在常态下广泛使用，也可以在应急状态下作为应急产品，如挖掘机、食品、饮用水、药品等。由于通用产品已经归属于相关产业，对于通用产品更多的是进行调配和整合，在了解存量的基础上，建立起各类通用产品生产能力和储备能力的动态数据库，对于尚未满足应急需求的通用产品进行增量投入，要避免资源浪费，减少重复建设，提高资源利用率。专用产品是基本上只应用于应急救援的特殊产品、新产品，如家庭急救包、消防技术与装备。特种应急装备、特种应急技术等，在非应急状态下基本上没有其他用途。这类应急产品是应急产业的核心产品，发展应急产业必须以这类产品的研究开发、规模生产为重点。通过开展应急培训提高公众对应急产品的认知程度，进而促进应急产业发展。应急产品多数情况下处于备用状态，社会公众不一定掌握产品的正确使用方法，救援人员也可能会因为长时间不使用而出现使用差错，组织应急产品生产企业不定期开展面向社会公众的公益培训，并鼓励企业向应急培训服务业延伸，将有力促进应急产业的发展。通过链式集聚发展模

式壮大全省应急产业规模，促进应急产业发展。政府可以通过行业协会引导周边或上下游相关配套企业，围绕现有龙头企业或特色明显企业进行聚拢，逐步扩大产品体系的市场份额，提高地区产业链知名度，并逐步形成抱团取暖态势。

根据河南省人民政府办公厅关于加快应急产业发展的意见（豫政办〔2015〕144号），信息安全、军民融合、应急装备、交通安全、医疗应急五大优势（图5-7），将成为河南省应急产业发展的重点领域。在信息安全领域，重点发展安全芯片、信息安全监测及预警系统、信息安全软件、信息安全云服务、移动信息安全、网络与信息安全容灾备份及镜像恢复设备等。在军民融合领域，重点发展野战指挥车、应急指挥车、人防指挥通信车、应急电源车、野战住宿车、野外视频监测、应急净水车、军用警用设备、应急心理干预车、应急广播车等。在应急装备领域，重点发展防爆装备、钻井装备、消防安全设施、矿用安全设备、大气监测设备、食品药品安全应急检验检测设备、救援设备、预防防护类避难硐室、盾构机、现场信息提取与分析设备、应急电源、特种车辆等。在交通安全领域，重点发展机车安全防护、机车运行状态信息监测、公路水路运行监测、公共交通安全监测、人流监测等设备与系统。在医疗应急领域，重点发展生命探测仪、医疗应急救治设备、急救药品、疫苗、快速诊断试剂、便携式诊断设备等。

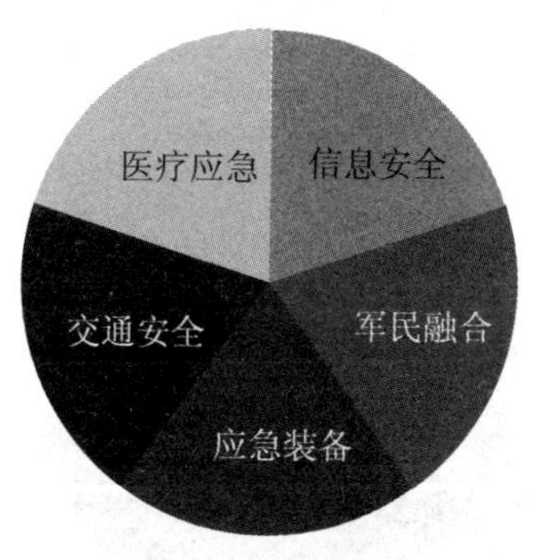

图5-7　河南省应急产业发展的五大优势领域

此外，河南省还将瞄准新兴需求，加快发展空间信息、航空应急、智能机器人、农业安全、食品药品安全、家庭应急、应急服务七大潜力领域（图如5-8所示）。在空间信息领域，重点围绕北斗卫星导航系统的导航、定位、授时及短报文功能，支持北斗芯片、模块、天线等高端产品研发，以及北斗车载、船载、手持终端研发生产，积极支持北斗卫星在重点行业、重点领域、重点地区推广应用；积极推进国家高分辨率对地观测卫星遥感应用，加快河南数据与应用中心建设，扩展数据获取渠道，提升数据处理和和应用能力。在航空应急领域，重点发展应急救援用水陆两栖飞机、监测无人机、救援用无人机、空中巡逻、航空运输、航空救援、航空喷洒等产品，依托郑州航空港经济综合实验区打造航空应急救援基地。在智能机器人领域，重点发展大型智能救援机器人、巡检机器人等。在农业安全领域，重点发展农作物监测、水旱灾害监测、病虫草鼠害监测与防控、农药及农药残留监测、水源安全监测、林业安全监测、重要生态环境安全保护等装备。在食品药品安全领域，重点发展食品药品产品追溯、采样取证、现场复查、监测预警和违禁物质污染、农兽药残留、非法添加、疫情疫病快速检验检疫等装备。在家庭应急领域，重点发展家庭安防监控报警装备及系统、危险气体检测仪、灭火器、自救工具、求救工具、高楼逃生装备、应急食品等。在应急服务领域，重点发展应急物流、交通救援、抗洪抢险及抗旱减灾、紧急医疗救援、安全风险评估、监测预警、安全生产、消防安全、环境监测、安防工程、隐患排查、应急管理市场咨询、工程抢险、应急保险等服务。

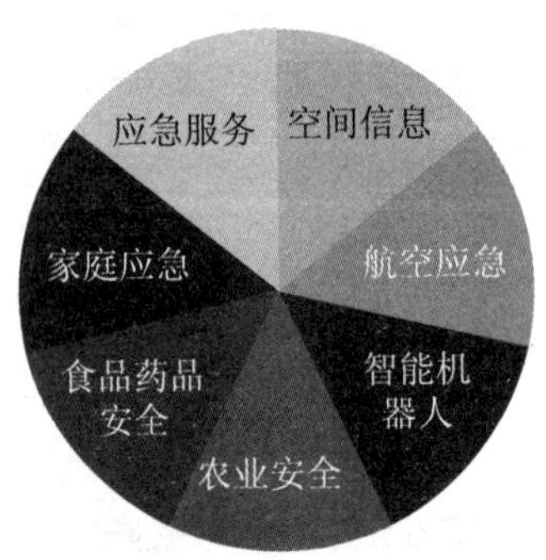

图 5-8　河南省应急产业发展的七大潜力领域

四、以园区基地建设增强应急产业集聚

经过多年的发展，我国应急产业取得了较大进步。应急产业发展环境得到改善，2011 年应急产业作为新增鼓励类产业纳入《产业结构调整指导目录》，2014 年国务院办公厅印发了《关于加快应急产业发展的意见》，这是我国应急产业发展历史上具有里程碑意义的政策文件。应急产品、技术和服务呈现蓬勃发展态势，一批高水平食品安全检测、煤矿安全避险、应急通信和应急指挥等先进装备脱颖而出，航空救援等应急服务业态发展迅速。应急产业发展力量不断壮大，部分地区打造区域性应急产业基地，产业规模呈现快速增长态势。应急产业支撑保障能力进一步增强，相关应急科技、产品和服务在应对四川芦山地震、人感染禽流感疫情等突发事件中发挥了积极作用。同时，应当看到由于应急产业涵盖面广，涉及装备、材料、医药、轻工、化工、电子、通信、物流、保险等诸多领域，除个别领域发展初具规模外，整体上处于“散、弱、小”状态，问题比较突出，与我国面临的公共安全形势和人民群众不断增长的安全需求不相适应。集聚发展是现代产业发展的一条重要规律，有利于实现生产要素最优配置和提高能源资源利用效率，有利于促进自主创新并形成区域产业链，有利于调动各方面资源支持应急产业发展，也有利于形成国家处置突发事件的综合产业支撑。国务院办公厅发布的《关于加快应急产业发展的意见》明确将促进产业集聚作为推动应急产业发展的重要内容。

应急产业基地要采取中央政府、地方政府、企业、民间组织等多方投入的协同建设模式，集应急产品生产、应急装备制造、应急技术研发、应急物资储备、应急物流配送、科普宣传教育、实战演习培训、综合应急演练等多种功能于一身，建设布局合理化、资源集成化、功能多样化、能力专业化、覆盖快速化、供给持续化的应急产业基地网络。根据灾情灾种的区域分布特征和应急需求强度，结合国家经济结构调整和战略性新兴产业发展需要，按照“合理布局、保证急需”的原则，以城市产业园区、现代物流基地为依托，以城市经济圈的产业能力为建设动力，以国家增量投入并整合存量资源与拉

动关联产业为基点，推进应急产业园区基地布局建设，重点建设华北、华东、华南、华中、东北、西北、西南七大区域性应急产业基地，既可推动应急产业集聚，又可发挥应急产业基地在各个区域的辐射与示范作用。根据相关统计数据显示，截止到2014年6月，全国已经涌现了东莞、合肥、重庆等多个应急产业聚集区和应急产业基地，聚集了应急产业相关单位：广东省东莞市以本地从事应急产品研制生产企业为主体，在松山湖国家高新技术产业园建设应急产业示范基地，基地已具备一定规模，未来将重点新建应急产业研发中心、救援培训中心、应急物流中心等十大中心，计划投资80亿元，其中，应急产业研发中心已开工。安徽省在合肥国家高新技术园建设公共安全产业基地，创建公共安全信息技术研究院，占地面积近3平方公里，力争将公共安全产业打造成拥有独立知识产权和国际竞争力的优势产业。重庆市在合川推动重庆应急装备科技产业园和安全生产（应急）产业基地建设，其中安全生产（应急）产业基地投资60亿元，将形成产值数百亿元的新型产业集群，努力成为国家级的安全产品研发、制造、交易、物流、培训、演练的重要基地和龙头。

产业园区或基地是应急产业发展的主要模式。在当前产业集聚化发展过程中，各级政府更倾向于发挥大企业的作用，或者引进大企业直接建设应急产业园区如新兴际华，或者在已规划好的产业园区内引进大企业参与单体应急项目建设。确实，资本、研发实力雄厚使大企业在突发重大、关键应急装备和技术方面具有明显优势，但在打造创新型产业组织体系过程中，不应忽略创新型中小微企业的作用。一方面，在大众创业、万众创新已经成为产业发展新动力的时期，创新型中小微企业在一般性应急设备与产品的技术创新中具有不可替代的意义；另一方面，无论是选择何种应急产业集群发展模式，都必须以大量中小微企业作为构造其网络化创新机制的产业组织基础。因此，产业园区或基地的建设，应当因地制宜，根据具体产业的特征，选择大中小微企业协调发展的创新型产业组织形式。

作为中部大省，河南省人口多、高危企业多、经济总量大，安全生产任务十分繁重。依托企业和社会救援力量，优化、整合各类应急救援资源，加快建立区域性省级安全生产应急救援基地，提高对事故灾难的防范处置能力，最大限度地减少事故灾难造成的损失，显得尤为重要和迫切。我们要遵循现代产业发展规律，推动应急产业集聚、集群发展。加强规划布局、指导和服务，依托河南省产业集聚区发展基础，鼓励有条件的地方发展各具特色的应急产业园。结合区域突发事件特点和产业发展情况，规划建设一批国家级和省级应急产业示范基地，完善区域性应急产业链，引领全省应急技术装备研发、应急产品生产制造和应急服务适度集聚发展。加强应急物资储备基地建设。充分依托资源、区位、交通、市场和产业等优势，借力郑州航空港经济综合实验区优质高效物流网络，建设一批具有区域特色的省级防爆设备、矿用救援设备、急救医药器材、特种救援机械、特种防护设备等应急产业示范基地、产业园区、集聚区，形成一批应急物资和生产能力储备基地，争取成为国家级应急产业示范基地。健全应急产品实物储备、社会储备和生产能力储备管理制度，研究应急装备物资“以储代购、零库存”采购模式，拓宽应急装备物资储备途径，建设应急产品和生产能力储备综合信息平台，确保应急产业发展规模合理化、应急物资储备适度化。加强应急仓储、中转、配送设施建设，提高应急产品物流效率。扶持大型应急流通企业，鼓励其立足省内市场积极开拓国内外市场。

五、以公共安全科技助力应急产业创新

科技应用含量是检验一个国家灾害防御和紧急救援现代化的重要标志之一。公共安全事件的不确定性、难以预见性和迅速扩散性等特征，客观上要求应急产业的专业化、规模化发展以科技力量为支撑点和推动力。如在突发事件的预警阶段，对科技的要求越来越高，需要先进的监测监控设备等，在救援处置阶段需要信息在线技术等。复杂多变的公共安全环境与应急产业自身的属性决定了技术创新在应急产业发展中必然发挥不可或缺的作用。我国的应急产业必须以提升自主创新能力和产业综合竞争力为重点，努力把应急产业建设成为创新资源集聚、创新能力提升、创新机制灵活、创新环境优越的创新产业。只有依托公共安全科技，加强自主创新，争取在关键领域掌握

更多的自主知识产权、拥有更多技术专利，才能提升应急产业核心竞争力，优化我国应急产业结构，推动应急产业的不断创新。

围绕产业链部署创新链，加强关键核心技术攻关，提高应急产业创新能力。在基础研究方面，解决事故灾难机理、典型应急产品设计、应急物流演化、防护新材料等前沿基础科学问题。在共性技术研发方面，突破极端自然灾害、重大事故灾难、突发公共卫生和社会安全事件监测预警，重大基础设施安全防护和人员防护，灾害信息获取、生命搜索救护、现场保障、抢险救援处置，社会化应急救援服务等关键技术。在技术转移转化方面，加快推进消防、安防、生产安全、交通安全、医学救援、防灾减灾、反恐防暴等应急技术工程化，促进物联网、北斗导航、虚拟现实/增强现实、人工智能、新材料等高新技术应用于突发事件应对并形成新产品、新装备、新服务。

大力推进科研开发和技术引进吸收工作，提升河南省应急技术和管理水平。充分发挥高校、科研单位和骨干企业的科研优势，开展产学研联合攻关，加强重大疫情、气象灾害、水旱灾害、地震灾害、地质灾害、环境事件等突发事件的监测、预警、预防技术研究，提高预防和应急能力。通过政府科技计划、基金等，对应急管理基础理论和关键技术、应急装备的研究开发给予支持，并积极推动科技成果转化和应用，为保障公共安全提供有力的科技支撑。加快关键技术和装备研发。通过省级科技计划（专项、基金等）对应急产业相关科技工作进行支持，推动应急产业领域科研平台体系建设，集中力量突破一批支撑河南省应急产业发展的关键共性核心技术。加强知识产权运用和保护，加快应急产业科技成果资本化、产业化，建设一批在中部地区乃至全国具有较强影响力的区域性创新中心和成果转化中心。引导政、产、学、研、军五方优势单位共同参与，筹建河南省应急产业技术创新战略联盟。提升中高端应急装备研制能力，提高应急装备数字化、网络化、智能化水平。推进应急产业军民融合发展。充分利用军工技术优势提升河南省应急产业发展水平，引导支持军工应急技术转化和产业化。谋划设立应急产业军民融合产业园，实现相关产业集聚发展。积极搭建应急产业军民对接平台，畅通军民企业联系、合作的渠道。加强军地协作，加快非涉密军用应急技术民用化进程，加快军民通用国家标准工程进度，推动信息资源共享，建立健全协同创新机制。抓住军转民、民参军两大关键，促进应急产业领域军转民技术开发应用、军用与民用技术双向有效利用和顺畅转移，实现技术、产品、市场等方面的优势互补。

第五节　河南省应急产业发展路径实现的保障措施

国家把创新发展摆在五大发展理念的首位，加快实施创新驱动转型升级的发展战略，国家与省政府也相继出台《关于加快应急产业发展的意见》，提升保障公共安全与应对突发事件的能力，应急新兴产业大力推进，应急产品的需求将日益扩大，发展前景广阔，面临难得的发展机遇。我们要以国家战略性新兴产业为导向，充分利用现有优势产业资源和技术优势，加强与政府、科研机构、应急企业之间的沟通、交流、合作，一道共谋发展，瞄准市场需求开发应急新产品，加快关键技术和装备研发，把应急科研成果转化为现实生产力，提高人民群众生产生活质量和安全程度，同时把培育发展应急产品作为新的经济增长点，提高企业核心竞争力，带动产业结构优化升级，推动河南省应急产业快速健康发展，为河南省经济发展做出新的更大的贡献。为了实现河南省应急产业的顺利发展，从组织协调和政策支持、资金投入和财力保障、行业管理和人才培养上采取措施做好保障。

一、加强组织协调和政策支持

2016 年 6 月，河南省工业和信息化委、发展改革委、科技厅联合发起，省应急办、省金融办、教育厅等 28 个部门确认，建立了河南省应急产业发展协调机制（如图 5-9 所示），研究和协调全省应急产业发展中的重大问题，研究应急产业发展政策，制定应急产业年度重点工作任务，指导各地做好应急产业发展工作，推进应急产业政策措施的有效衔接，督促重点任务落实并开展相关评估，做好政策宣传和信息交流，完成省政府交办的其他事项。充分发挥应急产业协调机制的组织和领导作用，将行动计划确定的重点任务纳入年度计划，强化顶层设计，加强统筹协调，形成工作合力。各级部门要结合实际，确保各项任务落实推进。组建高水平的应急产业专家队伍，支持应急产业智库建设，推动应急产业发展战略与规划研究制定。加大舆论宣传，发布应急产业年度报告，营造全社会关注应急产业发展的良好舆论环境。各地、各部门要高度重视应急产业发展，切实加强组织领导，抓紧制定具体落实措施和出台针对本地特色产业的专项支持措施，确保各项政策措施尽早落实到位。应急产业发展协调机制牵头单位要不定期组织对各地、各有关部门落实本意见的情况进行督查。

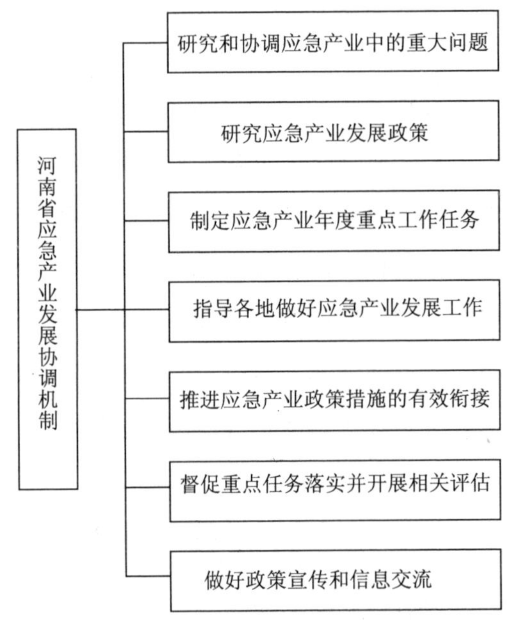

图 5-9　河南省应急产业发展协调机制

鼓励设立应急救援公益性基金，完善社会捐赠机制，拓宽捐赠渠道，加强监督管理。充分发挥保险的社会功能作用，鼓励保险公司加大产品和服务创新力度，为突发事件的预防、处置和恢复重建提供保险服务。鼓励通过投保商业保险建立风险分担机制，利用市场化手段提高公众保障水平。鼓励政策性金融机构对应急管理工作给予支持。研究编制河南省应急产业发展规划。充分发挥标准对产业发展的规范和促进作用，尽快制定、修订应急产品、应急服务地方标准及行业标准，积极采用国际标准或国外先进标准，推动应急产业升级改造。鼓励支持省内企业、科研院所、行业协会参与国际、国内标准化工作，提升省内机构自主技术标准的话语权。要把应急产业纳入国家扶持产业发展的优惠政策中，对列入产业结构调整指导目录鼓励类的应急产品和服务，在有关投资、科研等计划中给予支持。利用中小企业发展专项资金等支持应急产业领域中小微企业发展。落实和完善适用于应急产业的税收政策。建立政府引导应急产业发展投入机制，鼓励各类资本投向应急产业。鼓励和引导金融机构加大对应急产业重大项目的信贷支持力度。建立健全应急救援补偿制度。

二、加大资金投入和财力保障

充分利用现有各类资金渠道，按规定支持应急科技研发、产业化和应用示范（如图5-10所示），发挥财政资金的引导作用。鼓励各类银行、基金在业务范围内支持应急产业重点项目；鼓励符合条件的应急产业企业在资本市场直接融资和并购；研究扶持专用应急产品和服务发展（含实物储备和调用环节），鼓励社会资本发起并设立应急产业发展基金。各级政府要按照现行事权、财权的划分，分级负担应急管理和处置突发事件需由政府负担的经费。加强与国家应急体系建设项目的衔接，积极争取国家资金支持。积极引导社会资金参与应急体系建设，鼓励和引导各类社会力量参与应急救援，完善政府、企业、社会各方面相结合的资金投入机制。

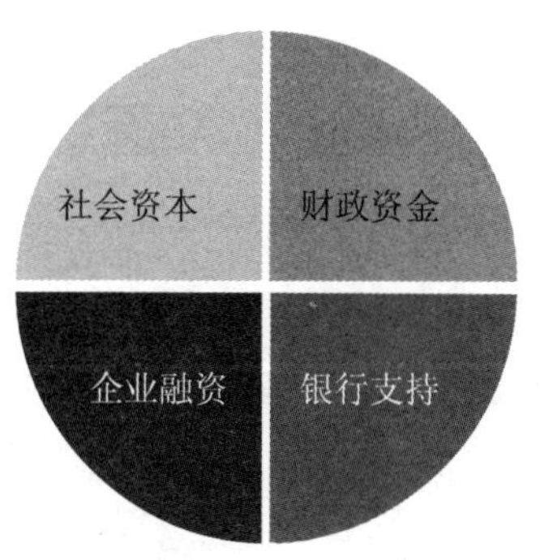

图5-10　河南省应急产业发展的资金渠道

对列入产业结构调整指导目录鼓励类的应急产品和服务，在有关投资、科研等计划中给予重点支持。认真落实适用于加快应急产业发展的各项税收优惠政策。建立健全应急救援补偿制度，鼓励社会救援组织积极参与应急抢险救援或提供相关救援服务，对征用单位和个人的应急物资、装备、服务等，以不低于非应急情况下市场价格及时予以合理补偿。采用政府购买服务等方式，引导社会力量以多种形式提供应急服务，支持社会应急服务机构发展。鼓励金融资本、民间资本及创业与私募股权投资投向应急产业。探索建立政府引导应急产业发展投入机制，统筹现有已实行基金化改革的涉企资金，吸引社会资本投入。支持符合条件的应急产业企业采取发行股票、债券等多种方式，在海内外资本市场直接融资。按照风险可控、商业可持续的原则，引导融资性担保机构加大对符合产业政策、资质好、管理规范的应急产业企业的担保力度。鼓励和引导金融机构创新金融产品和服务方式，加大对技术先进、优势明显、带动和支撑作用强的应急产业重大项目的信贷支持力度。

三、加强行业管理和人才培养

要加快建立政府扶持、企业为主、市场引导的应急产业体系架构。采取政府购买服务等方式支持与生产生活密切相关的紧急医疗救援、航空救援等应急服务发展。完善应急产品认证制度，健全应急产品实物储备、社会储备和生产能力储备机制。培育具有国际竞争力的大型企业集团，加快发展应急特色明显的中小微企业。鼓励发展应急产业协会、联合会等社团组织，理顺并加强应急行业管理。建立应急产业运行监测分析指标体系和统计制度。依托现有检测技术和机构，提升应急产品检测能力，加强应急产品质量检测、检验和监管，依法查处生产和经销假冒伪劣应急产品的违法行为。鼓励企业、研发机构等联合组建应急产业民间社团组织，充分发挥有关民间组织在政府与企业间的桥梁与纽带作用，加强行业自律和信用评价，协同推进应急产业发展。对应急产业发展重大项目建设用地，在符合国家产业政策和土地利用总体规划的前提下予以优先支持。

贯彻落实国务院办公厅《关于加强基层应急队伍建设的意见》，加强和完善基层队伍建设，形成规模适度、管理规范的应急队伍体系。同时，教育部门应根据市场需求调整专业结构和人才类型结构，加大高校应急类学科专业建设力度，加强硕士、博士等专门人才的培养。依托高等院校、科研院所建立一批应急技术人才培养基地，在大型企业设立博士后科研工作站，鼓励科研机构、企业与高校联合建立应急技术人才培养基地，加强创新型人才和高级实用型人才培养。鼓励各类职业院校加快培养应急产业发展急需的技能型人才。根据河南省应急管理工作的特点以及对应急管理人才的要求，做好应急管理人才资源规划、人才选拔、人才培养工作，开发建立应急管理人才数据信息库，建立完善应急管理人才评价激励机制、人才交流机制，充分发挥应急管理人才的作用，提高应急管理工作水平。加强应急救援、人员培训、科学研究、学术交流等国内外交流与合作。探索建立多层次、多类型的应急产业人才培养和服务体系，支持有条件的高校开设应急产业相关专业。着力培养高层次、创新型、复合型的核心技术研发人才和科研团队，培育具有国际视野的经营管理人才，扩大应急产业原有相关专业招生规模，逐步探索在大型应急企业设立博士后科研工作站。鼓励科研机构、企业与高校联合建立应急技术人才培养基地，加强创新型人才和高级实用型人才培养。开展应急专业技术人才职业教育和继续教育。利用各类引才引智计划，完善相关配套服务措施，鼓励海外高层次专业人才来豫创业。要建立多层次多类型的应急产业人才培育和服务体系，要完善上下游应急人才的培养机制，构建以防灾减灾管理和专业人才队伍为骨干力量，以各类灾害应急救援队伍为突击力量，以防灾减灾社会工作者和志愿者队伍为辅助力量的防灾减灾队伍。加强应急救援队伍建设。依托武警部队、公安部门、民兵应急救援专业分队等健全综合性应急救援队伍，进一步推进公安消防特勤力量建设，加强联勤联训，充分发挥其作为综合应急救援骨干力量的作用。加强气象、防汛抗旱、医疗卫生、动物疫情、环境、地震、森林消防、交通运输、通信、电力、矿山救援、核反恐等方面的应急救援队伍建设，扶持民间应急队伍发展，实现河南省应急救援力量的网络化布局，提高突发事件的综合应急救援能力。依托中央驻豫企业和省属企业建设豫东、豫西、豫南、豫北、豫中五支危险化学品专业化应急救援队伍和豫西、豫南两支非煤矿山专业化应急救援队伍。加强与驻豫军队的合作，支持驻军多灾种救援能力建设。

据工业和信息化部初步测算，以消防、安防、生产安全、应急通信、应急物流等领域的产品和服务产值为基数，2014 年我国应急产业产值近 1 万亿元，从业人员约 600 万人。随着 63 号文件的加快落实，预计应急产业产值每年将以 20%左右的速度增长，成为稳定经济增长的重要动力。应急产业发展以公共安全需求为纽带，以各类企业或组织为载体，以经济利益为驱动，以政府配置为主导，将突发事件应急管理的诸多环节联结成为一个完整的产业系统，实现应急处置的装备生产、工程提供、技术研发、服务支持等活动的专业化、规模化与一体化。应急产业作为 21 世纪的新兴产业、朝阳产业，在选准突破口的基础上，采取以点带面的方式，推动其持续健康快速发展。应急产业在发达国家已经发展成为支柱性产业，也是服务业中的一支生力军。发展应急产业是国内外形势发展的必然趋势。我们坚信，在党中央、国务院的领导下，河南省的应急产业必将快速、健康、持续发展，为保障人民生命财产安全，为维护社会的安全稳定做出应有的贡献。

第六章　河南省应急产业的主要模式

河南省位于中国中东部、黄河中下游，地处沿海开放地区与中西部地区的结合部，是我国经济由东向西梯次推进发展的中间地带。国家促进中部地区崛起的战略部署，加快应急产业发展，积极把应急产业培育成为河南新的经济增长点。

应急产业是因应急管理需求而产生的新兴产业，是应急管理的重要物质和技术保障。随着我国应急管理工作的发展和应急保障工作的深入，相关服务、产品和技术的实际需求日渐增长，地方各级政府和有关企业也意识到了加快发展应急产业的重要性和市场机遇。

第一节　应急服务业

《国务院办公厅关于加快应急产业发展的意见》已经把应急服务列为重点发展方向。该《意见》指出，围绕提高突发事件防范处置的社会化服务水平，创新应急服务业态。在事前预防方面，发展风险评估、隐患排查、消防安全、安防工程、应急管理市场咨询等应急服务；在社会化救援方面，发展紧急医疗救援、交通救援、应急物流、工程抢险、安全生产、航空救援、海洋生态损害应急处置、网络与信息安全等应急服务；在其他应急服务方面，发展灾害保险、北斗导航应急服务等。

一、教育培训服务

知识经济时代，人力资源已经成为经济和社会发展中足重要的资源，应急产业发展，人力资源是关键的一项。人才是产业发展和创新的最重要资源，只有通过加强和改进人力资源开发与管理工作，从而更有利于对先进技术的掌握和运用，也有利于不断开发新产品，开拓新市场，为企业的不断发展壮大提供技术支持和智力保障。应急产业的发展同样如此依赖人力资源。应急产业本身的高风险、综合性等特点决定了产业发展对人才的要求不同于其他产业，这不仅体现在人才结构上，还体现在内在特质上。这不仅要求要培养更多的应急管理人才，而且要加强应急管理人才的能力培养，实现理论研究型人才与实践应用型人才相结合，才能为政府、企业、个人提供应急管理咨询和培训。

河南省卫生计生委于 2017 年 6 月印发《河南省突发事件紧急医学救援“十三五”规划》，明确到 2020 年年末，所有二级及以上公立医院设立应急办或指定科室负责紧急医学救援工作；70%以上的乡镇卫生院和社区卫生服务中心开展紧急医学救援相关培训；推进卫生应急社会广泛参与和卫生应急产业发展，有效组织和动员志愿者队伍、企事业单位、社会团体等各方社会力量积极参与突发事件紧急医学救援工作等。

2017 年上半年，河南省郑州市、开封市、平顶山市等各地市积极开展应急医疗培训，弘扬防灾减灾文化、普及防灾减灾知识，提高卫生应急队伍的应急响应与现场处置能力，增强应对突发事件能力。(见表 6-1)

表 6-1　2016—2017 年河南省应急培训宣传情况

时间	地点	培训	主要内容
2016 年 5 月 9 日	郑州市	防灾减灾卫生应急宣传活动	提高防灾减灾意识、普及防灾减灾知识
2017 年 1 月 2 日	郑州市	《中共中央国务院关于推进安全生产领域改革发展的意见》专场宣传活动	宣传党的方针政策，普及安全常识，提升全民安全素质，强化安全发展理念。现场悬挂宣传横幅 10 余条、摆放展板 30 余块、发放《意见》解读 2000 余册、安全常识读物 8000 余份

续表

时间	地点	培训	主要内容
2017 年 3 月 8 日	平顶山市	感染 H7N9 流感防控应急拉练	加强人感染 H7N9 流感联防控工作，提高卫生应急队伍的应急响应与现场处置能力，增强应对突发公共卫生事件
2017 年 6 月 16 日	郑州市	2017 年省会安全生产宣传咨询日暨“安全生产中原行”活动	悬挂宣传条幅 220 余条，展出版面 230 余块，设置咨询台 120 余个，参与宣传的干部职工 1500 余人，发放宣传资料 20 万余份，接受群众现场咨询及受教育达 10000 余人次
2017 年 7 月 5 日	开封市	2017 年全市卫生应急专业人员培训班	开展卫生应急培训工作，加强全市卫生应急能力建设，切实保障全市人民身体健康和生命安全
2017 年 7 月 7 日	郑州市	突发事件空地一体化防汛应急医疗救援演练	以突发洪涝灾害为背景，首次动用了地面、航空、越野救援、以及水下救援等多种救援方式
2017 年 7 月 31 日	郑州市	全省卫生应急技能竞赛培训活动	由省人民医院承办全省突发事件紧急医学救援培训；由省疾控中心承办全省卫生应急技能竞赛（疾控、中毒）专业人员培训
2017 年 8 月 30 日	郑州市	危险化学品安全监管第三次联席会议	遏制危险化学品事故发生，提升危险化学品应急处置能力

图 6-1　河南省郑州市开展突发事件空地一体化防汛应急医疗救援演练

图 6-2 河南省平顶山市开展人感染 H7N9 流感防控应急拉练

2000 年以来，国内部分高校逐步开设相关应急管理专业，培养了一批高层次应急管理人才，“边干边学”型的应急科技人才培养规模不断扩大。以国家行政学院应急管理培训中心（中欧应急管理学院）为主阵地的应急管理干部培训体系，极大地提升了一批领导干部的应急管理素养。各类社会化应急人才培训逐步得以开展。虽然高等院校对应急产业人才培养力度在加大，但总体来看，仍然存在诸多方面的严重不足，在我国培养单位还很少，还未形成应急管理的教育体系，并且偏重研究性培养而缺乏基础教育和应用型教育培养。通过我国部分高校应急管理人才培养情况的相关调查可以发现，几乎都偏向于研究型人才培养，而专业救援等技能型人才的或专门的技能培训机构比较缺乏，能提供应急咨询、应急服务的专业人才更是少之又少[①]。（见表 6-2）

表 6-2 我国部分高校应急管理人才培养情况

培养学校	学院/专业	培养层次	成立时间
清华大学	公共管理学院	硕士及以上	2000 年
北京理工大学	管理与经济学院	硕士及以上	2003 年 10 月
清华大学	公共安全研究中心	硕士及以上	2004 年 2 月

① 张洋．我国应急产业的 SWOT 模型及发展对策研究［D］．吉林大学硕士学位论文，2012.

续表

培养学校	学院/专业	培养层次	成立时间
武汉理工大学	危机与灾害研究中心	硕士	2005 年 12 月
中国人民大学	危机传播管理研究中心	硕士及以上	2006 年 9 月
华中科技大学	公共安全预警研究中心	硕士及以上	2006 年
北京师范大学	民政部教育部减灾与应急管理研究院/社会发展与公共政策学院	硕士及以上	2006 年 11 月
中央财经大学	危机管理学院	以培训为主	2007 年 3 月
暨南大学	应急管理学院	本科	2009 年 4 月

河南省共有普通高等学校 83 所，唯有河南理工大学设有应急管理学院，其前身是创建于 2008 年的公共管理系，成立于 2010 年 3 月。学院拥有安全与应急管理研究中心、应急管理技术研究中心、应急管理技术培训中心、应急技能实训室，拥有公共管理一级硕士学位授权点、应急管理工程和灾害风险管理二级硕士授权点以及公共管理（MPA）专业硕士授权点。与河南省政府应急办、河南省交通厅、河南省食品药品监督管理局、广东省政府应急办等政府部门建立了广泛的合作关系，与河南省修武县组织部共同建立了干部培训中心。虽然河南市开设应急管理专业高校较少，但仍有几所高校开设公共管理专业。（见表 6-3）

表 6-3　河南省部分高校应急管理人才培养情况

培养学校	学院	培养层次	成立时间
河南理工大学	应急管理学院	本科/硕士	2010 年 3 月
郑州大学	公共管理学院	本科及以上	2001 年 4 月
河南大学	哲学与公共管理学院	本科	2002 年 4 月
河南财经政法大学	公共管理学院	本科	2005 年 8 月
郑州轻工业学院	公共事业管理系	本科	2009 年
河南师范大学	社会事业学院	本科	2006 年 2 月
洛阳师范学院	法学与社会学院	本科	2016 年 11 月
新乡医学院	管理学院	本科	2004 年 8 月
黄淮学院	经济与管理学院	本科	2005 年 4 月

虽然目前我国部分高校开始对应急管理人才的重视，也陆续开设应急管理方面的招生和培养，但与国外应急管理人才数量和质量上还有很大差距，并且专门的应急管理专业甚至应急管理学院还寥寥无几，大多是“半路出家”对应急管理进行理论研究的研究生或博士生。因此，要支持有条件的高等学校开设应急产业相关专业，继续扩大应急管理招生培养，在加强基础教育的同时转变教育理念，依托有关培训机构、高等学校及科研机构，开展应急专业技术人才继续教育。加强跨学科教育，多融合其他领域的相关知识，并将学校学习与社会实践相结合，提高人才的创新能力，造就懂应急、会经营、善管理的高层次复合人才，增强应急服务能力。

各地、各部分要广泛宣传应急预防、避险、减灾、自救、互救等常识；建立专家咨询库，为应急处置提供决策咨询，加强突发公共事件应急处置的教育培训工作；针对各类应急救援队伍进行专业培训，把应急管理作为各级领导干部培训的重要内容，提高全社会公众的防范突发事件和应急处置能力。

二、信息物流服务

中国驻泰国大使张九桓说：“在印度洋海啸的灾害救援活动中，最大的两项困难就是通讯和运输。”信息物流服务在应急产业发展的地位不容忽视，然而应急相关不同部门各自为政，没有统辖管理机构，应急产业发展政策难以形成合力，急需形成信息共享和政策协调机制，建立健全的应急通信系统。

杭州通普无线移动通讯有限公司已经掌握了特种卫星移动通讯和救援指挥车辆的制造技术。世界第一辆无线通讯移动基站特种车辆就诞生在这家企业。目前，中国三大移动通讯服务商以及军方、警方已经陆续装备了该公司生产的这些高技术产品，这为应急信息共享提供了科技支撑①。

中天特车，应急通讯指挥车主要应用于政府应急部门、公安机关在维护社会治安、应对各种应急事件。各级政府、公安机关都采取了相应的措施，如三警联动、扩大网络带宽、配备应急通信车等，充分地提高了接警处警响

① 崔和平．开拓中国科技产业新领域——公共安全暨紧急救援服务业［J］．中国科技产业，2005（7）：37-40.

应速度，提高了公安部门的处理治安事件、应急救灾的效率。结合公安局实际应用需求，实施公安部提出的金盾工程中的移动图像传输项目、信息化实战警务平台，采用固定地点摄像（机动）和运动跟踪摄像（移动）相结合的方式，在城市环境、郊区环境和山地环境等不同位置、不同角度对重要场景和主要部位进行高质量图像拍摄，并将所拍摄的图像、声音信号通过目前最新的4G无线VPN专网、COFDM技术的无线电超短波或微波相结合的传输方式传输到各接收点通过网络视频设备传输到指挥中心，进行视频信号的分发和处理。

图6-3　通讯指挥车

通过高技术通讯设备实现信息流通与共享，当灾害发生时，各级政府领导人可以得到灾害现场的视频、音频、数据信息，实现灾区与各级中央指挥中心的有效沟通，并能对灾害现场的信息进行最迅速、最准确、最有效的采集和取证，为灾后的调查分析、判断责任、制裁赔偿、善后处理、定损评估和新闻报道等工作提供至关重要的依据或证据。过双向信息沟通，可以在第一时间立即组织各类专家在各级中央指挥中心向灾害现场的自救行动发出专家指导指令，从而有效地提高救援效率。

河南省各级政府也越来越意识到应急产业建设对于提高政府应急能力、全社会抵御风险能力的重要作用，开始加大对应急产业的规划建设，加强各级政府、地区、部门、行业之间对应急产业发展的交流合作（见表6-4）。促进应急产业集群的形成，提升应急产业市场竞争力。

表 6-4 各个国家和地区应急产业论坛及研讨会

时间	论坛及研讨会
2005 年 11 月 12 日	广西西宁：首届城市应急联动系统建设及产业发展高层论坛
2009 年 10 月 12 日	北京：第一届中国减灾产业发展高峰论坛暨中国国际减灾应急技术与装备博览会
2011 年 3 月 9 日	广东东莞：广东省应急产业研讨会
2011 年 5 月 8 日	河南新乡：全国应急产业发展战略研讨会
2011 年 12 月 10 日	重庆应急装备科技产业园发展研讨会
2011 年 12 月 14 日	北京：中国应急管理创新论坛：公共风险与应急产业、应急科技
2012 年 5 月 7 日	北京：第三届中国减灾产业发展高峰论坛暨中国国际减灾应急技术与装备博览会
2013 年 9 月 26 日	中德灾害风险管理和应急产业发展战略合作平台规划研讨会
2014 年 5 月 8 日	北京：中国紧急救援发展论坛
2014 年 11 月 28 日	北京：中国国际紧急救援与安全防护高峰论坛
2015 年 4 月 24 日	北京：第六届国家综合防灾减灾与可持续发展论坛
2015 年 6 月 25 日	河南郑州：应急产业协会揭牌仪式暨第一届应急产业协会会员代表大会
2016 年 5 月 11 日	北京：第七届国家综合防灾减灾与可持续发展论坛
2016 年 5 月 18 日	北京：第八届国家综合防灾减灾与可持续发展论坛
2016 年 6 月 24 日	辽宁抚顺：应急产业发展研讨会
2016 年 11 月 4 日	四川德阳：中外应急产业合作论坛
2017 年 7 月 20 日	河南焦作：第二届海峡两岸应急管理高峰论坛
2017 年 8 月 24 日	吉尔吉斯共和国：第九次上海合作组织成员国紧急救灾部门领导人会议
2017 年 8 月 28 日	山东青岛：防灾减灾救灾体制机制改革高级研修班

我省应急产业协会也是在这样的国家大政背景下，由河南鸿达电子技术有限公司等 15 家企业联合发起，省内 120 余家企业联合参与，共同筹备建立而成。协会将充分发挥自身跨行业、多触角整合协同的优势，创新应急产业投融资模式，整合引领撬动行业资源，开展国际应急产业交流活动，实现应

急产业装备全国、服务世界，努力打造成政府的应急智库和参谋部①。

相对于国外发达国家的应急管理水平及快速、高效的突发事件应对原则来说，我国应急保障体系建设还比较滞后，还存在应急物资储备不足或无储备、供应与需求脱节、物资生产无序的情况。2008 年的南方冰雪灾害，由于缺乏应急物资储备，导致灾害出现后对线路金具和复合绝缘材料的紧急需求，江西福建等电力公司毫无储备，电力设施生产企业也几乎没有储备。后要求电力生产企业在 2 日内生产上千万元的应急产品，即使超负荷运转也无法满足供应需求②。

这种情况在甲流感中也出现过，在 2009 年的甲流感期间，疫苗和抗病毒药物的短缺使得几乎所有具有生产能力的制药公司都全天运转，仍无法满足社会需求。2009 年 10 月之后，由于流感势头的衰退，导致上百万的疫苗囤积于生产企业。这些情况都与应急物资储备制度及应急保障体系建设问题有直接关系③。文献建议国家建立应急物资储备指挥系统，健全应急物资信息数据库，制定应急物资采购储备计划。

沈阳、哈尔滨、成都、郑州、南宁等城市已经建立了中央级救灾物资储备点，一些易灾地区也建立了地方性的救灾物资储备仓库，中央政府每年都要采购一定数量的救灾帐篷，以救灾仓库为依托的救灾物资储备网络基本形成，应急物资储备体系开始建立。

三、社会救援服务

紧急救援服务产业关乎人的健康、生命与安全；关乎社会关系的和谐与稳定。它是一个社会公益性产业，其服务领域从城市建设、交通运输、医疗卫生、旅游观光延伸到各行业，具体内容包括对生命和财产的抢救、资源的保护、生存环境的维护和治理等方面。目前，紧急救援已成为仅次于银行、

① 应急载德，平安天下——河南省应急产业协会正式成立［DB/OL］. http：//hn. cnr. cn/hngd/20150625/t20150625_ 518960022. shtml

② 重要核心价值：关于我国电网建设的几点思考——对 2008 年冰雪灾害的反思［DB/OL］. http：//xmecc. xmsme. gov. cn/2008-3/200832482729. htm

③ 张红 . 我国应急物资储备制度的完善［J］. 中国行政管理，2009（3）：44-47.

邮电、保险业的第四大服务产业①。

崔和平（2005）在《开拓中国科技产业领域——公共安全暨紧急救援服务业》中指出“紧救援是当个体或群体在社会活动中遇到人为不可抗力的困难或危险时，得到他人或社会力量所给予的救助和支援，从而使其从困境或危险中得以解脱的特殊行为。”中国在灾害防御与救援方面鼓励和发展在各类灾害的救援活动中提供专业化紧急救援服务的救援团队，积极筹建规划产业基地、产业项目等，力争使应急产业走上规范化的良性发展道路。（见表 6-5）

表 6-5　我国应急产业基地建设情况

筹建时间	部门/地区	规划目标
2008 年 6 月	国家地震局/国家地震紧急救援训练基地	国家地震紧急救援训练基地主要针对国家地震紧急救援队和省级救援队专业救援队伍、各级各地应急管理人员、广大社会志愿者特别是骨干志愿者等三部分人群开展培训和训练
2009 年 6 月	苏州/建成应急救援培训基地	基地将承担起培训应急救援师资和普及救护常识的任务
2009 年 9 月	重庆/建陆地搜救基地	模拟地震、山体滑坡、泥石流等突发重大灾害事故开展搜救训练
2009 年 9 月	成都/成都市民兵综合应急救援大队	建成具备快速履行城市防空、城市消防、抗洪抢险、地质灾害 处置等各种急难险重任务的新型民兵队伍
2011 年 11 月	武警湖南应急救援总队	武警湖南应急救援总队 担负起对危险爆炸性物品、化学性物品所引发的事故进行紧急救援，以及对地震、泥石流等一系列自然灾害进行紧急出动、实施救援等职能
2011 年 12 月	浙江/建成电梯应急救援队 248 个	应用电梯运行“物联网”信息系统，提高电梯困人故障的应急救援质量和效率
2011 年 12 月	西安/民兵应急分队	由新城区人武部直接领导，参与战备执勤、维护稳定、抢险救灾、处置突发事件等任务

① 王彦峰、马新华．建立中国的紧急救援产业［J］．中国减灾，2002（1）：62-64.

续表

筹建时间	部门/地区	规划目标
2011 年 12 月	黑龙江伊春/雪原应急救援队	履行雪原抢险救援、输送物资和处置自然灾害等职能
2011 年 12 月	贵阳市/应急救援综合训练基地	集火灾、建筑倒塌、煤气泄漏、水管爆裂、交通等事故，以及抗震救援、心理行为训练等各类重大灭火救援、抢险救灾和事故处置的模拟训练功能
2014 年 5 月	湖南怀化/工程机械应急救援队	利用工程机械管理优势，配合政府有关部门，担负起全省抗震救灾、应急救援、工程排险、道路清障等紧急救援应急工作，以确保国家和人民群众的生命财产安全
2014 年 9 月	河北省怀安县/国家公共安全与应急产业创新基地	重点发展应急救援装备制造、应急物资储备等 26 个创新型公共安全与应急产业和科学技术研发、救援装备展示项目
2015 年 8 月	武汉/应急救援高端装备制造产业园	城市救灾应急供排水装备、泡沫液远程输转系统、罐式喷射消防车、多功能抢险救援消防车、应急群车加油车、应急通讯指挥车、医疗救护车、轻型高机动车等应急救援装备的生产
2015 年 11 月	北京丰台区/应急救援科技产业园	打造以研发创新、中试、培训演练等功能为主，国内领先的应急救援产业示范园区
2016 年 5 月	山东青岛/危化品救援基地及应急产业创客中心和培训演练中心	依托相关单位建立应急救援培训演练中心，面向社会基层开展应急安全体验、救援培训和演练等活动，普及应急安全知识，为应急救援工作培训专业人才，为社会基层提供开展应急演练的氛围和场所
2016 年 11 月	四川德阳市/中德应急产业园	建成并投入使用德阳市防灾减灾应急救援中心和德阳市防震减灾指挥中心，成立了紧急医疗救援指挥中心、中国石油井控应急救援响应中心、综合应急救援支队（包括消防救援、地震救援、矿山救援、化工抢险、环境污染事件处置、地质灾害救援、工程机械救援、空中救援、爆破救援、建筑灾害救援等），其中，空中救援大队系四川省首支空中应急救援队

续表

筹建时间	部门/地区	规划目标
2017 年 3 月	安徽亳州芜湖/综合应急救援队伍	建立健全运行机制和突发事件综合应急救援协作机制，组织综合应急救援联合训练、演练、完善预警联动机制和综合应急救援现场工作机制，积极做好应急准备，加强综合应急救援装备、设备、器材和物资的维护、保养
2017 年 6 月	河南/构建突发事件紧急医学救援网络	河南省要重点完善和加强现场处置、途中转运、后方综合救援保障等 3 个主要环节的紧急医学救援工作流程，进一步提升应急管理、快速反应、应急处置的能力和水平

在我国，“应急”往往是相关单位抽调人员组织进行，既缺乏专业知识与技术，又缺乏装备。应急产业集群的形成促进应急产业化发展，有利于改变由政府包办的倾向。而向专业化、社会化的应急服务转变，会使政府与社会力量相互补充，形成更加缜密的应急保障体系，从而完善我国应急管理体系，提高政府应急能力。

四、案例与启示

巩义市牡丹焊接材料有限公司“3·14”较大容器爆炸事故：

2015 年 3 月 14 日 16 时 30 分左右，位于巩义市竹林镇的巩义市牡丹焊接材料有限公司发生一起容器爆炸事故，造成 3 人死亡，2 人受伤，直接经济损失约 205 万元。

依据《安全生产法》和《生产安全事故报告和调查处理条例》等有关法律法规规定，2015 年 3 月 14 日晚，巩义市人民政府批准成立了由市安全监管局牵头，市监察局、公安局、总工会、质监局和竹林镇政府组成的巩义市牡丹焊接材料有限公司“3·14”较大容器爆炸事故调查组，并邀请巩义市人民检察院派员参加了事故调查，事故调查组还聘请有关专家参与了事故调查。

事故调查组通过现场勘察、调查取证、专家论证，并到同类厂家进行了查看和技术人员进行了交流，查明了事故发生的经过、原因、人员伤亡和直接经济损失情况，认定该事故为特种设备较大事故。依据《特种设备安全法》

相关规定，巩义市政府向省政府进行了事故调查移交请示，按照省政府安委会的批复精神，事故调查组继续完成了事故调查工作。事故调查组最后认定了事故性质和责任，提出了对有关责任人和责任单位的处理建议和事故防范及整改措施建议。

事故现场位于生产区西南部，爆炸容器名称为水玻璃溶解滚筒（该企业称为熔釜）。该类设备属压力容器，应有取得资质的厂家制造、安装。该企业使用非法仿造自制压力容器并非法安装使用，无设计参数，无运行（承压）参数，违反规定，未经检测检验以及报备管理，承压能力差，且安全附件失灵（连接滚筒的管道上装有压力表和安全阀，但是未经检查检验）；操作人员郑全有未经正规培训初次上岗，无章操作，采用明火长时间不间断直接加热，造成水玻璃溶解滚筒内压力过高，导致滚筒严重超温超压发生爆炸。

针对该事故暴露的问题，有效防范类似事故再次发生，企业应该细化工作措施，切实落实企业主体责任，加强安全生产监管，具体措施与建议如下：

（1）公司虽有安全教育培训制度，但安全教育培训记录、职工安全教育培训档案均为空白，重要岗位职工上岗前没有经过正规培训。针对相关人员进行安全教育培训，确保全市安全生产工作稳定。

（2）公司没有层层签订安全生产责任书，安全生产管理制度不健全，安全操作规程缺失，未建立漏胶安全处置规程，未建立事故应急救援案。公司要切实落实企业主体责任，建立健全安全生产责任制、安全管理制度、安全操作规程，加大安全设施投入。

（3）本次爆炸的滚筒，无技术档案资料，管理及操作人员对设备内部构造不了解，无操作规程，对水玻璃溶解过程的危险性认识不足，操作人员仅凭经验、感觉、直觉操作。公司要经常开展安全隐患排查治理活动，规范特种设备的购置、使用和管理，杜绝非法制造、使用压力容器等问题，消除设备设施安全隐患，确保安全生产稳定。

第二节 应急产品生产产业

应急产业是人们既熟悉又陌生的新兴产业，是为突发事件预防与应急准备、监测与预警、处置与救援提供专用产品和服务的产业。据估算，我国消防安防、应急通讯、防灾减灾、反恐等领域的应急产品和服务产值达到近万亿元。2014 年，国办发布的《关于加快应急产业发展的意见》提出，到 2020 年，应急产业规模显著扩大，应急产业体系基本形成。

2016 年 6 月，在北京国家会议中心召开的国际防灾减灾应急产业博览会现场，无人机、机器人、直升机、热成像仪设备、大屏幕指挥系统、移动应急通讯车、海上搜救船艇等上万种防灾减灾应急产品集中亮相。近年来，我国应急产业快速兴起并蓬勃发展，在突发事件应对中发挥了重要作用。

一、监测预警产品

围绕提高各类突发事件监测预警的及时性和准确性，重点发展监测预警类应急产品。分为以下四类：

（1）自然灾害监测产品。如气象雷达、对地遥感观测卫星等灾害天气监测装备，山体崩塌、泥石流等地质灾害监测设备，海啸、赤潮等海洋灾害监测仪器，蝗虫、稻飞虱等生物灾害监测仪器，地震、水旱、森林大火等灾害监测设备。

（2）事故灾难监测产品。如瓦斯、辐射、微波、静电、噪音、粉尘、毒物等安全隐患监测设备，河流、湖泊、水库及沿海水域污染物监测设备，交通运输装备防撞预警装备，核辐射、危险化学品（含剧毒品）泄漏监测仪器，感光、感温、感烟、可燃气体探测仪器等。

（3）公共卫生监测产品。如鼠疫、疟疾等传染性疾病监测设备，禽流感、甲型 HINI 流感等疫情监测仪器，食品药品卫生安全检测设备，空气质量与环境检测仪器，土壤、化肥、农药、兽药残留物、污染物检测仪器，体温监测仪器等。

(4) 社会安全监测产品。如群体性突发事件、金融突发事件、涉外突发事件监测系统，易燃、易爆、强腐蚀、放射性等危险物品监测仪器，人脸和声音识别设备，监视监控防范系统等。

视频监控技术作为安防系统里最为重要的力量，在提高防灾应急、安全生产和应急管理的综合能力上有着不可替代的地位。在防灾应急产业中，视频监控技术应用方式多样，用途广泛，为打造立体防控体系增添助力。在森林防火中，视频监控系统对烟、火准确而有效识别后进行报警。在引入高清视频传输、图像识别处理等新技术之后，使得森林防火视频监控系统的性能得到了有效提升。国家林业局于 2016 年 1 月 18 日发布了《森林防火视频监控系统技术规范》，该标准于 6 月 1 日正式实施。

在应急救援中，无人机作为突发性事故侦察应用和灾情回传，已经成为防灾应急产业中新兴的技术风向和高配装备。无人机可以迅速对现场进行立体化监控，进行不间断画面拍摄和数据收集，将涉事人员数量、规模等情报传回指挥中心，为反恐部署提供参考，成为多地警方反恐应急装备。在防灾应急中，红外热像仪具有的隐蔽式探测功能，无需光照，可穿透浓烟、浓雾等恶劣情况，可视距离达数公里远等优势，已逐渐广泛应用于安全防范（反恐）系统，成为安全监控系统中不可缺少的一部分①。

河南省财政厅出台了农业保险助推脱贫攻坚一揽子优惠政策。河南省 2015 年农业保险工作方案中，针对种植业、养殖业和林业，遭遇因人力无法抗拒的自然灾害，包括暴雨、洪水（政府行蓄洪除外）、内涝、风灾、雹灾、冻灾、旱灾、病虫草鼠害等对投保农作物造成的损失，均可参与保险。但在实践中往往会遇到承保地块、受灾区域面积难以高效精准测定等难题。安华农业保险股份有限公司研发的无人机灾害勘查系统，勘察地面数据的分辨率高、数据应用灵活、数据挖掘能力大，不仅能够快速获取、处理与评估农业受损情况，而且还能够避免人为因素影响查勘结果的公平、公正，即大幅度降低了查勘定损的工作量，又减少甚至杜绝定损不合理而导致的理赔纠纷，

① 未雨绸缪 我国应急产业蓬勃发展［DB/OL］. http：//www. afzhan. com/news/detail/51860. html

最大限度的保护了受灾农民的利益，从而实现灾害评估和理赔业务流程的无缝对接。

2017 年两会期间，“人工智能”首次被写入《政府工作报告》，7 月，国务院印发《新一代人工智能发展规划》，人工智能正式上升到国家战略层面。而人脸识别作为“智能眼睛”已成为当前人工智能社会建设的基础核心技术，已不再停留于实验探索阶段，该领域当前国内服务商的相关产品和解决方案正走出实验室，由点到面地逐步在机场、社区、交通、医疗、金融、安防等领域广泛应用。

人脸识别在智能社会最直接的应用就在于公共安全领域，基于人脸识别技术，对长途客运站、火车站等公共场所进行监控，将视频中的人脸与疑犯数据库进行比对，一旦疑犯在人群中被识别出来即刻报警。这就大大减轻了管理人员的工作负荷，提高了抓捕效率，增加了城市的安全性。人脸识别智能门禁系统通过构建具有智能化管理功能的身份识别系统，结合先进的人脸识别算法，能精确、快速地识别人脸并打开门禁，提高了楼宇、家庭的安全。2017 年两会期间，有人大代表提出“利用已经成熟的人工智能和大数据技术，帮助解决走失儿童问题”。具体内容包括：建立适用于搜寻走失儿童的人脸识别模型；建立覆盖全国的走失儿童数据库；将人脸识别技术与治安、交通监控系统相结合。

近年来，随着移动互联网的迅猛发展，网络购物、手机打车、充值缴费、互联网金融等移动互联网服务迅速兴起，手机支付安全日益突出。根据央行公布的《2016 支付体系运行报告》显示，2016 年全国移动支付业务 257. 1 亿笔，金额 157. 55 万亿元，同比分别增长 85. 82% 和 45. 59%。然而令人担心的是，手机的病毒、木马也明显增多，直接针对“手机钱包”的安全隐患空前增加。而人脸识别技术可以结合互联网金融产品，将银行的账户或信用卡与人脸的识别系统相关联，使用者只需对着摄像头拍一张照片，就能在数秒内便捷认证身份，因而可以有效根源杜绝盗号、诈骗的情况，保障交易的安全。未来随着移动互联网的持续发展，该领域对人脸识别技术的需求将持续增加，带动人脸识别行业市场规模快速增长，拥有巨大市场潜力①。

二、预防防护产品

围绕提高个体和重要设施保护的安全性和可靠性，重点发展预防防护类应急产品。分为以下四类：

（1）个人防护产品。如阻燃、防静电、绝缘、拒水、防辐射、防油、防弹、防生化等防护产品，安全帽、目镜、面具等头部防护产品，绝缘、高温、低温、防砸等手足防护产品，安全网、安全带等防坠落产品，眼睛、面部、手等护肤用品，疫苗等。

（2）生产防护产品。如交通、工矿安全设备，危险化学品安全设备，机器装备安全保护产品，建筑工程安全保护产品，电力工作安全保护产品，冶金工业安全保护产品，消防安全设备，危险材料存放、处理设备，高空作业防护及防坠设备，瓦斯监控设备，锅炉压力容器安全设备等。

（3）公共防护产品。如出入口控制系统，防雷产品，社区安全防范系统，网络安全系统与防护产品，电子报警安全装置，公共危险警告产品。

（4）保护性物资。有各种化工产品，高强度纤维，工程塑料，高强度塑料，可耐受火灾高温保护材料，阻火填塞材料，阻燃剂及阻燃材料，耐燃耐热电线电缆，防火建筑装饰材料等。

河南省应急产品重点生产企业—— 华兰生物工程股份有限公司控股子公司华兰生物疫苗有限公司，为国内最大的现代化疫苗生产基地之一。主要开发生产人用细菌性疫苗、病毒性疫苗、基因工程疫苗等高科技产品。采用目前国际一流的生产设备、检验室、实验动物中心及其附属设施，能够在短时间内最大限度地满足疫情突发地区对疫苗产品的需求。公司建立了完善的质量保证体系，确保每一份华兰疫苗制品的安全有效；还建有大型全自动高位货架成品冷库，储存能力可达 1 亿瓶疫苗。并配备了大型和微型冷藏运输车，保证了疫苗运输的及时性和冷链要求。

---

① 人脸识别技术进入成熟期 国内市场是必争之地［DB/OL］．http：//www.afzhan.com/news/detail/57450.html

目前，华兰生物疫苗有限公司已完成了 H7N9 流感病毒裂解疫苗的 I 期临床研究，临床结果显示，疫苗安全性、免疫原性分析均优于试验预期指标。2017 年 3 月已经启动了 II 期临床试验，争取尽快完成 II 临床试验。2017 年 2 月 24 日下午，由中生集团牵头的重大新药创制科技重大专项“流感疫苗应急研发体系能力建设及产品研发”项目中期总结会议在北京召开。与会专家对此次总结会议对华兰生物疫苗有限公司研发的 H7N9 流感疫苗给予较高的评价，建议主管部门给予加快评审等政策，快速推进项目进展，为 H7N9 流感疫情做好防控工作。其他免疫类产品，如主要用于预防麻疹和传染性肝炎的人免疫球蛋白，主要用于预防和治疗破伤风的破伤风人免疫球蛋白，主要用于免疫球蛋白缺乏症的静注人免疫球蛋白（pH4）等已上市。

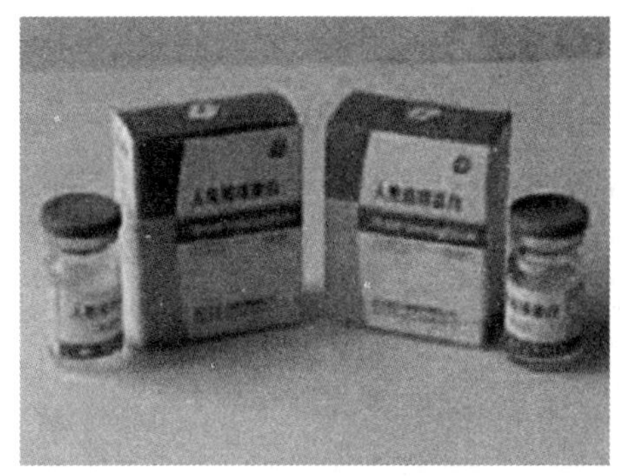

图 6-4　华兰生物研发的人免疫球蛋白

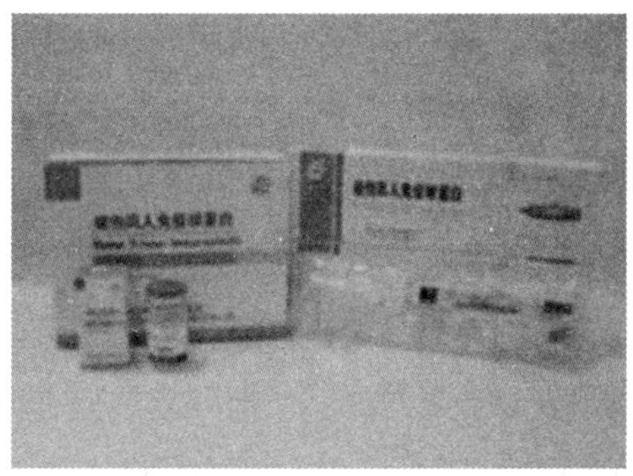

图 6-5　华兰生物研发的破伤风人免疫球蛋白

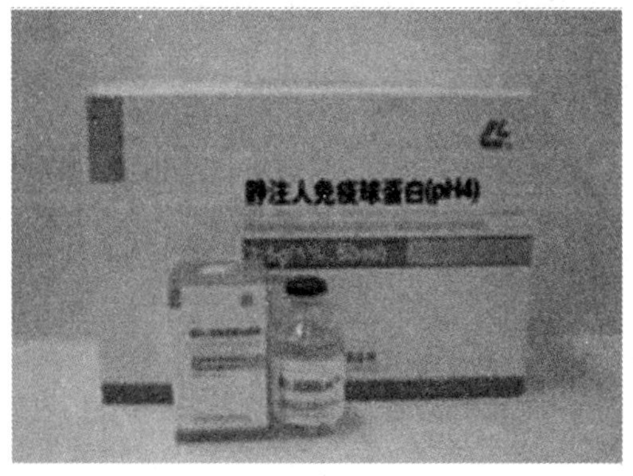

图 6-6　华兰生物研发的静注人免疫球蛋白（pH4）

2017 年 7 月，中国防火建材展览会已在上海新国际博览中心隆重召开，作为核心项目的“新型防火阻燃建材展览暨研讨会”在本届展会中大放异彩，业内知名企业——富美家、威盛亚、北新建材集团、无锡捷阳、宝钢集团等近 50 家行业制造厂商均以大面积的展示推出最新的产品，在上海新国际博览中心完美演绎了绿色建筑技术下的新型防火涂料、防火保温板、防火门、防火线缆及最新的防火建材检测技术的应用状况与发展前景等目前行业发展的关键问题。

在本届展会中，从外墙保温、外墙装饰材料、建筑防火、屋面保温等系统到各种配套材料，充分展示了建筑节能的最新技术。展示内容包括以下几种：

新型建筑装饰防火材料：A 级防火板材、岩棉、玻璃棉、珍珠岩防火板、阻燃织物、墙体材料及公共场所阻燃制品及组件、耐火纸面石膏板、防火刨花板、阻燃剂、不燃无机复合板、防火阻燃材料类、饰面型防火涂料、防火封堵材料、防火门窗、防火玻璃、混凝土结构防火涂料等。

防火板材及制品：新型防火板（玻镁板、石膏板、刨花板、不燃无机复合板等）、阻燃织物（地毯、窗帘、幕布等）、铺地材料、墙体材料、公共场所阻燃制品及组件等。

防火阻燃涂料：钢结构防火涂料、隧道防火涂料、饰面型防火涂料、电缆防火涂料、防火封堵材料、混凝土结构防火涂料等。

耐火建筑构（配）件类：耐火建筑构（配）件，包括防火门、窗、隔墙、闭门器、阻火圈、高温排烟风机、防火排烟阀、通风管道、防火玻璃等。

防火电线电缆及防火材料检测仪器：阻燃（耐火）电缆、电缆槽盒、母线槽、电缆防火桥架及防火材料检测仪器等。

近年来，连续发生的重大火灾的伤亡事故对我们的建筑防火性能提出更高的要求，尤其是对高层建筑火灾的防控技术还缺乏系统、深入的研究，应对能力和措施远远不够，有许多课题需要破解。因而使用新型防火阻燃建材，提高城市抵御火灾风险意识已经到了刻不容缓的时刻！“第五届上海国际新型防火阻燃建材展览暨研讨会”的成功举办，进一步推动了建筑防火材料企业的市场推广和新型防火建材的落实应用。

河南省应急产品重点生产企业——河南天丰绿色装配集团，是中原地区最大的钢结构生产企业，中部六省最大的压型钢板、保温复合板、聚氨酯节能板生产基地。该集团引进的全套聚氨酯复合板生产线已投入生产，其产品聚氨酯节能板可用于各类建筑内、外墙板及屋面板，如办公、医院、宾馆、民居建筑，以及工业厂房和各种超级市场、物流储库等建筑上，将以保温、隔热、耐火等诸多优势也成为新型节能建材市场的潮流。

三、处置救援产品

围绕提高突发事件处置的高效性和专业性，重点发展处置救援类应急产品。分为以下八类：

（1）应急救援产品。如起重、挖掘、破拆、清除、支撑等工程装备及相关便携式设备，生命和物体探测装备，搜救救生设备，消防救援器材，道路、管道、桥梁、通信等基础设施修复装备，舟桥装备等。

（2）应急运输产品。如直升机、水上飞机、运输机等空中救援装备，搜救车辆、运输车辆等地面救援装备，搜救船只等水面救援运输装备，城市街道、高速公路及其他领域的除冰雪设备等。

（3）应急救护产品。如抢救医疗器械，医药用品，消杀用品，医疗急救车，卫生防疫车，呼吸器等。

（4）应急通信产品。如应急指挥调度平台，救援应急指挥系统，卫星通信设备，短波电台，移动应急通讯车等。

（5）应急电源产品。如移动应急电站车，应急电源配电车，应急发电设备，应急照明设备等。

（6）应急生活产品。如简易板房、帐篷、棉衣、棉被、食品等。

（7）反恐产品。如特种车辆，无人机，橡胶救生船，排爆设备及各种器材，定向爆破器材，反恐救援、作战和训练装备等。

（8）其他产品。如液体、气体和固体废弃物处理材料和设备等。

河南省应急产业发展工作座谈会上，把培育壮大优势企业作为努力完成六项重点任务之一。河南省在某些救援技术领域已经走在国际前列，应急产业市场前景广阔。河南省生产处置救援产品的主要公司如下。(见表 6–6)

表 6–6　河南省生产处置救援产品的主要公司

公司名称	主要产品
河南红宇特种汽车有限公司	移动应急电源车、救险车、排涝车、抢险车、照明车等
豫飞重工集团有限公司	军用起重机、冶金起重机、特种起重机、核电、水电起重机等
河南中光学特种汽车	工程抢险专用车、应急救援通讯指挥车、防弹反恐车、人防抢险车等
中航工业河南新飞专用汽车公司	爆破器材运输车，易燃气体运输车，疫苗运输车等
中原特种车辆有限公司	页岩井压裂返排液处理设备、交流变频数字化控制钻机、超深井测井车等
河南江河特种车辆有限公司	桅柱式高空作业平台、自行剪叉式高空作业平台、自行曲臂式高空作业平台、自行直臂式高空作业平台等
河南东方特种车辆制造有限公司	装载机，道路清障车，高空作业车，随车吊，小型打桩机等
河南新马车辆有限公司	移动警务室、警用巡逻车等
河南卫特汽车起重机有限公司	汽车起重机、随车起重运输车、移动式高空举升制瓦机、轮胎式起重机、大功率排灌车等
郑州宇通客车股份有限公司	体检车、采血车、救护车等

图 6–7　河南红宇特种汽车有限公司生产的应急电源车

图 6–8　河南红宇特种汽车有限公司生产的抢险救援照明车

2015年9月25日17时，睢县城市污水处理厂发生一起中毒窒息事故，造成4人死亡，直接经济损失275万元。

依据《生产安全事故报告和调查处理条例》（国务院令第493号）等法律法规，9月28日，商丘市人民政府由市安监局牵头组织市公安局、市监察局、市总工会、市检察院、市城市管理局和睢县人民政府成立了商丘市人民政府“9·25”事故调查组。事故调查组按照“科学严谨、依法依规、实事求是、注重实效”的原则，通过调查取证，查明了事故发生的经过、原因等情况，认定了事故性质，此事故是一起因违章作业造成的安全责任事故。

睢县城市污水处理厂位于睢县城关镇小门里村，是2006年省重点建设项目，2007年5月试运行。2015年9月25日15时左右，按照厂长刘玉刚的安排，王新东带领樊林林、张浩、仲平平、王浩对提升泵房内的提升泵例行一周一次的清理。作业人员在未采取任何防护措施的情况下，下井清理提升泵，提升泵进水井中硫化氢等有毒气体大量急速释出，造成作业人员中毒窒息、溺水死亡。

事故发生后，睢县县委、县政府高度重视，迅速启动应急救援预案，立即开展组织施救。卫生部门多名医疗专家、医护人员迅速展开受伤人员施救工作。公安部门迅速组织警力对事故现场进行控制，拉出警戒线，疏导围观群众；消防官兵穿戴防护设备下到池中救人；水利部门紧急调集水泵对污水提升泵池进行抽水；环保部门组织相关技术人员对池中水质及气体进行检测；供电部门保障现场救援用电。有关部门协调配合，科学施救，各项工作组织到位，有序救援。

睢县城市污水处理厂“9·25”事故调查报告中，造成该事故的主要原因有：

一是睢县城市污水处理厂未落实有毒有害场所安全生产有关制度和规程。未落实作业审批制度；未落实教育和培训制度。

二是睢县城市污水处理厂未健全和落实事故应急处置制度，未配备硫化氢气体检测仪、防毒面具或空气呼吸器等必要装备，施救盲目，加大了事故危害。

睢县住房和城乡规划管理局对所属企业的安全工作指导、督促检查不力，对企业不落实安全生产主体责任的行为，以及有毒有害作业场所违章作业的行为失察。

针对该次事故，防范措施建议如下：

一是要切实强化有毒有害作业场所和有限空间作业规程的落实。对存在有限空间作业的企业，必须严格遵照执行《工贸企业有限空间作业安全管理与监督暂行规定》，必须建立有限空间作业安全责任制度、审批制、现场安全责任制度、安全培训制度、作业安全操作规程等。必须坚持有限空间作业“先通风，再检测，后作业”原则，把安全措施落实到现场，落实到岗位。

二是要切实强化应急管理，提高事故应急处置能力，要深刻吸取“9·25”违章作业、现场应急措施不当的沉痛教训，制定科学应急预案。要配齐有毒有害气体检测仪、防毒面具、空气呼吸器等安全防护装备和应急救援器材，并组织职工学会正确的操作使用；要开展一次安全教育培训，增强广大职工安全意识，掌握安全知识，提高应急技能。

三是要切实强化落实安全生产“三同时”工作。认真贯彻“安全第一、预防为主”的方针，凡新建的建设项目，从可行性研究至竣工验收、收入生产和使用，都必须严格按照建设项目安全生产设施与主体工程同时设计、同时施工、同时投入生产和使用的要求进行建设与管理。把基础坐牢，防止产生新的事故隐患。

四是睢县人民政府要结合“查尽责、除隐患、保安全”活动的开展，在全县范围内组织一次隐患排查治理专项行动，彻底消除安全隐患。组织各部门召开一次安全生产形势分析会议，切实掌握本行业、本部门的危险部位、危险岗位和安全生产薄弱环节，制定好针对性的预防措施，有效防范各类事故发生。

第三节　应急科技研发产业

科学技术是第一生产力，技术创新是应急产业化的基础和动力，科技应用含量是检验一个国家灾害防御和紧急救援现代化的重要标志之一。正如原国务委员、国务院秘书长华建敏曾指出“全面提高我国抵御风险、防范应对突发事件的能力，关键要靠科技和产业支撑……”①。

科技是生产力，科技改变世界。在灾害防御和紧急救援事业中，重视和提升科技含量至关重要。科技应用不仅可以转变人们的传统思维和行为方式，而且可以大大提高工作效率、有效保护生命。

一、应急技术研发

《国务院办公厅关于加快应急产业发展的意见》〔2014〕63 号，已经把加快关键技术和装备研发列为发展应急产业的主要任务之一。应急产业发展直接与国家、人民和社会的公共安全相联系。应急产品也直接用来保护个体或群体免受或减少各种危机危害，这决定了我们必须加大对应急产品的科技含量的提升，加强产品技术研发。

随着遥控爆破气囊堵决口技术、仅重 10.8 克的特殊人体保温薄膜技术、便携式化学液体分子束喷射枪、特殊材料制作的超密封尸袋、能与地面安全控制中心实时联络的信息实时采集器等科技含量很高的灾害防御和紧急救援技术的研制成功和在国际范围内的广泛应用，洪水、严寒、火灾、矿难等严重威胁人类生命安全的灾难已经不像从前那样气焰嚣张。

河南省引入遥感技术破解农业保险难题，河南省农业科学院农业经济与信息研究所从事农业遥感研究和应用已有 17 年，依托在作物种植面积遥感监测、作物长势遥感监测和农业灾害监测预警、作物产量估算以及无人机精准监测等技术优势，为中原农业保险股份有限公司在种植业承保和理赔方面的

① 国务院召开全国贯彻实施突发事件应对法电视电话会议［DB/OL］. http：//news. sohu. com/20071115/n253258975. shtml

工作提供空间数据和分析管理支持。

浙江乐清市原以生产高低变压器闻名，2006 年利用原有的生产技术和销售渠道，进行产业整合，进入应急产业生产领域，参与企业 200 多家，年产值 100 多亿元。其中生产防爆电器设备的电光集团，销售额比转型前增长 30%以上，应急防爆产品占公司总营业额的 80%以上①。

2007 年 6 月上海制造的“高智特种车”进行演示，该车可以能看清 20 公里外，连接卫星追踪人员位置。

首辆国产“高智特种车”已经在徐汇区民防办投入运用，在居民疏散演习和夜间防汛演练中发挥出作用。在演习中，指挥员只需要坐在“高智特种车”内，就可以直接通过卫星云图和定位系统，及时掌握天气情况并追踪参演人员位置。同时，各街道参演人员利用手携式设备，及时与设在“高智特种车”上的指挥部取得联系。到达防汛现场后，“高智特种车”还可以立即启动强大的照明设施，打开“千里眼”，监视全部演练进程并加以录制，为决策者提供全方位的服务。

“想要现场直播吗?”技术人员指着“高智特种车”上高高升起的环状视频镜头:“这两个‘千里眼’摄像头可以让你梦想成真，它们是车顶平台上可以升降的两只高清晰度摄像头。”在漕河泾的现场演示上，“高智特种车”不锈钢液压杆把摄像头升起 15 米高，将东方明珠电视塔一直“拉到眼前”。这两只摄像头具有夜视、防水、防震、抗干扰功能，影像分为通常、俯视、失真补偿三种模式。其中“俯视模式”能够对 20 余公里外的物体进行数字处理，将其转换成高像素模式，实现远程现场直播和监控。

2008 年，浙江春风集团利用其国内独有自主研发的水冷系统，生产新型应急救援艇，可用于防洪、抗洪及近海救援等，时速 120~130 公里，并利用其 2004 年研发的全地形越野车，开发生产了喷水式全地形消防车和合成型泡沫喷雾式全地形消防车。

2015 年 10 月，世界五百强新兴际华集团作为应急产业龙头，展示了其自

① 温州乐清率先全国发展应急产业［EB/OL］. http：//finance. 66wz. com/system/2009/10/02/101450849. shtml

主研发生产的轻型高机动应急救援系统装备、应急工具机器人、救援举升平台、远程大功率应急供排水装备等产品，展现了在军民深度融合下的应急救援技术和产品①。

2013 年 5 月，辽宁省营口市研发的多种矿难救援、井下安全新产品问世，本次发布会共发布九项国内尖端设备，其中矿用抢险救援车，能够为无法安全撤至地面而进入避难硐室的遇险人员提供基本生存条件，同时可以为地面救援提供指挥通讯的系统设施，可大大提高井下被困人员的生存率以及矿难事故的救援效率。另外，还发布了诸如防爆指挥车、隔绝式压缩氧自求器等国内领先的设备。这些矿井安全新产品，是中国第一个提出“大救援体系”设计理念的卓异科技集团最新产品，该公司此前已成功制造出在业内引人注目的井下救生舱。他们的“大救援体系”全程式救援系统，涵盖了井下救生舱、井下避难硐室、井下救援机器人、透地通讯系统、井下智能通讯系统、井下应急救援仿真系统、地面应急救援特种车、应急救援培训等。这些产品的使用，将对矿井作业安全、矿难救援等产生重要作用。企业经过潜心研发，在矿山救援、安全生产技术与装备方面取得的多项科技成果，推动了矿山安全救援技术产业的新发展，得到国内多家科研院所、高校、高科技企业专家与学者的高度称赞。

图 6-9　辽宁营口研发的井下救生舱

① 2015 应急产业发展大会召开自主研发装备亮相［DB/OL］.［EB/OL］http：//www.ce.cn/cysc/newmain/yc/jsxw/201510/29/t20151029_ 6847231.shtml

图 6-10 辽宁营口研发的矿用地面应急救援特种车

河南省应急产业的发展较为缓慢，总体的应急企业数不多。然而河南省由于拥有着为数尚可的煤矿，在煤矿方面的应急技术较其他领域更为突出，发展趋势显示出多元化的特征。

由于我国应急产业的发展尚处于起步阶段，与发达国家相比，我国应急产品研发能力不足，产品科技含量低，这一点是应急产业发展的一个弱势。

作为灾害比较频发的日本，其应急产品具有极高的科技性，并配备更专业化的救援队伍。从应用比较广泛的紧急救援箱到专业应急地理信息系统再到高科技的救援机器人，涵盖了应急管理的多个阶段和多种技术。还有一些极适合震后使用的应急产品，如配有反光带和 ID 卡的防灾腰带，很容易被救援人员发现；集照明、充电器、收音机、呼叫为一体的便携式手电筒；能连续燃烧 100 个小时的防灾蜡烛等。俄罗斯也有专用于救援救灾人员的大型运输机，并在汶川地震中投入使用①。

对于我国应急产业，在国际市场上有竞争力的大多是应急救援包、急救箱等低技术含量产品，而一些大型救援设备、专业救援仪器等几乎都依赖进口。因此，应急产业的发展重点要确定为高新技术产业，尤其是作为产业主体的国有企业，要承担起应急产业科研创新及核心技术开发的重任，加快专

---

① 郑胜利．我国应急产业发展现状与展望［J］．经济研究参考，2010（28）：10-64.

业救援设备、智能应急信息系统和专业救援队伍的建设，产生示范效应，摆脱依赖国外应急技术的情况，将应急产业发展重点定位于高新技术产业。具备应急产品生产能力的中小企业要继续保持产品优势，同时加强研发创新，不断提高产品层次，提升企业竞争力。应急产业要形成多层次的产品结构，但始终要以研发创新为产业持续发展的源泉。

二、应急软件研发

2004 年，曾经从事软件信息系统生产开发的电信科学技术第一研究所，利用自主知识产权技术研发了上海市应急联动中心系统，后相继建设了全国 3 个直辖市、22 个省会城市以及 100 多个地级市的共计 500 多套应急指挥系统，并于 2009 年研制集减震、用电、监控、布线、避雷、防水、防尘、防磁等多方面功能、融合多种通信与联络方式、可全天候工作的应急指挥车。

值得注意的是，相关应急产业项目及平台已开始进行探索。成立于 2011 年的中国安全应急产业网是一个安全应急产业 B2B、O2O 融合性电子商务平台，经营安全应急产品交易流通、金融服务、产业服务等业务。该网站副总经理杨建宝告诉记者，“目前网站交易量有所上升。我们十分看好安全应急产业的未来。”

2017 年 7 月，全国首个智能海洋气象预警系统在山东威海石岛正式投入使用。该系统由智能气象传输系统、智能气象接收机组成，短波通信，覆盖范围约 3000 公里。智能海洋气象预警系统应用了最新、最优化的软件算法，实现了射频信道全数字化。具有自动升级功能的智能气象接收机设有 GPS 定位系统和海区图，采用图形化的气象信息标注方式，实时接收岸台语音和数据信息，包括风向、风速、能见度、潮汐、海浪、风暴潮和海上风险预警、搜救及通航等预报预警信息。当有定位海区最新预警信息播报时，可以收听或收看到所在海区的信息。该接收机还能收到在海区图上标注了代号和经纬度坐标的台风消息，同时显示台风在不同时间点形成的运行轨迹，也可以用不同颜色标注不同的台风代号及轨迹。其海区图将渤海至南海分为 18 个海区，用户点到哪个海区，该海区的信息就会自动显示出来，并且配有语音播报。

据石岛气象台台长赵兴友介绍，2009 年 4 月开播的石岛海洋气象广播电台实现了海上气象信息的数字、语音双重传输。2014 年 10 月石岛海洋气象广播电台又被纳入山东省政府海上安全生产组织体系，借力打造海上预警无缝覆盖的“平安海区”。围绕海上渔业生产需求，石岛气象台不断创新，开发的“智能海洋气象预警系统”，结合 SDR 全数字化电台的现有技术，采用安卓操作系统，8 英寸、1280×800 分辨率的液晶显示器，将接收机与 GPS 结合，增加海区图，实现人机交互功能，优化了原有的调制解调器，提高数据发送速率，提升海洋气象服务能力，有效解决了海上信息传输“最后一公里”难题，为海上生产安全和防灾减灾提供优质气象保障①。

2017 年 7 月，“十二五”国家科技支撑计划“中小金融机构灾备服务云系统及应用示范”项目顺利通过验收。该项目研发与构建了灾备服务基础设施和平台，开展了金融机构灾备网络、灾难恢复演练服务、云平台灾备服务预期应用，探索了整合一个数据中心灾备资源，完成了云灾备服务基础平台的构建，包括场地建设，服务器系统、存储系统等基础设施构建；项目针对基础主机安全、网络安全、云计算安全、全生命周期的数据监控和护理体系、安全准入、身份认证和授权审计、国产化研究及推广的研究，研究成果在金融机构得到示范应用；项目完成了银行业、非银行金融业、金融服务业、新兴服务业、科技服务业等重点领域实现了示范应用。“中小金融机构灾备服务云系统及应用示范”项目通过专业化和规模经济降低灾备服务的成本，每年可为国家节约灾备中心 IT 设施投入，实现核心系统和设备国产化率，显著提升我国金融系统核心安全技术、产品和服务国产化程度，推动金融灾备服务体系标准化进程。

2017 年 7 月，天津市气象局“市—区”两级“气象观测环境实景监控系统”经过一个月的试运行后正式投入业务使用。至此，天津市气象部门在 13 个国家级自动气象观测站及城市边界层梯度观测塔建成全天候、智能化的气

① 国家减灾网：全国首个智能海洋气象预警系统投入使用［DB/OL］. http://www.jianzai.gov.cn//DRpublish/kjjz/0000000000024857.html

象观测环境实景监控系统，实现了对气象观测站点实况天气的 24 小时实时监测，对气象观测站点数据实现了实时检验。此举不仅推进了气象观测站点的自动化，更提升了气象探测环境保护能力，为进一步提升智能化综合气象观测能力和支撑智慧城市管理的气象保障水平提供有力保障。“气象观测环境实景监控系统”以天气现象观测为主线，实现了现场画面与实况数据叠加显示，满足了该市各国家级自动气象观测站现场实景观测的需要。用户可通过电脑、手机等终端登录该系统随时开展实景监控，并可通过远程的方式对摄像头实施 360 度自动旋转，确保了观测无死角。该系统的业务运行，为预报人员第一时间掌握更加精准的实况信息提供了快速高效的途径，为提升预报的精准度和服务的精细化提供了基础依据。同时，实景观测系统还将在本地气象防灾减灾工作和公众气象服务工作中发挥指导作用。

虽然应急产业潜力很大，但目前尚不成熟。我国应急产业起步晚，已建成的应急专网基本都是采用国外标准，部分关键技术产品依赖进口，支撑产业发展的核心技术亟待突破。同时，全民针对公共安全的消费需求不强，都成为下一步应急产业发展的瓶颈。

三、应急科技创新

应急产业是为科学预防和有效处置突发事件和公共安全提供产品和服务的新兴产业，是国家安全体系的重要组成部分。国家“十二五”规化以解决关键技术为突破口，逐步建立完整的公共安全与应急科技研究体系。

作为新兴战略产业的应急产业既十分需要科研创新支持，但又缺乏科研创新条件。2008 年汶川地震，因专业的生命探测仪及各种救援设备的缺乏，很大程度上阻碍了对受难人员的救援①。到 2010 年，我国 80%的应急通信设备处于老化或淘汰的边缘。应急产业的研发创新能力不足，导致我国在应急应对中只能很大程度上依赖于国外，严重阻碍产业竞争力的提升及产业的进一步发展。

① 佘廉、郭翔．从汶川地震看我国应急救援产业化发展［J］．华中科技大学学报，2008（4）：65-71.

比较我国和主要发达国家航空救援情况，2006年美国民用直升机12429架，俄罗斯2959架，加拿大1800架，而中国只有124架，真正能用于救援的只有64架，可以看出我国应急救援的关键装备严重滞后①。

中国医学救援协会常务副会长李宗浩认为，现在的救援已经不只是医疗救护，还涉及许多其他力量。灾害救援不能光靠徒手，而应该依靠创新，充分应用现代化技术和装备，进行信息搜集、检测和救援等。而航空医疗救援体系是我国应急产业发展较为滞后的一项。中国民用航空应急救援联盟秘书长孙守军表示，当前发达国家大多建立了较为完善的航空医疗救援体系，比如德国的直升机15分钟可以到达国内任何一个地方。我国人口众多、幅员辽阔，但仅有10余架专业救护用飞机，还缺乏完备的空地救援体系。“尽快建立我国民用航空救援体系，是提升应急产业的关键，发展‘空中120’刻不容缓。”孙守军说。

对于我国应急产业，在国际市场上有竞争力的大多是应急救援包、急救箱等低技术含量产品，而一些大型救援设备、专业救援仪器等几乎都依赖进口。因此，应急产业的发展重点要确定为高新技术产业，尤其是作为产业主体的国有企业，要承担起应急产业科研创新及核心技术开发的重任，加快专业救援设备、智能应急信息系统和专业救援队伍的建设，产生示范效应，摆脱依赖国外应急技术的情况，将应急产业发展重点定位于高新技术产业

我国的应急产业必须以提升自主创新能力和产业综合竞争力为重点，明确企业是技术创新的主体，支持应急企业培育自主知识产权、自主品牌，加强应急产业科技创新能力建设，提高应急产品的科技水平。加强应急产业内各企业之间以及科研机构之间的业内协作以及相关平台建设，及时沟通共享信息。同时，政府要切实加大技术研发投入，建立应急产业自主创新体系，努力把应急产业建设成为高科技创新型产业，保持产业发展的动力。

近年来，我国应急产业快速兴起并不断发展，在突发事件应对中发挥了重要作用，但还存在产业体系不健全、市场需求培育不足、关键技术装备发

① 郑胜利．我国应急产业发展现状研究［J］．经济研究参考，2010（28）：10-64.

展缓慢等问题。为促进应急产业健康、快速发展，国务院办公厅于 2014 年 12 月 8 日下发了《国务院办公厅关于加快应急产业发展的意见》，“意见”中对我国应急产业发展的意义、要求、方向、任务、政策措施、组织协调等各方面做了全面细致的阐述，为应急产业的发展奠定了坚实的理论和政策基础。政府制定合理有效的应急产业发展战略，以期促进我国应急产业走上规范化、持续性的产业发展之路，这对于完善我国应急管理体系，提高政府应急能力有着重要作用。

四、案例与启示

中原特钢股份有限公司“4・2”较大中毒窒息事故：

2015 年 4 月 2 日 18 时 17 分，中原特钢股份有限公司发生一起较大中毒窒息生产安全事故，造成 3 人死亡，3 人受伤，直接经济损失 250 余万元。

依据《安全生产法》和《生产安全事故报告和调查处理条例》（国务院令第 493 号）等有关法律法规，济源市人民政府成立了由市安监局牵头，市监察局、公安局、工信局、总工会等有关单位参加的中原特钢股份有限公司“4・2”较大中毒窒息事故调查组（以下简称事故调查组）。事故调查组邀请河南省人民检察院济源分院派员参加，并聘请了 5 名冶金方面的专家参与事故调查工作。经调查认定，中原特钢公司“4・2”中毒窒息事故是一起较大生产安全责任事故。

中原特钢股份有限公司（以下简称中原特钢公司）前身为国家重点军工项目五三一工程一分部，始建于 1970 年，原名称为国营中原特殊钢厂，1992 年 4 月更名为河南中原特殊钢厂，2004 年 12 月又更名为河南中原特殊钢集团有限责任公司，2007 年 8 月改制为股份有限公司，2010 年 6 月于深交所上市，控股股东为中国南方工业集团。

该公司是一家回收利用废钢熔炼高品质特殊钢的资源节约型高新技术企业，具有材料熔炼—锻造—热处理—机械加工完整工艺链，现有限动芯棒、石油钻具、风机轴、铸管模、锻钢冷轧辊、液压油缸等多条专业化生产线。主要产品包括石油钻具、限动芯棒、风机主轴、铸管模、超高压容器、锻钢冷轧辊、液压油缸等。炼钢公司位于小寨园区中部，主要承担普通钢锭的熔炼及铸造，设计生产能力26万t/a，目前实际生产能力为13万t/a。现有职工378人。主要设备有两台40吨电弧炉，两台40吨LF精炼炉。

为了满足生产的需要，进一步增强竞争力，提高综合生产能力，该公司于2005年11月8日报经中国兵器装备集团公司批准（兵装计〔2005〕823号），决定对包含SKF-30吨钢包精炼炉在内的《大规格限动芯棒及模具扁钢锻坯生产线项目》进行技术改造。

2005年12月9日，中原特钢将SKF-30吨钢包精炼炉改造项目（单项）通过公开招标形式，由西安鹏远中标，并签订设计安装合同。合同约定：（1）保证“安全措施齐全，确保使用安全”。（2）本台设备为交钥匙工程，全套设备的设计、制造、运输、安装、调试等均由西安鹏远负责，并对整套精炼炉设备的完整性负责，保证达到设备考核性能指标。（3）中原特钢负责土建基础施工，其余均西安鹏远负责，包括设备安装所有机械、电气连线的材料和施工，鹏远公司应充分利用现场的电、气、水条件。

然而设计单位在改造项目进行设计时存在重大缺陷。西安鹏远公司在VOD精炼炉及其配套设施设备改造项目设计、施工时，未严格执行《炼钢安全规程》（AQ2001—2004）11.1.5的要求，在采用真空吹氧脱碳精炼工艺时，未将蒸汽喷射真空泵的水封池密闭，且未设风机与排气管和排气管未引至高出厂房2~4m。所在区域也未设置“警惕煤气中毒”“不准停留”等警示标识标牌。

中原特钢公司深刻汲取事故教训，针对VOD真空泵房存在的设计缺陷，根据专家提出的安全隐患意见要制定出详细的整改方案，整改后在未经验收通过之前不得采用VOD炼钢工艺。

（1）冷凝循环水池进行封闭，并安装风机与排气管，排气管引至高出厂房2~4m；顶层排气口应与房间进行隔离；在循环水池上方安装一氧化碳气体自动报警仪，且符合标准要求；四周墙体全部拆除，呈敞开式；该水池纳入有限空间安全管理。

（2）真空泵房一层与二层之间应采取隔离措施，管道与楼板间隙进行密封；对蒸汽调节阀等关键设备应安装摄像头进行监控；泵房内所有废弃管道应全部拆除，房屋钢架、泵体、管道等进行防腐处理；泵房电气设备设施应按照防爆标准进行改造，并加装通风装置且泵房区域应设安全标志标识和职业危害告知牌，参照有限空间或危险区域安全管理。

（3）VOD 炉操作室应安装一氧化碳气体自动报警仪，按要求配备必要的应急装备；对进入真空泵房的巡检人员应配备安全可靠的防护器具。

（4）修订完善 VOD 炉安全作业操作规程；制定有针对性的 VOD 炉生产及真空泵房应急预案，加强对所有员工的安全教育培训，并定期组织演练。

（5）加强设备管理，日常检修、维护、保养应在生产停止运行时进行。

（6）举一反三，强化安全技术研究、组织专业人员进一步识别作业过程危险源，并及时向职工进行技术交底，如除尘系统检修作业加强风险分析等。

第七章　河南省应急产业生态化发展的要素条件

应急产业生态化是河南走新型工业化道路的重要途径之一。目前，资源环境问题日益严重，促使人们对传统的产业发展方式进行反思，重现审视产业活动与自然生态系统之间的关系。传统的高消耗、高污染、低效率的粗放发展方式已经难以为继。以提高资源能源利用效率，减少污染物排放对环境的负面影响，实现应急产业系统与自然生态系统之间和谐互动等为目标的应急产业生态化成为河南应急产业发展战略的必然选择。

第一节　应急产业生态化的产生与发展

近十年来，应急产业生态化在我国日渐受到重视，这是应急产业内在发展规律在实践中的具体体现，也是应急产业对当今国际经济发展新特征和新变化的一种动态诠释。

一、产业生态化兴起的背景

现代产业在发展过程中的反生态态势导致全球资源的浪费与枯竭，以及自然生态环境的严重退化，在此状况下，提倡产业的生态化发展是人们对产业发展的基本要求。

（一）现代产业系统的反生态态势导致资源的浪费与枯竭

自然界中的所有生物和自然环境彼此之间是和谐共存的，生物体本身也是自然环境的组成部分，每种生物在长期进化过程中都形成了对环境的完美适应性。与此相同，人类在进化和发展中也适应了自然界的环境条件。人类为了满足其自身生存和发展的需要，不断地改造和加工自然环境，使其转变成为人工环境以更适应于人类的现实生活。这种改造和加工实际上是对自然环境生态系统的一种干扰，这种干扰只要不超过一定的限度，生态系统将通过自身的自我调节机能保持正常的运行，达到动态平衡。但是，如果人类的活动不遵守自然规律，干扰超过生态阈限，就会造成生态系统的破坏，最终也会危及人类的生存和发展本身。

在18世纪60年代的工业革命之前，农耕时代的主体生产方式为开垦土地—种植—自然生长—收获—食用—排泄—自然吸收，其本身就和自然生态系统的循环一致。即使存在局部的生态破坏，但由于规模小，从整体上并不会对生态系统的平衡产生不良影响。人类从自然界中攫取有用资源并向自然界排放废弃物的活动，还远不能对整个生态系统的平衡体系构成根本性的影响。人类生产过程中虽有单向的局部反生态特征，但环境的自净能力和繁殖能力，仍可以使自然生态系统的平衡状态得以有效保持。因此，这一时期的生态环境仍能通过自身调节维持平衡状态。

18世纪60年代工业革命使机器大生产方式得以确立，并开启了人类社会的工业化进程。工业生产所创立的社会化生产方式，从一开始就是建立在对自然资源和生态环境免费使用基础上的，因此，它在开始的那一天起就面临着生产的无限扩大趋势和自然资源有限的矛盾。而这一时期工业生产所维持的特有的单向线性生产模式，即从自然界中开采资源—冶炼提炼—加工制造—产品消费—产品废弃，也因科学技术的不断进步和扩散效应的不断增强，致使其向自然界索取矿产资源和排放废弃物的能力得到了空前的加速提高。世界工业化过程在短短两百年的时间内经历了数次产业技术革命，使线性的投入和产出关系无论是单体规模还是地域规模，无论是转换速度还是转换效率，都以指数摸式在不断增长。大量生产、大量消费、大量废弃的模式极大地耗费了自然界中经上亿年才能形成的自然矿产资源。工业化进程以线性经济为主导的增长模式成为有史以来最为剧烈的反生态化进程。

20世纪中叶以后，许多发展中国家陆续地进入了全面工业化过程，这些国家对自然资源的转换能力、加工过程和使用过程的清洁化能力及对废弃钧的处理能力，都会受到线性技术范式约束而无法有效提高。其工业化过程基本上仍延续着发达国家走过的资源支撑的道路，甚至在人口压力下比发达国家工业化过程耗费更多的资源，并加剧对环境的破坏，发展到目前，自然资源已经无法继续维持人类社会更大范围和更大规模的工业化进程。

（二）现代产业系统的反生态态势导致了自然生态环境的严重退化

由于人们将主要注意力都放在经济增长和产业发展上，忽视了产业生态系统平衡的重要性，不管是在农业、工业还是在服务业方面，致使自然生态环境出现严重的失衡和倒退。

现代农业生产活动的反生态态势表现在为了提高单位耕地的产量，人们大量使用化肥，导致土壤板结；化肥中大量有效氮和有效磷等最终都流失于地表和地下水体中，引起严重的水体污染、重金属污染、土地荒漠化和备种持久性的有机污染；而长期大剂量地使用农药，对环境和生态更是造成了不可逆转的危害。随着现代农业生产活动的日益深化，生物多样性锐减、水土流失、酸雨蔓延、自然地貌特征和生态特征严重缺失的反生态现象也日益增多。

工业产业系统的反生态态势和农业生产活动相比有过之丽无不及。工业在生产过程中能够产生比农业更高的附加价值，因此，在线性的投入产出过程中，无论从投入规模还是效率，都呈现出指数增长模式，相应地，污染生成效率也以指数模式增长，使环境污染程度已经远远超过自然界的自净化力。工业化进程创造出辉煌的同时，也造成了全球范围内的环境污染和生态破坏。

到了 20 世纪 60 年代，发达国家开始步入“经济服务化”的后工业化阶段。诚然，与农业和工业相比，服务业对环境的破坏是较小的。但是，任何的服务经济都不可能脱离实体型经济而独立存在，而是建立在实体经济之上，或为实体经济服务的，特别是生产性服务业。如：通信业如果没有遍布全球的传输网络和其他通信设施是无法完成通信服务的，而通信网络所产生的各种辐射对生物体和环境所造成的危害也越来越被人类所认识。交通运输业的发展离不开道路和车辆，前者对水泥、石材、沥青等非金属矿物的需求量极大，后者对石油、钢铁、橡胶等资源的需求量更是大到其他产业无法比拟的程度。而且交通运输业本身的运营就会对环境造成污染。尽管由于技术的进步使每辆汽车废气排放减少，但由于汽车总量不断增加，尾气排放总量仍然呈现出日益加剧的趋势。此外，金融、保险、医疗、教育等这些看似不会产生实体生产过程的产业，其本质也是为实体经济服务的，它们为实体经济的规模扩张和效率提高提供资金保证、健康和知识储备，最终为实体经济规模扩张和效率提高提供资金、人力和智力保障。因此，即使目前已经进入服务经济时代的国家，对环境的破坏程度仍然维持在较高的水平上。占世界人口1/4 的发达国家排放了全世界 3/4 的污染物，这还没有将它们从发展中国家进口的会导致污染的产品计算在内。可见，即使到了服务型经济阶段，经济的增长也不能减少人们对自然资源的需求和对生态环境的破坏，而且随着实体经济总规模的增加，这些破坏还在呈现出不断增大的趋势①。

二、应急产业生态化的产生和发展

面对上述现代产业系统的反生态特征导致的产业系统与自然生态系统的矛盾及对环境造成的危害，如何系统、整体地协调产业系统与自然环境的相互关系，使人类社会发展的需求与自然生态系统的发展达到动态平衡，就成为人们思考的核心问题。在上述两大问题存在的背景下，使人们不得不对这种反生态的产业进行深刻反思，从而意识到生态恢复、环境净化和资源保护才是保证人类生存的基本条件，人类选择的生活方式不得超越自然环境的承受能力。这些观念使人类保护生态环境的态度逐渐取代了工业化初中期阶段的无限索取的思维模式，并成为人类社会和经济发展追求的目标，人工产业系统也由此开始了其从反生态特征向生态性特征回归，即促进产业的生态化。

应急产业的发展适应了社会应急管理的需要，但应急产业的发展同样要跟进产业生态化的发展的步伐。由于生态环境和自然资源的全球性特征越来越明显，因此，对产业生态化的关注也就从个别团体与国家发展到全球更多的国家，并逐渐形成世界性的社会经济发展理念。20 世纪 60 年代以来，全球保护环境、实现可持续发展的呼声日益高涨。工业化国家为了减少其发展给

① 张宏武，时临云.《技术创新与产业生态化研究》[M]. 北京：经济管理出版社，2009.

环境所带来的压力，试图通过各类过滤器对生产过程末端的污染进行处理。但是，现实使人们认识到，生产过程的末端处理方法不是一个真正的解决方案，应急产业的建设不能只有求发展与需要的单一目标，而应当具有科学的生态发展理念，将应急产业发展与环保有机地结合起来。

20 世纪 70 年代开始，丹麦的卡伦堡（Kalundborg）工业园区找到了一种革新性的称之为“工业共生”现象的废弃物管理利用途径，也是世界上最早的产业生态园的雏形。丹麦工业共生系统的成功，使世界范围内对于产业生态园（Eco-industrial Park，EIP）的理论研究和实践探索逐渐增多。美国、加拿大、日本、法国、德国和英国等国都相继开展了各具特色的产业生态园的规划与建设，从不同角度探索传统工业向循环经济发展模式的转变，积累了较为丰富的理论研究成果和实践经验①。20 世纪 90 年代以来，随着可持续发展战略在世界范围内的普遍实施，产业生态化发展在发达国家渐成潮流，从宏观层次的国家产业发展的战略选择、管理立法，中观层次区域产业园区的建设、布局，到微观层面企业的生产技术改造、管理实践，生态化的概念始终是贯穿其中的主线。这一发展趋势在农业、工业和第三产业中都有所体现，如生态农业、生态工业、生态旅游业等。世界范围内的生态革命，促成了生态与产业成为一种新型的互动关系。这种关系一方面表现为产业绿色化含量不断提高；另一方面形成了广泛的应急产业生态化现象。以生态产品的生产、使用、回收再利用为基本内容的新兴生态产业不断发展，使生态环境和产业领域产生了全方位的渗透与融合，应急产业生态化现象日渐明显。生态与产业的互动，最终形成生态产业一体化和复合化，传统的三次产业正在向生态化方向发展。生态化是人类构筑经济社会与自然界和谐发展、实现良性循环的新型产业模式，是产业发展的高级形态。

产业生态园的出现及其实践，为应急产业的发展提供了有益的借鉴，成为应急产业发展的主形态方向。通过建立应急产业产业生态园，实现应急产业发展的零污染或少污染，实现物质与能量利用的最优化、信息的高效传递

① 中国 21 世纪议程管理中心，环境无害化技术转移中心．工业园区固体废物可持续管理工具指南［M］．北京：化学工业出版社，2007．1-2，1-3．

与价值增值，从而提高生态效率，建立循环型社会。所以，发展应急产业产业生态园是当前世界各国发展应急经济、保护环境、实现经济产业结构调整和跨越式发展的必要措施。

第二节　应急产业生态化的概念

一、应急产业生态理论的基本思想

应急产业生态思想起源于自然生态系统的存在方式。自然生态系统是人类所认识到的唯一能够自我维持、自我设计、自我适应，具有可持续活力的生产系统。按照现代生物学的观点，生态系统就是生命系统和环境系统在特定空间的组合。在生态系统中，各种生物之间以及生物与非生物的环境因素之间相互作用，关系密切，而且不断地进行着物质交换和能量流动。自然生态系统作为一个有机整体是一个相当高效的循环系统，能够把废物减少到最低限度，几乎每一种有机体排出的废物都是另外一种有机体的营养物质或者能量来源。一种有机体产生的废弃物能够成为另一种有机体的食物，能量通过食物链中的每一个营养级进行传递。例如，太阳为地球上的绝大部分生命活动提供了基本的能量来源，植物利用阳光进行光合作用生产碳水化合物等营养成分，为不能够直接利用太阳能的动物提供食物来源。动物的排泄物和残骸能够被微生物进行分解，为植物的生长提供有用的物质。这种自然循环是平衡的，在循环中的每一种产品都作为循环中下一个阶段的投入物. 使得自然界的各种资源实现了优化配置，得到了充分利用。

目前，应急产业在我国发展迅速，但我们不希望应急产业的发展再走西方工业化国家曾经走过的、我们其他产业发展也曾走过的“先污染后治理”的老路。受到自然生态系统的启发，人们希望能够建立一个完美的应急产业生态系统，使得产生废弃物的各种产业活动相互联系、相互作用，从而减少资源的投入和废弃物的排放。所谓的应急产业生态系统实际上是依据生态学、经济学、技术科学以及系统科学的基本原理与方法来进行产业经济活动，并以节约资源、保护生态环境和提高物质综合利用为特征的一种现代应急产业发展模式。

应急产业生态理论的主要思想是把产业系统看作同自然系统相类似，各个产业和企业分别属于生产者、消费者以及再循环者等不同的类别，它们之间存在着一定的相互依赖关系，并且进行特定的物质、能量和信息流的交换。与自然生态系统一样，应急产业生态系统一个最重要的观点就是否定了废弃物这一概念，每个产业在生产过程中所产生的废物都可以成为其他产业的投入原材料和能量来源，而不会直接排放到环境当中去，从而实现物质与能量的循环流动，把对自然环境的影响降到最低程度。

二、应急产业生态化的概念

由于世界范围内理论界对于产业生态化的研究还处于萌芽阶段，产业生态化的概念和内涵也还在不断发展和完善之中。所以，对于应急产业生态化基本上还处于零研究阶段，本书对于应急产业生态化概念的基本表述，基本上都是来自于产业生态化研究的思想。

在了解产业生态化的概念之前，我们首先要了解产业生态理论与产业生态学的概念及发展。

产业生态理论与产业生态学研究始于“产业代谢”理论的启示。1980年，美国学者罗伯特·艾尔斯（Robert U. Ayres）在研究物质材料流动时，首次提出“产业代谢”（Industrial Metabolism）的概念。生物学意义上的代谢（Metabolism）是指一个有生命的有机体的内部过程，即生命有机体从外界吸收进能量丰富的低熵物质（食物），一方面用于维持自身的生存和功能维持，一方面用于生长发育，然后把高熵的物质（代谢废物）排出体外。因此，代谢过程意味着一个有机体或者说一个开放系统与外部环境之间的物质、能量流动关系。从代谢的角度出发，1988 年，艾尔斯首次提出“产业代谢”概念，对人类产业系统与自然环境系统之间的物质、能量流动关系进行了比较系统的研究。艾尔斯认为，经济系统并不是孤立的，而是一个嵌入生态大系统的开放子系统，它通过物质流与能量流与自然生态系统连接起来，以开采地球的高质量的物质（化石燃料、矿石）为开端，最后把这些物质以退化的形式返回到自然界中。产业是经济活动的主体，产业经济活动的物质与能量转换过程处于自然生态系统物质与能量的总交换过程中。艾尔斯定义产业代谢为：在一个基本稳定的状态下，使原料和能量通过劳动转化为最终产品和废物的一系列物质过程的统一。生命周期分析和物质流分析是产业代谢理论常用的两种分析方法，以自然环境作为最终考察对象，考察环境资源的开采、加工、生产、消费、废弃整个过程，通过分析产业活动涉及的物质与能量流动过程，建立产业系统的物质与能量核算表，评估物质与能量流动路径、产业代谢强度与规模对环境的影响①。

受艾尔斯产业代谢理论的启发，1989 年罗伯特·弗罗什（Robert A . Frosch）与尼古拉斯·盖洛普（Nicolas E. Gallopoulos）发表了《制造业的战略》一文，首次提出“产业生态系统”（the Industrial Ecosystem）的概念，强调产业系统与自然生态系统之间高度的依存性；认为促进人与自然环境协调发展的出路在于将传统的产业活动模式转变为产业生态系统，即加强对废弃物循环回收利用、资源节约和替代等活动的激励，建立一体化的生产方式②。时至今日，该文依然是产业生态学研究领域中最常被引用的文献之一，它的诞生是产业生态发展的一个重要里程碑。“产业生态系统”的概念看作是以产业生态学为代表的产业生态化理论的开端。之后美国乔治亚大学的尤金·奥德姆（Eugene P. Odum）又提出了生态系统演化理论（Ecosystem Evolution Theory）。布雷登·艾伦比与托马斯·格雷德尔（Braden R. Allenby and Thomas Grendel）（2005）提出了著名的产业生态系统三级进化理论，认为一级产业生态系统是线性的，特点是无限索取资源，无限排放废物；二级产业生态系统的特点是从环境索取有限的资源，向环境排放有限的废物；三级产业生态系统是封闭循环的，不存在废物的概念，资源与废物是相对的，处在不同的

① Robert U. Ayres. Industrial Metabolism: theory and Policy, In Allenby, Braden R, Deanna J. Richard, eds. The Greening of Industrial Ecosystems, Washington Academy Press, 1994.

② Robert A . Frosch, . Nicolas E. Gallopoulos, " Strategies for Manufacturing", Sciou} Arneriaan, 261 (3), 1989.

生产环节，一个生产环节产生的废物是另一个生产环节的投入资源，整个生态系统只需要吸取外部的太阳能，这是理想的状态①。

产业生态系统理论催生了产业生态学，作为 20 世纪 90 年代刚刚兴起的一门综合性、跨学科的应用科学，产业生态学的概念和内涵仍在发展和完善之中。学术界对产业生态学的认识迄今尚未统一，仅关于“产业生态学”的定义就多达 20 余种。

国际电力与电子工程研究所（IEEE，2000）指出：产业生态学是一门探讨产业系统与经济系统，以及它们同自然系统相互关系的跨学科研究，涉及诸多学科领域，包括能源供应与利用、新材料、新技术，基础科学，经济学、法律学、管理科学以及社会科学等，是一门研究可持续能力的科学。作为一门研究产业活动与自然生态环境相互关系的科学，产业生态研究依据自然生态有机循环机理，在自然系统承载能力内，对特定地域空间内产业系统、自然系统与社会系统之间进行耦合优化，达到充分利用资源，消除环境破坏，协调自然、社会与经济的持续发展②。

《产业生态学》杂志主编里弗斯特（Lifset）（1997）在该刊的发刊词中指出：“产业生态学是一门迅速发展的系统科学分支，它从局部、地区和全球三个层次上系统地研究产品、工艺、产业部门和经济部门中的能流和物流，其焦点是研究产业界在降低产品生命周期过程中的环境压力中的作用。产品生命周期包括原材料采掘与生产、产品制造、产品使用和废弃物管理。”

我国学者邓伟根等（2006）认为，“产业生态学强调物质的充分循环和利用，提高资源利用的效率，降低环境污染和生态破坏，符合科学发展观和建立节约型社会的根本宗旨；产业生态学利用自然生态系统原理，从系统观点提出产业结构和产业组织的调整，使人类生产系统与自然生态系统充分交融，是改变目前粗放型经济增长模式的根本手段，符合节约型社会提出的转变粗放型经济模式的目标。”

---

① Braden R. Allenby. 工业生态学：政策框架与实施［M］. 北京：清华大学出版社. 2005.

② Lewandowski, I. and A. P. C. Faaij. 2006. Steps towards the development of a certification system for sustainable bio-energy trade. Biomass and Bioenergy 30（2）: 83-104.

尽管目前产业生态学作为一门新兴科学发展还很不完善，甚至还没有一个完整的定义和系统的分析框架，但是，产业生态作为研究人类产业系统与自然环境的相互作用和协调发展，已经得到了广泛认可。

产业生态学研究的发展，催生了产业生态化概念的产生及其研究，产业生态化是对产业生态学等相关理论的实践应用。由于人们对产业生态化研究的侧重点和视角不同，不同的学者或组织机构从各自不同的专业背景和理解出发，对产业生态化的概念的表述也有不同。依据有关学者对产业生态化的理解，我们对应急产业生态化的概念试着做出解释。

根据厉无畏（2002）对产业生态化概念的表述，我们对应急产业生态化进行解读，它是指应急产业依据自然生态的有机循环原理建立发展模式，在不同的工业企业、不同类别的产业之间形成类似于自然生态链的关系，从而达到充分利用资源、减少废物产生、物质循环利用、消除环境破坏、提高经济发展规模和质量的目的。根据陈柳钦（2006）对产业生态化概念的表述，我们对应急产业生态化进行解读，应急产业生态化是依据产业自然生态有机循环机理，在自然系统承载能力内，对特定地域空间内产业系统、自然系统与社会系统之间进行耦合优化，达到充分利用资源，消除环境破坏，协调自然、社会与经济的持续发展。根据袁增伟等（2004）对产业生态化概念的表述，我们对应急产业生态化进行解读，应急产业生态化是依据生态经济学原理，运用生态、经济规律和系统工程的方法来经营和管理传统产业，以实现其社会、经济效益最大、资源高效利用，生态环境损害最小和废弃物多层次利用的目标。上述学者对应急产业生态化的定义强调了其目的，即资源的循环高效利用、减少对生态环境的破坏、提高发展的规模和质量。为了达到这个目的，有必要将应急产业建成类似于自然生态链有机循环的发展模式。

根据郭守前（2002）的解释，应急产业生态化创新，是指把应急产业系统视为生物圈的应急产业共生原理对应急产业生态系统内和各组分进行合理优化耦合，建立高效率、低消耗、无（低）污染、经济增长与生态环境相协调的应急产业生态体系的过程。生态化创新是一个包括生态系统本身的变革，创造新的人工生态和经济社会系统的生态化过程，即从社会生产、分配、流通、消费到再生产各个环节的生态化过程。应急产业生态化的本质是全程生态化，不仅强调生产过程即产中环节的生态化，而且同时强调产前、产后环节的生态化，使生态化过程向产前、产后延伸，从而达到“从摇篮到坟墓”的全过程的资源循环利用，实现全程生态化。这是从过程的角度来理解应急产业生态化，应急产业生态化本身有一个从低级到高级发展的循序渐进的过程。

根据黄志斌等（2000）的解释，应急产业生态化就是把作为物质生产过程主要内容的应急产业活动纳入生态系统的循环中，把应急产业活动对自然资源的消耗和对环境的影响置于生态系统物质能量的总交换过程中，实现应急产业活动与生态系统的良性循环和可持续发展。应急产业生态化是保证我国经济增长方式由粗放型向集约型转变，实现经济、生态、社会可持续发展的重要途径。其关键在于把应急产业活动纳入到地球生态系统的大循环中，以求经济效益与生态效益的统一。这一定义是从系统的角度出发，认为应急产业生态化的核心就在于将应急产业活动物质生产过程中的资源和能量的消耗纳入到生态系统的总交换中，实现应急产业生态系统的良性循环。

根据赵林飞（2003）的解释，我们对应急产业生态化的理解是，应急产业生态化是将应急产业仿照自然生态系统的循环模式构造应急产业生态系统，以达到资源的循环利用，减少废物的排放，促使应急产业和自然环境和谐发展的过程。它主要包含以下几层意思：①应急产业生态化的核心是应急产业系统的生态化，即如何模仿自然生态系统来构造应急产业的生态系统；②构造产业生态系统的目的是为了使资源在系统内得到循环利用，从而减少废物的产生，使产业特别工业的发展对环境的污染和破坏降低到尽可能低的限度；③如同工业化发展的道路一样，产业的生态化发展也具有一个从低级到高级的不断变化发展的过程，因为产业生态系统的构建本身有一个不断完善的过程。

上述观点分别从目的、过程、系统等不同的角度对应急产业生态化进行了陈述和分析，虽然侧重点各有不同，但可以看到，其核心都在于应急产业系统的生态化，即如何模仿自然生态系统来构建应急产业的生态系统，以实理应急产业发展和环境的相容。

三、应急产业生态化是产业生态学等相关学科理论的实践应用

近几年来，应急产业生态化发展在世界发达国家渐成潮流，贯穿于宏观层次国家产业发展战略的选择、管理立法，中观层次区域产业园区的建设、布局以及微观层面企业生产的技术改造和清洁生产实践。应急产业生态化是以可持续发展为目标的产业发展战略，源于产业生态理论与产业生态学，是对产业生态学等相关学科理论的实践应用。关于应急产业生态化可归纳为以下几种认识。

（一）应急产业生态化是一种新型的产业发展模式

首先，它是以产业生态学为理论指导的新型产业发展模式。其次，它模拟自然生态系统，建立起有机循环的产业发展模式，企业之间形成类似于自然生态链的关系，从而达到充分利用资源、减少废物产生、物质循环利用、消除环境破坏、提高经济发展规模和质量的目的。

（二）应急产业生态化是基于生态经济学原理，经营和管理传统产业

应急产业生态化是依据生态经济学原理，运用生态、经济规律和系统工程的方法来经营和管理传统产业，以实现社会、经济效益最大化、资源高效利用、生态环境损害最小化和废弃物多层次利用的目标。基本要求是综合运用生态经济规律，贯彻循环经济理念，从宏观上协调整个产业生态经济系统的结构和功能，促进系统物质流、信息流、能量流和价值流的合理运转，确保系统稳定、有序、协调发展；微观上，通过综合运用清洁生产、环境设计、绿色制造、绿色供应链管理等各种手段，提高企业的资源能源利用效率，降低企业物耗能耗水平和污染排放水平。

（三）应急产业生态化是将产业活动过程纳入自然生态大系统的运行过程

应急产业生态化是一个渐进过程，是产业的反生态性特征日趋削弱、生态性特征逐渐加强的过程。在这一过程中，人们为产业系统创造一个新的范式，将人造系统纳入自然生态系统的运行模式中，逐步由线性系统向循环系

统转变。产业系统不仅要形成自身的物质循环反馈机制，更要尽可能地纳入生态系统的物质循环系统，就是把作为物质生产过程主要内容的产业活动纳入生态系统的循环中，把产业活动对自然资源的消耗和对环境的影响置于生态系统物质能量的总交换过程中，实现产业活动与生态系统的良性循环和可持续发展。

（四）应急产业生态化过程是经济与环境相协调的产业生态体系的创新过程

应急产业生态化创新是在生态学、产业生态学等原理的指导下，按照物质循环、产业共生原理对产业生态系统内的各组分进行优化组合，建立高效率、低消耗、低污染甚至无污染、经济与环境相协调的产业生态体系的过程。应急产业生态化创新的核心是技术生态化创新，本质是全过程生态化，内容包括绿色制度创新、绿色企业文化营造等，其实现形式是建立应急产业生态园。应急产业生态园是实现产业经济可持续发展的具体途径，是实现整个社会可持续发展的最理想模式。

第三节　河南省应急产业生态化发展的要素条件

应急产业生态化能够得以迅猛发展，主要动力来自于以下四大核心要素。应急产业生态化的社会环境支持要素；应急产业生态化的制度环境支持要素；应急产业生态化的技术环境支持要素；应急产业生态化的实践环境支持要素。在四大要素的驱动下，应急产业生态化的市场可以说是前景广阔。

一、应急产业生态化的社会环境支持要素

要实现社会的可持续发展和应急产业生态化的推进，不仅需要理论界的研究和政府的支持，更需要整个社会的普遍参与。

（一）更新观念，树立新的环境伦理观

产业生态学理论认为，生态系统自身具有内在价值，这是一种与人类利用无关的介于经济价值与生态价值之间的过渡价值。也就是说，即使人类不

存在，生态系统依然具有内在价值，如生态系统中的物种多样性、涵养水源等生态系统结构与生态过程。

产业生态学倡导以一种发展观和全球观的新视角重新审视整个工业体系与生态系统，产业生态学的环境伦理观是一种超越时间和空间边界的生态伦理观与可持续生存的伦理观。

实施产业生态学的第一步就是要转变现有的人类环境伦理观中诸多不合理的成分，远离狭隘的人类中心论，改变人类传统的环境观，树立新的环境伦理观，即生态伦理观方向努力，并最终形成人类历史上一种崭新的产业生态学环境伦理观。

（二）重视理论普及，提高民众环保参与意识

有关专家应当有所担当，通过社会宣传、公民教育等各种方式，对应急产业生态化的理论知识在社会上予以普及，为应急产业生态化的发展营造良好的社会支持环境。

通过各种手段，加强对企业的宣传和教育，贯彻经济效益和环境效益不是相互对立的原则，从而使企业在提供产品和服务时自觉地运用产业生态原理，在实现经济效益的同时也能够达到保护环境的目的。

提高社会民众的环保参与意识，让他们了解产品不但在生产过程中会给环境带来影响，在使用和废弃过程中也会对环境产生破坏作用，通过宣传教育来改变大众的消费习惯，既能减少产品生产的环境影响，又能引导厂商生产和设计环境友好型的产品。

（三）建立产业生态学的经济发展新思维

产业生态学认为，经济增长与经济发展并不等同。所谓经济增长，指的是物质与能量在物理规模上的增加。从物理意义上讲，物质与能量本身并不存在生产和消费，因此，流量实际上是一个低熵原料转换为商品，并最终成为高熵废物的过程。将经济与环境联系在一起的就是这种资源和最终废物单项流动的熵流。流量以资源的耗竭为开端，以污染的排放和积累为末端，增长只是一种数量的增加。而经济发展是一个数量与质量融于一体的概念，是

经济增长、结构改善、素质提高等方面的综合统一。所有经济活动对其所在的生态系统再生产所需原料的投入和吸纳废弃物的要求，必然保持在生态可持续的水平上。因此，简单的物理性增长应让位于质量性的发展，数量性扩张的经济模式应让位于质量性改进的经济模式，这种从经济增长观到经济发展观的转变，是开创生态产业新局面的思想基础。

二、应急产业生态化的制度环境支持要素

新制度经济学的代表人物、著名经济学家道格拉斯·诺斯（Douglass C. North）认为，制度是一种社会博弈规则，是人们所创造的用以限制人们相互交往的行为的框架。美国著名经济学家、芝加哥大学教授西奥多·舒尔茨（Theodore W. Schultz）在其《制度与人的经济价值的不断提高》一文中，将制度定义为管束人们行为的一系列规则。总之，制度是人为地制定出来的、构成人与人之间相互作用关系的约束，它们由正式的约束如规则、法律、宪法、非正式约束如行为方式、习俗、自我施加的行为准则和它们的实施特征所组成，它们决定了社会和经济的激励结构。具体而言，应急产业生态化的制度支持，包括以下几个方面。

（一）加强应急产业生态化的法制建设

为了促进应急产业生态化的进程，我们必须尽快制定质能循环法、清洁生产法、清洁能源法、资源综合利用法等与生态化产业相关的法律与法规，与此同时，在已有的法律体系上不断做出补充与修改。如在制定《公司法》、《市场管理法》等重要经济法规时，应当充分体现可持续发展的应急产业生态化目标。另外，不断完善和适时修订已有的环境保护法与资源保护法，对现有的环境质量标准和污染物排放标准进行调整，将标准制度全面纳入法制化轨道。

（二）实施环境准入制度与强制淘汰制度

优化产业的空间布局，结合区域总体规划、生态环境功能区化的要求，合理的确定产业发展布局，促使优势企业向应急产业生态园聚集，增强产业园区优化生产要素配置的能力，引导优势企业的关联企业也向应急产业生态

园聚集，以促进污染物的集中治理和废物的综合利用。

实施强制性的能耗标准，取缔对环境破坏较大的落后工艺、落后技术、落后产品，用清洁生产技术改造能耗高、污染重的传统产业，支持发展节能、低耗、减污的高新技术产业积极开展ISO 14000环境管理体系认证。按照“减量化、再使用、再循环”的原则，在产品的设计、生产过程中推行生态化理念。如产品的生态化设计、减少过量包装、生产中物质循环回用或再利用等等。

（三）建立产业生态学的环境管理制度

产业生态学认为，环境治理强调资源的最优化管理，体现的是政府、市场、社会三位一体的局面。其中，市场是资源配置最有效的方法，但市场并不必然产生公正的结果，即收入消费的平等分享，此时就需要引入政府的干预和公众的参与。政府的工作是制定规划、提出决策、兼顾公平与效率，解决市场失灵的问题。在工作中，政府要灵活有效地运用各种经济手段，如排污收费、环境税收、财政补贴、排污权交易、产品押金、产品收费、使用者收费等方法，通过投资、信贷、减免税、收费、征税等经济刺激，鼓励支持废料回收利用，从观念和利益上改变政府与企业的对立关系。

（四）构建应急产业生态化发展的激励机制

企业承担其应当承担的责任是实施应急产业生态化的关键之一。一方面，政府应实行减税、补贴和信贷政策，从政策上鼓励和支持生态化企业的发展。另一方面，通过制定的政策和规范来规范企业的行为，做到“谁污染谁补偿，谁破坏谁恢复”，有奖有罚，形成良胜激励机制。例如，我国现在实行的排污收费制度、排污权交易制度、退耕还林补偿制度是征税与补贴等，就是支持政策的具体应用比如美国政府充分发挥绿色税收政策，鼓励新能源开发和节能技术的应用，每购买一辆新能源驱动的汽车可以减免联邦税2000美元，每回收处理一条废旧轮胎，国家也给予相应的补贴，并且企业还可以同时利用轮胎进行加工，制造成胶粉、添加剂等，获得新的收益，这一政策就起到了积极的激励作用。由此可见，应当加快制定财政、金融信贷等优惠政策来鼓励生态化企业的发展，使他们能获得比传统工艺更高的价格优势和效益。

当前河南在应急产业生态的制度支持中应该重点做好以下几方面的工作：一是要培养和招收应急产业生态规划方面的高级专门人才，这是政府能够顺利实施应急产业生态的制度创新的基础，同时要积极向各应急产业部门和应急产业内的企业部门宣传产业共生的思想观念，帮助它们培训应急产业共生规划的高级专门人才。二是要积极提供各种政策信息来引导应急产业系统向着应急产业共生生态系统演化。三是要引导产业系统内部的各企业按照应急产业生态学的原理来组织产品的设计、生产和销售工作，使得企业从过去的那种只重视收益的迅速增长而不顾企业的可持续发展的模式转换成为一种稳态的企业效益发展模式，这是应急产业系统能否从生态系统学习到自我惰性克服机制的关键所在。因为只有应急产业系统中的微观主体——企业按照应急产业生态学的原理规范了自身的各种行为以后。整个应急产业系统才会有像生态系统那样规范的系统行为，这样才根本上为应急产业系统学习生态系统的各种作用机制扫清最后的障碍。

三、应急产业生态化的技术环境支持要素

应急产业生态化的发展离不开技术的支撑，否则应急产业生态化所追求的提高生态效率目标难以从根本上实现。

（一）建设成熟的应急产业生态系统

从本质上来讲，构建应急产业生态系统是一种新的应急产业发展模式，是对传统产业的改造和提升，它通过不同生产体系或环节之间的系统耦合，使物质、能量得到高效的循环和利用，从而实现应急产业系统的高效产出和有害废弃物的零排放如图 7-1 所示。所以说，应急产业生态化改造在满足人们对产品和服务需求的同时，能够最大限度地减少生产和消费过程对物质资源的消耗，减轻生产和消费过程对生态环境的污染和破坏，实现发展经济社会与保护生态环境的双重目标，并最终形成了应急产业发展与生态环境保护

协调共存①。

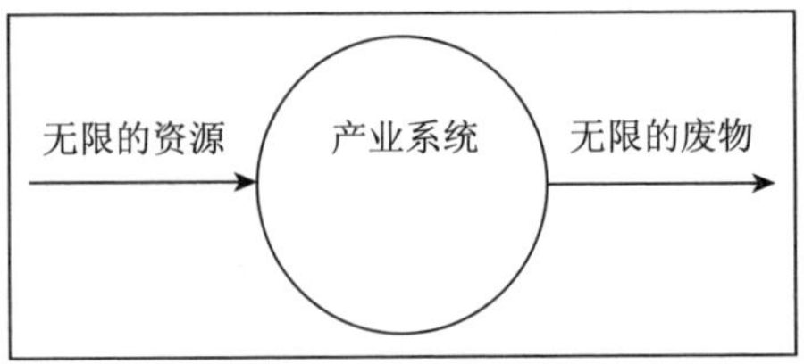

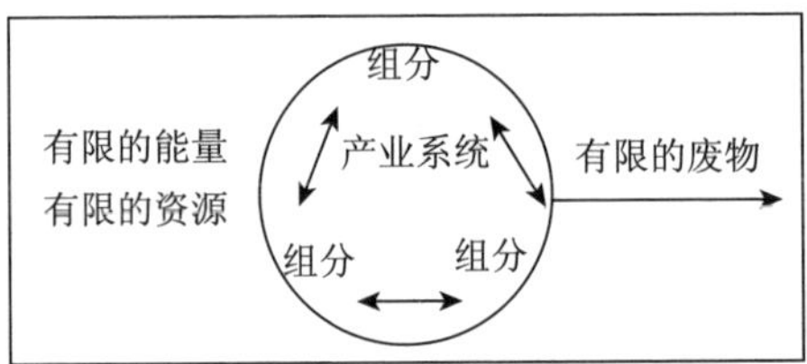

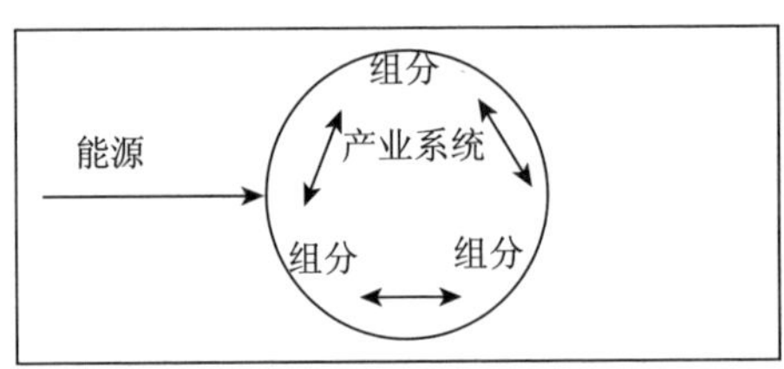

图 7-1　应急产业生态系统的发展

（二）实施清洁生产技术

清洁生产（Cleaner Production）是 21 世纪年代兴起的一种全新的、创造性的关于产品生产的方式，通过对生产过程和产品持续运用整体预防的环境战略以达到降低人类和环境的风险的目的。清洁生产的概念一经提出，便得到广泛的响应，其最大的生命力在于可取得经济和环境效益的“双赢”，甚至被认为是实现经济与环境协调发展的唯一途径”。

清洁生产自提出以来，在国际上就有不同的说法，比如“废物最小化”“源削减”“污染预防”“无废工艺”等。在我国的《清洁生产促进法》中，清洁生产是指不断采取改进设计、使用清洁的能源和原料、采用先进的工艺

① 陈龙辑．新能源战略新市场商机［J］．大陆桥视野．2006（6）：50-51

技术与设备、改善管理、综合利用等措施，从源头削减污染，提高资源利用效率，减少或者避免生产、服务和产品使用过程中污染物的产生和排放，以减轻或者消除对人类健康和环境的危害。

目前，学术界对清洁生产的基本共识，主要包括：①资源清洁：合理利用常规能源，尽量利用再生能源，积极开发新能源，开发新技术和管理方法以节约资源能源，少用甚至不用有毒有害原材料。生产清洁高新设备的采用，操作规程的改进，生产管理的改善，高风险因素的减少，有毒有害中间产品的减少，废弃物的回收和利用。②产品清洁：回收容易，不必要功能减少，使用寿命延长，整个产品生命周期对环境和人体健康不利影响的减少。[①]

目前，美国、澳大利亚、荷兰、丹麦等发达国家在清洁生产立法、组织机构建设、科学研究、信息交换、示范项目和推广等领域已取得明显成就。我国政府也积极响应国际倡导的清洁生产战略，《清洁生产促进法》已经于2003年1月1日正式实施，通过立法的形式确立清洁生产作为我国的国策之一，可见我国政府对清洁生产的重视程度。但在实际中，《清洁生产促进法》的执行状况并不令人乐观，近十年来，愈发严重的空气等各种环境污染问题使我们更加认识到清洁生产的重要性与紧迫性。

技术进步与产业发展形影不离，它既是产业发展的重要方面，又是产业发展的重要推力，技术进步与清洁生产的关系亦是如此。技术进步是指由于劳动手段、工艺流程的改进，新技术、新设备、新工艺、新材料、新能源的创造，科学决策方法的完善，经济管理技术的提高等导致的生产能力的提高。工业革命以来，世界产业技术历经五次主导技术系统的浪潮，技术演变具有明显的规律性，特别是一些核心技术往往结合在一起组成技术族。表7-1[②]表明工业革命以来的一些代表性技术族的特征。可以看出，不同技术族的不同特征不仅体现在其所包含的核心技术和技术特点上，还体现在其环境影响上。

① 戴锦．产业生态化理论与政策研究［D］．东北财经大学博士学位论文，2004.

② ［美］威廉·阿瑟·刘易斯著．施炜等译．二元经济论［M］．北京：北京经济学院出版社，1989.

表 7-1　工业革命中不同技术族的特征

技术族	主要技术	技术应用的地理中心	年代	技术特点	环境影响特点
纺织	棉纺、煤炭和铁的生产	英国中部	1750—1820 年	物质基础设施（原材料）	严重但只是局部影响（例如英国的森林）
蒸汽	蒸汽机（用于机械和火车）	欧洲	1800—1870 年	物质基础设施的动力（能源）	影响范围扩大，当地的大气污染
重型工程	铝材和铁路	欧洲、美国、日本	1850—1940 年	物质基础设施（先进的能源和原材料行业）	影响严重，影响范围扩大（使用和处置的影响遍布整个发达地区）
大规模生产与消费	内燃机、汽车	欧洲、美国、日本	1920 年至今	基础设施的应用、大规模生产	对全球环境造成严重影响（规模问题）
信息	电子技术、服务业和生物技术	美国、环太平洋地区	1990 年至今	信息开发（非物质基础设施）	减少生产单位财富的环境影响

企业实施清洁生产是一个系统工程，要从技术进步和管理体制等核心方面着手。技术进步是清洁生产得以实施的重要手段，清洁生产也为技术进步指明方向。清洁生产不仅要求提高资源能源的利用效率，还要求降低废弃物和污染物的排放量，因而要求必须对生产工艺流程中的关键环节或关键设备进行技术改造或创新。如此，企业通过技术改造和创新达到“节能、降耗、减污、增效”的效果，从而实现经济效益和生态效益的“双赢”。因此，当前企业的技术创新活动要与清洁生产紧密联系起来，甚至以清洁生产为技术创新的导向，主要包括清洁资源能源的开发、清洁生产工艺的创新、污染治理技术的创新以及废物资源化技术创新等方面。这些技术的开发与应用，不仅能带来良好的经济效益，而且在资源能源使用、生产全过程、产品消费与使用、废弃物处置等各个环节都对人体健康、生态环境和社会发展产生最小的

影响甚或不产生影响，促进经济社会的和谐发展。

（三）环境无害化技术

应急产业生态化的技术载体是面向环境的技术，或称环境无害化技术和环境友好技术。这种技术进步对应急产业生态化的促进作用主要表现在：可以极大地提高资源生产率，提高单位资源消耗的经济产出，使资源消耗从高增长向低增长、再向零增长转变；也可以显著地减少废弃物排放，从设计的源头就考虑材料的再利用，使污染排放量从正增长向零增长、再向负增长转变，从而缓解经济快速发展和人们生活水平提高对生态环境和自然资源的巨大压力，实现经济与产业的可持续发展。

环境无害化技术主要包括预防污染的少废或无废的工艺技术和产品技术，也包括治理污染的末端技术。

（1）污染治理技术。是用来消除污染物质的技术，通过建设废弃物净化装置来实现有毒有害废弃物的净化处理。其特点是不改变生产系统或工艺程序，只是在生产过程的末端通过净化废弃物实现污染控制。目前，专业进行废弃物净化处置的我国环境产业正作为一个新兴的产业部门得以迅速发展。污染治理技术主要用于工农业生产的种类控制和净化废弃物的装置和设备，包括汽车尾气控制和烟气脱硫等大气污染防治技术、水污染防治技术、填埋和焚烧等固体废物处理技术、噪声污染防治技术等。

（2）废物利用技术。是用来进行废弃物再利用的技术，通过这些技术实现产业废弃物和生活废弃物的资源化处理。目前，比较重要的废物利用技术有废纸加工再生技术、废玻璃加工再生技术、废塑料转化为汽油和柴油技术、有机垃圾制成复合肥料技术、废电池等有害废物回收利用技术等。

四、应急产业生态化的实践环境支持要素——应急产业生态园

对于已经或正在实现向后工业化转变阶段的国家来说，其产业生态化的目标和措施已经相当明确：一方面是大力推行清洁生产技术和管理，另一方面是通过技术进步、组织创新、产业升级和转型等措施，降低经济发展对资源和环境的压力，力求在资源消耗和废物排放强度不变甚至绝对降低的情况

下，实现经济的稳定增长。如发达国家纷纷提出了经济发展的减物质化目标，即所谓的资源利用效率的“4倍”“10倍”“50倍”增长理论。由于发展阶段的不同，我省的应急产业生态化路径要充分吸收相关的理论与实践经验，走出一条符合河南省情的应急产业生态化道路。

（一）应急产业生态化是推进河南应急产业发展的重要路径选择

应急产业生态化的进程是一个系统工程，需要在不同的层面上将生产和消费纳入到一个有机的可持续发展框架中，这主要体现在以下三个方面。

一是在微观层次上实施清洁生产，使资源在企业内部实现循环利用，提高资源利用率；二是在中观层次上建立应急产业生态园，使资源在应急产业园区内的产业系统中达到循环利用，尽可能减少废物排放对环境的污染；三是在宏观层次上形成循环经济，使物质的生产和消费在全社会范围内形成理想的应急产业生态系统，实现真正意义上的物质减量化、废物零排放的目标。基于我省应急产业生态化水平不高的现状，我们认为在全省范围内推广应急产业生态园的建设与实践，是当前我省推进应急产业生态化进程的必然选择，是我省应急产业生态化可操作性最高的战略措施。

传统工业园区是许多国家发展战略的一个重要组成部分，对经济的发展起到了不可替代的作用。然而，由于传统的工业园区的建设只是一味追求经济效益，没有考虑到生态效益，因此，传统工业园区在促进工业快速发展的同时，也给环境带来了严重的破坏。产业生态理论为工业园区的改造指明了方向：一方面，它使工业园区以自然生态系统为模板，从源头人手，促使企业内部提高能源使用效率、节约资源使用，开展清洁生产；另一方面，它使企业之间通过多方面结合，构成生态应急产业链，从而实现园区整体最优和废物最小化，使工业园区向着生态工业园迈进。生态工业园是继经济技术开发区、高新技术开发区之后工业园区发展的第二个阶段。

我们认为要把河南现有的各种应急产业进行生态化改造，是推进河南应急产业发展的重要路径选择，主要原因如下。

第一，应急产业生态化要求在微观层次上实施的清洁生产在应急产业生态园内能够得到很好的实施。清洁生产是一个相对的概念，每到一个更高的层次，不仅要提高原材料的转化系数（提高成品率和降低损失率），还要求降低污染物的排放量及其浓度和毒性。要想在这些方面持续获得改善，就必须对工艺流程中的某些关键环节或某些关键设备进行技术改造，否则清洁生产就不能得到真正的实施。而应急产业生态园内的企业存在横向共生关系，很容易通过技术互补，资源相互转化利用等手段达到“节能、降耗、减排、增效”的目的，从而实现经济效益和生态效益的“双赢”。

第二，产业生态化要求在宏观层次上达到的循环经济目标，能够通过应急产业生态园的功能来实现。循环经济本质上是一种生态经济，要求人类在进行生产和消费等经济活动时要置身于这一大系统内，将自己作为这个大系统的组成部分，并运用生态学的规律来考虑生态环境的承载能力。应急产业生态园是实现微观和宏观目标的桥梁，首先，在园区范围内实现资源、能源的循环利用，即将园区内各企业通过产业共生与横向耦合建立起园区内的产业生态系统；其次，在全国范围内实现全部应急产业向生态化方向的转变，即将全国众多的应急产业生态园再通过模仿自然生态系统建立起全国应急产业生态网络。

（二）应急产业生态园绿色设计的三个层面

应急产业生态园是产业生态学在区域范围内的运用和实践，它通过以下几个方面实现模仿自然生态系统的目标。

1. 产品层面的绿色设计

绿色设计是指在产品从设计到废弃的整个生命周期内，能够达到资源消耗和环境保护双重优化的目标，故也称为环境友好型产品设计。绿色产品的生命周期涉及原料获取、生产装配、包装销售、使用维护直至回收处理五个除段，因而，为保证绿色产品的制造和使用环节具有循环经济特征，对绿色产品进行综合评价时也需要涉及多项评价特征，即“四高四低”特征——高科技、高效益、高规模、高循环及低成本、低消耗、低摊放、低污染。

2. 企业层面的绿色制造

企业具体执行产品层面的“四高四低”特征，是指在企业内部建立起不同产品生产流程之间循环的生产模式。目前，企业层面先进的循环经济实践就是清洁生产和绿色制造，即绿色产品设计、绿色包装设计、绿色工艺规划、绿色车间布局、绿色原料选择、绿色能源使用、绿色产品回收再利用等，它们充分体现了循环经济技术的可行性。

3. 园区层面的集成管理

应急产业生态园层面的物质和能量循环是模仿自然生态系统的循环模式，在一定区域内建立以“四高四低”为特征的企业群落。由于运输半径的约束，企业间副产品的交易行为更多是在邻近区域进行的，形成了实体型应急产业生态园层面的循环，但也存在着相距很远的企业间进行跨园区的废旧物资交换，形成了虚拟型园区层面的循环。应急产业生态园层面通过集成化的系统管理建立循环模式。应急产业生态园集成系统共有六个子系统①（如图 7-2 所示）。

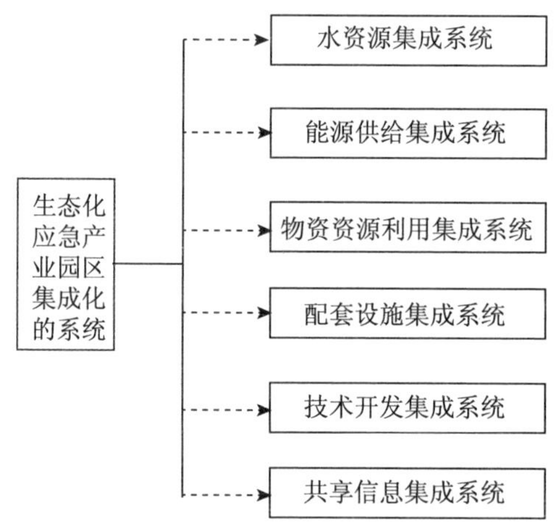

图 7-2 应急产业生态园集成系统

1. 水资源集成系统

根据不同工艺流程对水质需求的情况，构建水质逐级利用系统，将应急产业生态园的排水系统按照“雨污分流”的设计进行系统规划，对排放的废水采用蒸汽冷凝方法回用、间接冷却水循环利用、封闭水循环等技术进行净

① 张宏武，时临云.《技术创新与产业生态化研究》[M]. 北京：经济管理出版社，2009 年 12 月。

化达到循环使用的要求，在园区内梯级使用。

2. 能源供给集成系统

根据不同工艺对能源的不同需求状况，规划和设计能源梯级利用流程，针对应急产业生态园所处自然区位的特性，尽可能选用太阳能、水能、风能和生物能清洁能源，采用热电联产的方式集中供能以提高供热效率。

3. 物资利用集成系统

按照循环经济的理念，确定结点企业上下游物流输入与输出（即需求与供给）之间的关系，根据结点企业物流输入与输出的关系来规划物质流动的方向、数量和质量，并运用过程集成技术对物流流程集成组合，从而构建产业生态系统。

4. 配套设施集成系统

除园区必备的基础设施和专业化配套设施外，污水集中处理设施、废弃物集中回收和再生利用设施、能源和水资源集中供给以及应急处理设施等，都是实现应急产业生态园“四高四低”目标的重要设施。

5. 技术开发集成系统

建立研发中心和高新技术孵化中心，对基础技术、公共技术和共有技术进行联合开发，从而实现对企业的工艺流程进行生态化改进。园区也可以通过实施引进具有先进循环经济技术的企业加盟等绿色招商措施，实现高端研发资源的系统集成、共享。

6. 共享信息集成系统

通过网络平台建立高效的信息传输网络，从而实现产业生态链上所有循环经济信息的信息共享。

（三）应急产业生态园发展的注意事项

目前，我国应急产业生态园建设尚未完全形成一定的固定模式，但通过考察我国其他产业生态园的建设，我们认为，应急产业生态园的建设，应当注意以下三个方面的问题。

1. 重视园区的生态建设

根据目前国内生态工业建设示范园区的规划和建设，我们发现，以产业生态学为理论基础建立起来的产业生态园都表现出了显著的生态特性。这正是产业生态化发展的一个基本要求，应急产业生态园就是要全面贯彻产业生态学的内涵，将其真正建设成为一个自然、经济和社会相协调的复合生态系统。园区内不同企业间存在着物质和能量的关联和互动关系，这种关联和互动构成了企业间的产业生态链或生态网络，从而形成了生态产业体系。

2. 坚持废物减排、零排放的目标

在产业生态链或工业生态网络中，物质与能量逐级传递，实现了闭路循环，不向或很少向体系外排出废物。减少甚至零排放是产业生态化的一项基本要求，也是实施可持续发展战略的基本手段之一。废物减排不仅能解决产业园区自身的工业污染问题，还可以通过产业园区的建设解决区域工业污染以及整个区域的环境问题，这才是我国产业生态园建设的一个重要目标。例如，鲁北生态工业系统成功开发出的用于磷石膏分解的链接技术，使磷肥厂、水泥厂、高硫煤矿、硫酸厂联合形成生态产业网，有效地解决了磷石膏污染问题。

3. 强化园区内企业的有机结合

与一般工业园区不同，应急产业生态园内的产业集群不是简单地拼凑、机械地叠加而成，而是按市场规律，依据生态学原理，在技术可行的前提下，有机地结合成一个有生命意义的企业组合体系。企业数量、规模、类型都要互相匹配，但各企业的产品又要有自己相应的市场需求。应急产业生态园内的企业通过园区产业生态系统内的物质闭路循环、物质减量化和能源脱碳等方法实现了生态重组，并且通过废物的交换、信息的交流、管理的配合实现了园区内各产业间经济、社会与自然环境之间的良性互动、和谐发展。

第四节　河南产业生态园的建设与发展

目前，河南省并没有专门建设的应急产业生态园，应急设备企业的发展大都是融合在其他产业生态园内，下面我们就以河南产业生态园的建设与发展，对此问题进行阐述。

近年来，河南省各市纷纷提出“工业强市”的目标，但在经济增长方式上却存在着“高投入、高消耗、高排放、难协调、难循环、低效率”等问题，与全面、协调、可持续性的科学发展观的要求还有很大的差距。产业生态园是生态效应和经济效应并重的工业空间组织形式，是实现经济发展和环境保护双赢的最佳模式，是循环经济的有效载体。2005 年上半年，河南省确定了鹤壁等 4 个市、平煤集团等 13 家企业为第一批循环经济试点单位，2007 年 3 月正式启动了第二批循环经济试点工作，目前已有 38 家单位入围，而且范围还在进一步扩大。河南产业生态园的建设在全国范围来说并不落后，但也并不领先。未来，河南产业生态园建设应在产业生态学和循环经济的理论指导下，进一步追求产业生态化和环境生态化。新型产业生态园建设应能引导人类活动所引发的人与自然的物质代谢及产出能均衡、顺畅、持续地融合自然生态系统自身的物质代谢之中，而绝非表面化的铺装和美化。

一、河南产业生态园的建设

（一）河南产业生态园建设的启动——郑州市上街区国家生态产业示范园开工

2005 年 3 月 10 日，由国家环保总局主持的河南省“郑州市上街区国家生态产业示范园”建设规划论证在北京通过评审，这是河南省通过的第一个国家级生态工业示范园建设规划。随着上街区国家生态产业示范园的正式创建，河南生态产业示范园的建设工作也随之启动。

由中国环境科学研究院编制的上街区国家生态产业示范园建设规划包括整个上街区行政辖区，规划总面积 64.7 平方公里。规划坚持“生态立区、科教兴区、工业强区”的理念，围绕以氧化铝生产为核心，铝产品深加工、涉铝工业、阀门工业等为主线，形成结构优化、布局合理、配套完整的产业生态园，初步形成一批实力雄厚、优势突出的产业群和产品群，建成中原地区生态工业和循环经济示范城区。规划期限为 2005—2020 年。

2005 年 4 月 21 日，国家环境保护总局给河南省环境保护局复函同意郑州市上街区创建国家生态产业示范园。国家环境保护总局指出，示范园区建设应以循环经济和生态工业理论为指导，突出可持续发展理念，在保持经济高速增长的同时，使资源、环境得到有效保护。示范园区应突出铝工业生产和研发基地的特色，加快推广使用粉煤灰与赤泥综合利用技术，完善产业链，推动清洁能源和能源的梯级利用，促进水资源的循环利用，发挥示范带动作用。并且，河南省环境保护局应加强对示范园区建设的指导与协调，配合郑州市上街区人民政府加强对园区的环境管理，制定促进生态工业发展的相关政策，完善保障体制和运行机制，采取切实可行措施，支持示范园区建设。

2004 年 5 月 26 日，郑州国家生态工业（铝业）示范园区规划启动会议在上街召开，标志着我省第一个国家生态产业示范园正式开建。上街区有关领导在昨天的启动会议上表示，用 6~8 年的时间，在全区建立起可持续发展的生态经济体系。

拥有河南首家国家生态工业示范园的郑州市上街区，是全国重要的铝工业生产基地，拥有以氧化铝、电解铝、碳素、水泥、铝型材为主体的铝业经济体系，铝科研优势在国内处于领先水平。而投资 28 亿元的 70 万吨氧化铝扩建项目正在筹建中，10 万吨多品种氧化铝和 1 万吨彩色铝型材项目已经投产，还有一些铝加工项目正在筹备。这些项目作为铝工业产业链的一个个环节，将通过循环方式有效地连接起来。国内的生态产业示范园均是建立在一些大型生产企业的基础上，目前，除上街区以外，河南的天冠集团、莲花集团、商电铝业集团等都有条件建设生态产业示范园。以首家园区的启动为契机，河南省环保局将联合河南省发改委加强发展产业生态园的规划部署，并将对一些环保企业及产品，给予更大的政策支持。

（二）河南其他产业生态园的建设

1. 河南禹州产业生态园

近几年，河南省禹州市就推出了产业生态园这样的招商项目，比如，扒村煤电化工产业生态园（2008）、千亩药业生态园（2011）。其中，扒村煤电化工产业生态园以扒村一矿（120 万吨/年）、扒村二矿（150 万吨/年）和蔡寺矿（120 万吨/年）三对矿井年产 390 万吨原煤为原料，以矿排水为主供水源，纸房水库为补充水源，后屯水库为备用水源，采用先进的煤炭整体气化多联产工艺，建设年产 100 万吨二甲醚的煤化工项目。后期视市场情况，再进一步深加工烯烃等紧俏化工产品；以煤化工的循环水为主供水源，利用煤矸石和煤化工项目的余热、余压、余气，建设装机规模 2×40 万千瓦热电冷联供电站项目。以煤化工项目和电站项目排放的粉煤灰为原料，建设年产 300 万吨的水泥粉磨站。配套建设矿区铁路 10 公里。项目估算总投资 139 亿元，其中，煤炭项目 30 亿元，煤化工项目 70 亿元，电站项目 35 亿元，建材项目 2 亿元，铁路项目 2 亿元。项目建成后年实现销售收入 65 亿元，利税 34. 6 亿元。而千亩药业生态园位于鸿畅镇东南辖区，交通便利、水源充足、灌溉条件好、土地平整、土壤肥沃。镇政府与禹州市药管局达成协议，拟在该镇辖区种植大白菊、血参、板蓝根等药材市场畅销中药材基地 1300 亩，改善该镇辖区内以粮食作物为主的传统种植模式。该项目计划投资 1. 2 亿元，拟建一个高效农业示范园项目，管理模式采用集中管理、集中采购、集中销售的规模理念，经营方式上采用谁投资谁受益的经营理念。当地政府为投资商开辟绿色通道，帮助解决一切干扰因素。项目建成后，承包商、和当地群众双方受益。

2. 河南西峡产业生态园

为了发展工业经济，河南省西峡县县委、县政府大力实施“发展园区、以园招商、区块突破、整体推进”的战略，从 2002 年 4 月开始，西峡县充分利用县城东侧荒岗丘陵地带南接宁西铁路西峡火车站，北临沪陕高速西峡出入口及 311、312 两条国道贯穿其中的区位交通优势和闲置土地资源优势，规划建设西峡县产业生态园。园区总控制面积 25 平方公里，企业可用地 15000 亩，设计主干道 6 条，宽 30~80 米；次干道 17 条，宽 20~30 米，现已完成公共基础设施投资 2. 8 亿元，开通道路总长达 25 千米；迁建电力线路 30 千米，广播电视线路 20 千米，迁架通讯线路 30 千米；铺设自来水管道 15 千米。西峡民营产业生态园建设始终突出生态和科技两大理念，严把项目准入关，大力发展环保型、科技型企业。为此，县委、县政府制定了一系列优惠政策，在企业用地、行政规费收取和税收上给予最大限度地优惠。同时，专门设立了园区服务中心、办证大厅、园区治安中队等机构，为入园企业提供快捷、高效、优质的服务。目前，园区已建成面积 13 平方公里，入驻企业 90 个，占地 3200 亩，项目总投资 12.5 亿元，全部达产后年产值达 40 亿元，税利 4 亿元。截止到目前，投产企业达 69 个，2007 年实现产值 19.3 亿元，形成了汽车配件加工、冶金保护材料、中药现代化生产和优质农产品加工四大产业群体基地，受到了国家、省市领导的充分肯定。其他省市县前来参观学习每年达 100 多批次。经过六年的发展，西峡民营生态科技工业园区建设虽然取得了巨大成绩，成为豫、鄂、陕毗邻地区工业园区建设的成功典范，2005 年 3 月，被河南省科技厅命名为“省级民营科技企业园区”。但目前仅完成规划开发面积的 60%，建设任务还相当繁重。预计再经过 3~4 年的努力，园区将全面建成。入园企业将达 200 个以上，年产值 100 亿元以上，税利 10 亿元以上。

3. 河南桐柏产业生态园

地处淮河源头的河南省桐柏县拥有高品位优质天然碱储量 1.2 亿吨，位居亚洲第一、世界第二，素有“全国特大资源宝库县”之称。天然碱是重要的工业原料，但受资金、技术等条件制约，过去桐柏县碱矿开采年年亏损，资源浪费、环境污染严重。近年来，桐柏县委、县政府认识到，桐柏县必须把环境保护放在第一位，走可持续发展之路，探索资源节约型工业发展新模式。如今，桐柏县矿产资源开发综合回收率超过了国家规定标准，桐柏天然碱在全国占有 90%以上的市场份额，产品畅销各省、区、市，并出口到日本、美国等国家和地区，成为亚洲最大的纯碱生产基地之一，桐柏安棚化工城被确定为国家生态产业示范园。“生态环境是桐柏的品牌，是桐柏的资本，是桐柏经济发展的命根子。”这是桐柏县委书记刘新年挂在嘴边的一句话。秉承“生态优先，环保先行”的理念，桐柏县精心实施“生态招商”，不论上什么项目、搞什么建设，始终坚持生态保护与经济发展的和谐统一。他们为招商项目设立了一道道门槛：科技含量低、带动能力差、会造成污染的项目，一律拒之门外。为使宝贵的天然碱资源得到科学开发、综合利用，桐柏碱矿选择了全国 500 强企业之一的内蒙古伊化集团作为合作伙伴，先后投入 4 亿余元资金进行技术改造，吸纳国内外先进技术，首创天然碱钻井压裂水溶法，从地层采矿，淘汰了原工艺中有污染的苛化工序，不但没有苛化泥外排，而且在生产过程中产生的固体废物成了企业的副产品，废水闭路循环利用实现了零排放，彻底消除了对淮河源头的污染，还缩短了工艺流程，降低了能耗，生产每吨纯碱产品降低运行成本费用 500 元。同时，桐柏县对天然碱下游产品进行加工，拉长产业链条。他们引进美国先进制碱技术和德国德赛力离心机等先进设备，建立起循环经济模式，即利用回收蒸发产出的二氧化碳与蒸发母液碳化后生产小苏打，用小苏打产出的高盐母液掺兑少量清卤直接蒸发生产低度纯碱，利用废液建成年产 3.5 万吨粗碱生产加工项目，发展 1291 亩高效农业螺旋藻养殖项目；利用废渣灰等建成年产 40 万吨航天水泥粉磨项目，利用废渣苛化泥等建成苛化泥脱水治理及综合利用项目等，以上项目年实现产值 2.8 亿元，利税 2600 万元。

4. 河南南阳产业生态园

南阳产业生态园是河南省南阳市委、市政府为了打造工业项目承载平台，加快工业化、城市化进程，于 2003 年 3 月提出设立的，并把它定位为南阳对外开放的窗口、招商引资的平台、农副产品深加工基地、新型工业化示范培育基地和以工业为主的生态型、多功能、现代化的新城区。南阳市委、市政府将南阳产业生态园的发展目标分为近期、中期和远期。其中，近期（2006—2008 年），为园区的启动期。规划面积 15 平方公里，建成农副产品系列加工等相关产业组团，工业园区建设初具规模。2008 年，园区预期产能达到 100 亿元，完成总产值 60 亿元，税利 5 亿元。中期（2009—2013 年）为园区的大规模开发建设期。规划面积 16 平方公里，建成一批大项目，做强、做大工业园区，凸现园区对全市经济的带动作用。计划到 2013 年，园区预期产能达到 150 亿元，完成总产值 100 亿元，税利 10 亿元。远期（2014—2020 年）为园区全面建设开发期。将园区打造成为与中心城区相映生辉的现代化新城区，南阳市经济隆起带的一个重要支撑点。计划到 2020 年，园区预期产能达到 200 亿元，完成总产值 150 亿元，税利 15 亿元。

南阳产业生态园位于南阳市中心城区南部，东至南邓高速，南至宁西铁路，西至白河，北至25号路，控制面积52平方公里。该区域处在城区的下风下水，区域内村庄密度不大，预留地充分，地势平坦，交通便捷，物流畅通，水源富集，集中供电、供热、供气、供水、排水条件良好，无不良地质现象。园区成立以来，以科学发展观为指导，狠抓招商引资，强化重点项目建设，努力改造投资环境，保持了园区经济的快速健康发展。一是招商引资成效明显。共引进各类项目49个，总投资110.4亿元，其中，固定资产投资超亿元的项目22个。2008年有14个项目列入市级工业“发动机计划”。二是项目建设稳步推进。紧紧围绕以乐凯集团第二胶片厂华光工业园和河南迅天宇公司多晶硅太阳能光伏能源项目为主的光电光伏组团，以南棉100万纱锭为主的棉纺产业组团，以天冠30万吨燃料乙醇、30万吨玉米综合深加工为主的生物能源、生物化工产业组团，以防爆集团防爆机电、天羽有色金属压延公司PS版基为主的机电加工产业组团和以娃哈哈为主的食品饮料产业组团“五大产业组团”，狠抓项目建设。截止到目前，已建成各类项目16个，在建项目15个，待建项目18个。投资近4亿元的娃哈哈食品饮料项目，投资3.5亿元的天羽有色金属压延公司的PS版基生产项目，投资1.7亿元的防爆机电风机项目，投资2.1亿元的世纪精纺10万锭精梳高档棉纱项目，投资2.1亿元的海泳制衣10万锭棉纺项目，投资2.8亿元的二胶CTP版材项目，投资1.5亿元的氯碱化工项目，投资1.08亿元的物流园项目，投资7.6亿元的天冠30万吨玉米综合深加工项目，投资4亿元的天冠二氧化碳全降解塑料项目等一批投资额度大、科技含量高的项目，相继落户园区。三是基础设施建设逐步完善。投资近1.5亿元，修建了伏牛路、纬三路，铺设了供排水管道、强弱电线路，建成了陈庄、溧河2座110千伏变电站，基本上满足了园区建设需要。四是园区推介取得重大突破。不仅建立了专门网站，而且在市委、市政府的关心支持下，经过市发改委的艰辛努力，以工业园区为核心申报的南阳新能源国家级高技术产业基地已获国家发改委授牌、南阳省级生物高技术产业基地已获省发改委授牌，必将为园区的发展带来新的机遇。

二、河南产业生态园的发展——郑州经济技术开发区国家生态产业示范园的建设

郑州经济技术开发区（以下简称郑州经开区，图 7-3）是河南省唯一的国家级经济技术开发区，2010 年 5 月 22 日，郑州经开区国家生态产业示范园（图 7-4）建设规划论证会在京召开。来自中国工程院、中国环科院等单位的专家一致通过了规划评审。该规划围绕建设国家生态工业示范园目标，计划将经开区建成基于园区生态系统承载能力、充分发挥区域资源和市场优势、全方位对外开放的复合产业型、低碳循环型、高端服务型和区域开放型的现代应急产业生态园。整个规划以汽车制造、机械制造、食品加工和信息产业为重点，明确了建设国家生态产业示范园的总体和阶段目标、指标体系及总体框架，提出了主要行业生态工业发展方案、园区主要资源综合利用和污染物控制方案，以及支撑园区建设的重点项目和保障体系。听取了中国科学院生态环境研究中心相关汇报，审查了有关资料，经过认真讨论，专家组一致同意该建设规划通过评审。专家组认为，经开区建设产业生态园，对我国中部地区开发区加快转变经济发展方式、提高资源和能源利用效率、促进区域可持续发展和生态文明建设具有重要示范意义。2010 年 11 月 4 日，国家环境保护总局给河南省环境保护局复函同意郑州经开区创建国家生态产业示范园。

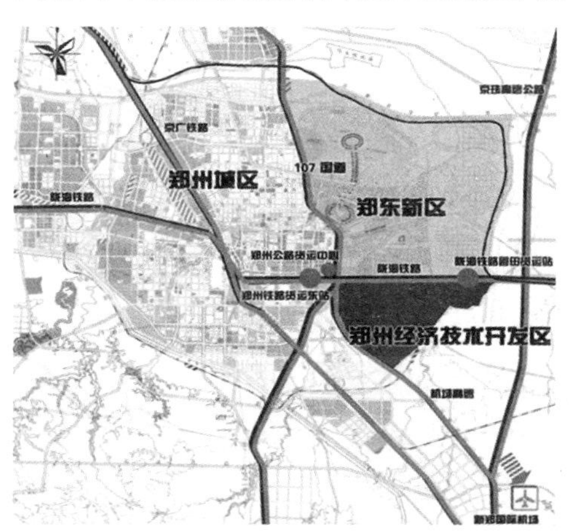

图 7-3　郑州经开区示意图

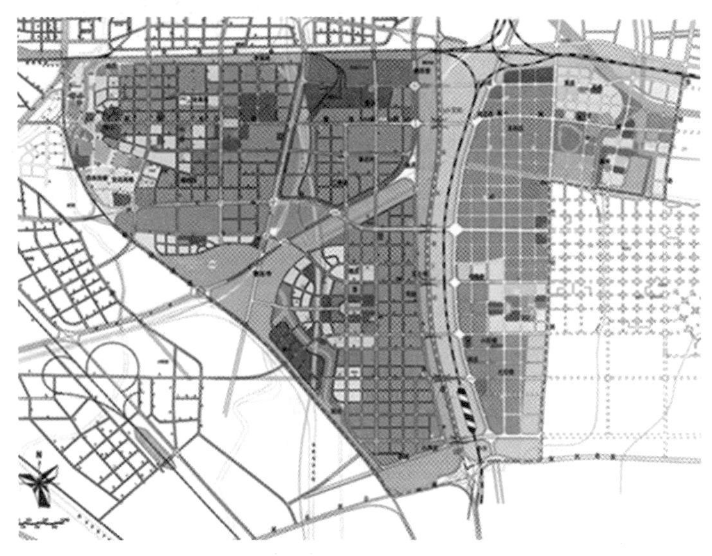

图 7-4 郑州经开区国家生态产业示范园规划图

2011 年 6 月，郑州经开区正式启动国家生态产业示范园创建工作，力争 2012 年创建成资源节约型和环境友好型的国家生态产业示范园。这是郑州经开区建设一流中西部开发区采取的又一战略举措，通过产业结构调整项目、资源再生项目、城市基础设施建设项目、园区生态景观建设项目、园区生态文化建设项目、园区管理型项目，做好区内产业结构升级，促进资源高效利用和循环利用，50%以上重点企业通过环境管理体系认证。在 2011—2012 年两年，郑州经开区将以海马和郑州日产两大整车生产企业为核心，形成汽车产业集群发展优势，把汽车产业培育为支柱产业；充分发挥河南本地的农业资源优势，以粮油、烟草为核心，建立食品加工、饲料生产、食品废料综合利用在内的完整产业链；电子信息产业发展以新型平板显示器件、集成电路产品、光电照明等构建电子信息产业与其他产业间的生态产业网。作为我省第一家申请建设国家生态产业示范园的开发区，郑州经开区生态产业示范园的建设，对河南乃至中部地区开发区加快转变经济发展方式、提高资源和能源利用效率、促进区域可持续发展和生态文明建设具有重要示范意义。郑州经开区国家生态产业示范园的启动预示着河南产业生态园的建设进入了一个新的发展阶段。

（一）郑州经济技术开发区国家生态产业示范园的申报

1. 申报条件达标

郑州经济技术开发区（以下简称经开区）是河南省唯一的国家级经济技术开发区，是郑州市对外开放的窗口和现代制造业、物流业基地。郑州经济技术开发区成立于1993年4月，2000年2月被国务院批准为国家级经济技术开发区，目前规划控制面积137平方公里，区内常住人口、产业工人及从业人员10万人。

近年来，特别是2006年郑州市提出跨越式发展行动计划后，经开区深入实施“工业立区，科技兴区”发展战略，按照“全市新型工业龙头、先进制造业基地、现代化新城区”的发展定位，圆满完成了跨越式发展奋斗目标，全区主要经济指标始终保持每年30%以上增长幅度。2009年，全区实现地区生产总值110亿元，工业增加值45亿元，工业总产值160亿元。目前，经开区基础设施覆盖面积41平方公里，累计完成固定资产投资350亿元。全区各类工业企业2000余家，其中外商投资企业205家，上市公司直接投资项目31个；拥有规模以上工业企业98家，各级技术中心、研发中心、工程中心36个；LG、日产、台塑、杜邦等17家世界500强企业在区内投资建厂，国内知名企业海马汽车、中烟集团、双汇集团、中国龙工、郑州煤机等也纷纷入区。

为建设生态文明的和谐开发区，发展循环经济和低碳经济，走新型工业化和集约化发展的道路，提升园区生产技术水平和竞争力，响应三部委建设国家生态产业示范园的号召，经开区决定创建国家生态产业示范园。2008年7月，经开区委托中国科学院生态环境研究中心编制经开区国家生态产业示范园的建设规划和技术报告；2009年4月，经开区国家生态产业示范园初稿编制完成；2009年8月，完成规划和技术报告的修改；2010年5月，建设规划和技术报告通过三部委国家生态产业示范园建设协调小组组织的专家评审。

在经开区的生态产业示范园建设规划中，明确了以汽车制造业、装备制造业、食品加工及农业服务业、电子信息产业四大工业主导产业和以现代物流业、生态服务业、静脉产业为核心的现代服务业，形成以第二产业为核心，以第三产业为依托，最终形成现代制造业和现代服务业并重的格局。通过以经开区为核心的虚拟产业园区建设，带动周边产业的发展，最终实现城乡统筹和区域统筹的发展。其中也对经开区的能源利用与大气污染控制、水资源节约与水污染控制、固体废弃物控制、景观生态建设等进行了深入的分析和详细的规划，对产业生态园建设规划实施的保障体系提出了明确的要求。经开区计划通过三年时间的努力，达到国家生态产业示范园的标准并通过国家生态产业示范园建设协调领导小组的验收。

2. 专家通过评审

2010 年 5 月 19 日，郑州经济技术开发区国家生态产业示范园建设规划论证会在北京召开。中国工程院的邱定蕃院士、张懿院士、国家环保部刘志全副司长、商务部骞芳莉副司长和环保部、商务部、科技部、中国环科院等单位的专家和代表参加了会议。会议听取了郑州经开区管委会关于园区基本情况的介绍和中国科学院生态环境研究中心关于建设规划的汇报。在经过认真讨论和评议后，与会专家一致同意该建设规划通过评审。

该规划围绕建设国家生态产业示范园目标，计划将经开区建成基于园区生态系统承载能力、充分发挥区域资源和市场优势、全方位对外开放的复合产业型、低碳循环型、高端服务型和区域开放型的现代应急产业生态园。

整个规划以汽车制造、机械制造、食品加工和信息产业为重点，明确了建设国家生态产业示范园的总体和阶段目标、指标体系及总体框架，提出了主要行业生态工业发展方案、园区主要资源综合利用和污染物控制方案，以及支撑园区建设的重点项目和保障体系。

论证会上，专家组听取了中科院关于建设规划和技术报告的汇报，审查了有关资料，经过认真讨论，一致同意该建设规划通过评审。大家认为，经开区建设产业生态园，对我国中部地区开发区加快转变经济发展方式、提高资源和能源利用效率、促进区域可持续发展和生态文明建设具有重要示范意义。

2010 年 6 月 24 日，郑州经济技术开发区召开国家生态产业示范园建设规划修改内容讨论会。会议就入区项目条件的制定、绿色招商和生态产业的政策研究、需要明确的2012年考核的重点项目及其目标产能和产值等与创建产业生态园的指标体系相关的问题进行了积极讨论，并结合实际发表了自己的看法，提出了许多有针对性的建议。

3. 国家批复同意

2010年11月17日，国家环保部、商务部、科技部批复同意郑州经济技术开发区开展国家生态产业示范园建设，这标志着河南省首个开发区创建国家生态产业示范园正式进入了建设阶段。

为建设生态文明的和谐开发区，全面贯彻落实科学发展观，发展循环经济和低碳经济，郑州经济技术开发区决定创建国家生态产业示范园。2008年8月，郑州经济技术开发区委托中科院编制国家生态产业示范园的建设规划和技术报告。2009年4月，建设规划和技术报告初稿编制完成，并请中国环科院等单位专家进行函审。2009年8月，根据专家函审意见，中科院修改完成建设规划和技术报告并上报国家环保部。2009年9月，郑州经济技术开发区正式向国家生态产业示范园建设协调领导小组办公室提出创建申请。2010年5月，郑州经济技术开发区国家生态产业示范园建设规划和技术报告通过了国家生态产业示范园建设协调领导小组在北京召开的专家评审。2010年11月，经国家生态产业示范园建设协调领导小组办公室审查，国家三部委批复同意我区建设国家生态产业示范园。

国家三部委批复同意郑州经济技术开发区的创建申请，将进一步有力推动产业生态园的建设工作。国家三部委在批复中要求郑州经济技术开发区按照科学发展观，结合园区自身实际情况，依据建设规划和产业生态园的标准要求，认真抓好规划的实施工作，将规划中的重点项目逐一分解落实到具体承办单位和人员，落实实施规划工作需要的相关资源、建设资金和各项建设条件，组织好建设工作，并及时报送园区建设进展情况和重大问题。

（二）郑州经济技术开发区国家生态产业示范园的创建

2011年6月8日，郑州经济技术开发区已正式启动国家生态产业示范园创建工作，力争2012年创建成资源节约型和环境友好型的国家生态产业示范园。这是郑州经开区建设一流中西部开发区采取的又一战略举措，通过产业结构调整项目、资源再生项目、城市基础设施建设项目、园区生态景观建设项目、园区生态文化建设项目、园区管理型项目，做好区内产业结构升级，促进资源高效利用和循环利用，50%以上重点企业通过环境管理体系认证。2011—2012年，郑州经开区以海马和郑州日产两大整车生产企业为核心，形成汽车产业集群发展优势，把汽车产业培育为支柱产业；充分发挥河南本地的农业资源优势，以粮油、烟草为核心，建立食品加工、饲料生产、食品废料综合利用在内的完整产业链；电子信息产业发展以新型平板显示器件、集成电路产品、光电照明等构建电子信息产业与其他产业间的生态产业网。

1. 制定实施方案

根据国家环保部、商务部、科技部制定的《国家生态产业示范园管理办法》的相关要求，为全面贯彻落实《郑州经济技术开发区国家生态产业示范园建设规划》，争创国家生态产业示范园，经过郑州经济技术开发区区管委会和各相关部门的多次研究和修改后，郑州经济技术开发区于12月24日印发了《郑州经济技术开发区创建国家生态产业示范园实施方案》（以下简称《实施方案》）。

《实施方案》阐述了郑州经济技术开发区创建国家生态产业示范园的重要意义，明确了创建工作的指导思想和奋斗目标，布置了创建的主要工作任务，并对组织领导和政策措施做出了具体要求。

《实施方案》中主要工作任务包括六大类项目建设，分别为：产业结构调整项目、资源再生项目、城市基础设施建设项目、园区生态景观建设项目、园区生态文化建设项目、园区管理项目，共计70个具体项目。郑州经济技术开发区结合园区自身实际情况，将规划中的重点项目逐一分解，明确责任单位，要求各部门按时上报园区指标体系的相关数据和重点项目的进展情况，并制定了严格的督查考核制度，确保实施方案中的工作任务得到落实。

创建国家产业生态园是郑州经济技术开发区在跨越式发展中的认真落实科学发展观的重要实践，也是郑州经济技术开发区在建设一流中西部开发区中采取的又一战略举措。郑州经济技术开发区按照《郑州经济技术开发区创建国家生态产业示范园实施方案》要求，做好园区的产业结构升级，优化产业布局；注重生态环境建设；加快进行建设机制和管理体制的创新，提高基础设施配套层次，促进资源高效利用和循环利用，提升园区生产技术水平和竞争力。

2. 注重考察学习

2010 年 7 月 20 日，郑州经济技术开发区创建国家生态产业示范园领导小组成员一行 9 人，赴山东省日照经济技术开发区和烟台经济技术开发区，对生态产业示范园创建工作进行考察学习。考察中，考察组先后与两个开发区负责创建国家生态产业示范园的领导和具体人员进行了座谈，现场参观了国家生态产业示范园有关项目建设和一些代表性的企业。两个开发区同我区分享了他们在创建过程中积累的经验，遇到的问题和走过的弯路，对郑州经济技术开发区今后的创建工作有很大的帮助。

日照开发区规划管理范围 115.6 平方公里，总人口 12 万。近年来全区经济总量、效益、后劲等指标始终保持了 30%以上的增速，连续多年被评为全省先进开发区，于 4 月份顺利升级为国家级经济技术开发区，并于同月通过国家生态产业示范园的验收。开发区党工委、管委会历来高度重视产业生态园建设，于 2004 年 4 月成立了全国第一家生态企业协会，加强企业间的信息交流，大力推进清洁生产审核。在创建过程中始终把发展循环经济、建设产业生态园贯穿到企业、产业和社会三个层面，形成点、线、面的整体推进格局。目前，区内已有 60 多家企业形成废弃资源、能源链接，区内企业与区外 30 多家企业形成废物链接交换，建成了企业为点、产业为线、社会为面，区内与区内、区内与区外，全方位、开放式的生态产业体系。开发区“点、线、面”的循环经济发展模式被提炼为“小、中、大”循环模式，被有关专家称为“日照模式”。

烟台开发区作为全国首批 14 个国家级开发区之一，于 2002 年启动开展产业生态园建设工作；2005 年，建设规划通过专家评审，印发《产业生态园建设规划实施方案》并将其纳入年度目标责任制考核；2007 年，申请国家验收；2009 年，通过国家三部委现场验收。在创建过程中，管委会先后发布实施了一系列推行清洁生产和节能减排等方面的管理办法，在热电联产、电机节能、建筑节能、绿色照明、政府节能等方面进行强化。2009 年，开发区实施企业社会责任考核和机关事业单位社会责任考核，其中企业考核将污染控制、环境管理、环境友好等指标全部列为重点考核项目。

通过这次考察，郑州经济技术开发区考察组深刻感受到烟台和日照两个开发区的创建工作有很多值得我们学习的地方，同时认识到在创建国家生态产业示范园的过程中，要充分发挥政府、企业、公众的作用，积极组织和引导各方面的科技力量，形成“政府调控、企业运作、公众参与、科技攻关”、政企民智相结合的保障体系和社会联动机制；在区内建设一批极富辐射带动性的大项目，立足于完善产业链网，引导同类行业集聚发展、上下游配套企业共同发展；引导公众积极参与绿色创建、节能节水等活动，通过自身行动助推园区创建工作。

3. 建立 ISO 14000 环境管理体系

郑州经济技术开发区紧紧围绕创建国家生态产业示范园的目标，以科学发展观为指导，充分发挥管委会的“指导、监督、推进、服务”作用，积极开展经开区管委会和区内企业 ISO 14000 环境管理体系认证工作，大力发展循环经济，引导区内企业节约资源、能源，预防污染，提高环境管理水平，改善环境质量，促进经济持续健康发展。

为了优化管理流程，逐步实现管理高效化、运行规范化和服务标准化，在管委领导的充分认识及支持下，经开区在 2009 年 7 月成立领导小组，全面开始推进郑州经济技术开发区建立 ISO 14000 环境管理体系的工作。在推进过程中，郑州经济技术开发区深入开展宣传教育，明确责任目标，使 ISO 14000 系列标准深入人心；同时重视环境管理体系认证的培训工作，组织了对参与体系认证的相关人员进行培训。通过咨询机构和专家培训的方法，先后对分管领导、内审员等相关人员进行了环境保护知识、ISO 14000 标准内容、初始环境评审方法、体系策划、文件编写、体系内部审核方法等方面的培训，使更多岗位的领导和工作人员掌握了一定的可持续发展环境基础知识的能力，并于 2010 年 2 月通过了环境管理体系认证。建立 ISO 14000 环境管理体系，使我区区域环境管理水平和能力建设得到了不断的提高，增强了我区在国内外的知名度和市场竞争力，树立了经开区的形象，同时也向区内企业起到了示范宣传作用。

在推进 ISO 14000 环境管理体系的工作过程中，郑州经济技术开发区采用点面结合的方式，将区域认证和企业认证有机结合起来，积极推进企业 ISO 14000 环境管理体系认证，提高企业内部环境管理水平。为推广企业环境管理体系认证，我区充分利用各种媒体，采用制作宣传栏、发放宣传册等各种宣传形式，向企业和社会普及 ISO 14000 环境标准知识。在具体实施中首先从重点工业企业入手，引导、鼓励、督促企业建立 ISO14001 环境管理体系。自 2008 年起经开区在郑州市污染减排奖励办法的基础上，加大对节能减排的奖励，对区内通过 ISO 14000 环境管理体系认证的企业进行一次性政策奖励。2008 年以来，区内新增 8 家企业通过了环境管理体系认证，受到开发区的奖励。目前，经开区共有 18 家企业通过了 ISO 14000 环境管理体系认证。通过这些活动，区内企业的环保意识和环保水平大大提高，能够自觉遵守相关环保法律法规，按要求做到达标排放。在日常环境管理工作中，企业从被动接受管理开始向主动加强环保方向转变，有效地推动了环境体系运行中的持续改进。如今积极推广高新技术产，引入循环经济发展理念，已成为郑州经济技术开发区越来越多的企业努力的方向。

2011 年 1 月 7 日，郑州经济技术开发区通过了华夏认证中心对管委会进行的 ISO 14000 环境管理体系监督审核。这是郑州经济技术开发区环境管理体系运行一年多来的一次总结性工作，是对整个体系适用性及持续有效性的评审。认证中心认为，郑州经济技术开发区环境管理体系自运行以来，在全体人员的共同努力下，环境管理工作得到了显著的改善与提高，并取得了一定的环境绩效。各受审部门要针对审核中提出的观察项和不符合报告，及时进行纠正，达到环境管理体系标准的要求。认证中心也将每年对体系进行复审，每 3 年进行换证审核，以保证环境管理体系持续符合 ISO 14000 标准要求，使郑州经济技术开发区的环境管理水平不断的提高。

4. 推行清洁生产

郑州经济技术开发区把发展循环经济、建设产业生态园作为落实科学发展观、坚持环保优先方针、构建资源节约型和环保友好型社会的重要举措。为认真落实建设规划的各项目标、任务，尽可能高效地利用物质、能量和水资源，实现区域内环境排放最小化，开发区管委提出了明确的要求：始终把培育生态企业作为基础工程来抓，引导企业转变发展方式，多采用高新技术改造提升传统工艺，大力推行清洁生产，使防治污染由末端治理为主向生产全过程控制转变，实现企业内部小循环。为此，开发区利用多种方式对企业进行生态工业、清洁生产、以及循环经济相关知识培训，不断提高企业的环保意识。从2008年度开始，开发区对通过清洁生产审核的企业进行一次性政策奖励。自2005—2010年，经开区先后有7家重点企业开展了清洁生产审核，完成了清洁生产审核报告的编制，制定并实施持续清洁生产的计划，开始向清洁生态型企业转化。

河南安飞电子玻璃有限公司是一家生产电视玻壳的大型合资企业，在2006年，企业实施清洁生产后环境效益和经济效益十分显著，每年可减排废水35.5万吨，节省水费约101.2万元；每吨玻璃电耗减少4.4%，每年节约电费约383.8万元；每吨玻璃煤耗减少11%，每年节约天然气6.14万标立方米，节约费用15.35万元；锅炉烟尘浓度降低35%，二氧化硫浓度浓度降低25%，屏EP粉尘回收率达到100%，锥污泥回收率达到100%。

在郑州运城制版有限公司，企业实际共投资57万元，创造效益约8万元/年。其中新购一套自动化水处理设备并对车间进行改造，日节水可达3吨。同时合理调整生产时间，实行“避峰就谷”用电，可减少用电35%。

河南省天冰冷饮有限公司，已实施方案共投资461.5万元，年度经济效益为55.24万元，年度节电4.19万度，节水572吨，减排废水342吨，减排COD 0.151吨。

2011年3月1日，郑州市2010年清洁生产审核工作总结暨2011年动员大会在市环保局召开。会议总结了2010年全市清洁生产审核工作，表彰了2010年先进单位和先进个人，并对2011年清洁生产工作做了部署和动员。郑州经济技术开发区规划环保局作为先进典型在会议上做了发言。2010年，郑州经济技术开发区把发展循环经济、创建国家生态产业示范园作为落实科学发展观、转变经济发展方式的重要举措，通过加强组织协调，强化推行措施，有效的提升了区内企业及管委各部门参与清洁生产工作的能动性和积极性，使清洁生产审核工作取得了明显的成效。其中河南牧鹤（集团）饲料有限公司获得了郑州市政府授予的“清洁生产审核先进单位”称号，区规划环保局获得了郑州市环保局授予的“清洁生产审核工作先进单位”称号，司方博获得了“清洁生产审核工作先进个人”称号。2011 年，规划环保局根据上级环保部门的要求，继续深入开展清洁生产审核工作，引导和督促郑州电缆有限公司等 7 家企业开展清洁生产审核工作。规划环保局帮助企业摸清产排污环节，明确污染治理和节能降耗的重点内容，使企业在实施清洁生产方案过程中，实现环境保护和经济发展的双赢。截至 2011 年年底，郑州经济技术开发区共有 17 家企业开展清洁生产审核工作。

通过开展清洁生产，这些企业减少了跑冒滴漏，节能减排效果显著，职工综合素质得到提高，取得了明显的经济、社会、环境效益。在这些企业的示范带动下，预计到 2012 年年底，区内所有重点企业将全部通过清洁生产审核。开发区通过推进企业清洁生产、节水、节能等措施，促使企业在生产中减少了资源消耗，提高了能源效率，不断优化产业结构，大力推动了产业生态园的建设。

5. 降低环境污染

根据郑州市政府对郑州经开区管委会年度政府环保责任目标的要求，为大力发展循环经济，提高园区整体的资源利用效率，确保固废、辐射环境安全，经开区从 2010 年起将每半年在辖区内开展一次固废和辐射环境安全风险评估，对园区废弃资源产生、处置情况进行调查，掌握区内固废和辐射环境风险现状，消除环境安全隐患；同时引导企业资源能源减量使用，最大限度地减少废物排放。

2010 年 7 月初，经开区规划环保局开始对区内 157 家重点企业上半年的固废产生、处置和贮存等情况以及区内 6 家涉辐企业进行调查核实，同时委托河南省正大环境科技咨询工程有限公司协助开展此项工作。2010 年 9 月，通过为期两个月的现场实际调查和多方收集资料，《郑州经济技术开发区 2010

年上半年固体废物环境风险评估报告》《郑州经济技术开发区 2010 年上半年辐射环境风险评估报告》相继编制完成。2011 年 3 月，下半年固废和辐射风险评估报告编制完成。风险评估报告客观、真实、全面的反映了经开区 2010 年全年辖区内固废产生、处置情况，以及辐射装置安全情况。

2010 年，经开区产生一般固废 17759. 64t，综合利用 17712. 44t，综合利用率为 99. 7%；危废产生量为 305. 01t，暂存量为 20. 54t，安全处置量为 284. 47t，安全处置率为 100%。全年区内医疗废物产生总量为 47. 86t，安全处置量为 47. 86t，安全处置率为 100%。目前，区内涉及非电离辐射的单位共 6 家，其中，放射性装置 4 套，非密封性放射性同位素应用企业 2 家；另有放射性废物库 1 座。辖区内辐射应用企业均已积极采取各类措施并建立相关制度来确保辐射装置的安全性，辖区内的辐射风险可接受，为基本安全。

2011 年 5 月 11—13 日，郑州经济技术开发区 2011 年度第一期固废、危废、辐射安全与防护培训班顺利召开，共有 54 家区内重点企业负责人参加了这次培训。来自郑州大学和郑州市环保局危废中心的专家和领导分别就固废危废的管理、辐射安全与防护、相关法律法规和其它知识给大家做了详细讲解。随着近年来经开区创建国家生态产业示范园工作的深入开展，按照郑州市政府环保目标责任书的要求，经开区规划环保局结合日常环保管理工作，加强对区内企事业单位的固废、危废和辐射管理。2010 年对区内 157 家企业的固废产生、处置等情况和区内 6 家辐射单位企业开展上、下半年两次调查核实，并进行了环境安全风险评估。针对调查和评估中发现的问题，经开区 2011 年组织企业参加第一期固废、危废、辐射安全与防护培训班，通过培训增强企业对固废和辐射处置利用的认识，强化环保部门对园区固废危废和辐射安全的管理，确保园区环境风险安全；同时增加和企业沟通交流的机会，也为企业之间提供一个行业交流的平台，使企业积极参与经开区国家生态产业示范园创建。郑州经开区将持续开展固废和辐射环境安全风险评估，同时邀请专家举办各种培训和讲座，为企业提供技术支持和政策导向咨询，解决企业发展的普遍性环境问题，切实为企业服务。

通过开展环境风险评估，郑州经开区对园区环境安全隐患进行了深入排查，对固废排放和辐射安全现状有了全面的掌握，及时发现工作中存在的问题，确保郑州经开区的固废综合利用率和危废处置率达到生态产业示范园指标体系的要求，同时调查的固废产生、供需和流向信息等数据将完善郑州经开区的生态环境管理与信息网络平台的建设。此次调查也充分调动了园区企业的参与，增强了企业对固废处置利用的认识，为今后的固废管理和废弃资源的再生利用都奠定了良好的基础。

6. 建设绿色单位

2010 年，郑州经济技术开发区规划环保局按照郑州市环保局和郑州市创模办的要求，积极开展创建国家环境保护模范城市和创建国家生态产业示范园工作，大力营造创建氛围，采用媒体、广告、手册和宣传页等多种形式的宣传，深入企事业单位和居民区大力宣传，同时协助配合教文体局和明湖办事处，学习其他县区创建的先进经验，对照标准认真开展创建工作，使绿色创建水平得到了大幅提升，涌现出一批创建先进单位（家庭）。经郑州市创模办现场检查并审核通过，郑州经开区朝凤路小学被命名为“绿色小学”，中铁社区好望角小区被命名为“绿色社区”，王虎山等 12 个家庭被命名为“绿色家庭”。另外，郑州经开区两家绿色企业河南安飞电子玻璃有限公司和河南金芒果印刷有限公司顺利通过市创模办的复审。

2010 年，郑州经开区按照政府环保目标要求，以创建国家生态产业示范园为载体，全方位、多层面地开展环保宣传活动和绿色系列创建活动，使环保理念逐步深入人心，公众环保意识和环境满意率明显提高。通过绿色单位创建，使郑州经开区的绿色学校达到 9 个，绿色企业 2 个，绿色社区 2 个，绿色家庭 18 个。

2011 年 4 月 11 日，郑州市召开 2011 年绿色创建工作现场会，一批绿色社区、绿色企业、绿色家庭、绿色商场、绿色公交线路等绿色单位被现场命名并表彰；同时，2011 年全市绿色创建活动正式启动。郑州经开区河南安飞等 3 家企业通过了绿色企业复审，明湖办事处中铁社区做为全市创建绿色社区的典型在现场会上发言，向各县区代表介绍了绿色创建先进经验。中铁社区在绿色创建中，广泛宣传，营造氛围，向社区居民发放倡议书，动员居民积极参加绿色社区创建活动。小区设有 45 个宣传栏，2 块黑板报，宣传相关绿色环保、低碳节能知识。中铁社区围绕“绿色”这一主题，努力夯实基础性建设，使社区可绿化面积达 80%以上。小区建有空中花园两处，立体绿化赏心悦目；空中降雨和树灌系统做为小区的亮点别具一格，将自来水输送至 6 米高的高压喷头，形同上海世博会空中花洒，可有效节水 50%以上。小区共有高压喷头 130 个，自动旋转，定时喷洒，覆盖面积达 7800 平方米，保持小区内空气清新，植被湿润，有利于居民身体健康。

同时，近年来，郑州经开区结合国家生态产业示范园创建，积极开展绿色学校、绿色企业、绿色饭店、绿色社区、绿色家庭等创建活动，争取通过 2011 年的绿色创建，使郑州经开区的绿色学校达到 9 个、绿色企业 3 个、绿色饭店 5 个、绿色社区 2 个、绿色家庭 18 个。

这方面的做得比好的就是绿色学校的创建。按照郑州市环保局、郑州市教育局关于深入开展中小学环境教育工作的要求，郑州经济技术开发区不断提高环境教育工作水平，提升中小学生环境保护素质，引导中小学生共同参与资源节约型、环境友好型社会建设，进一步提高生态文明水平。2011 年 5 月下旬，郑州经开区按照郑州市统一安排，组织开展以“建设生态文明城市，你我共同参与”为主题的全区中小学生环保诗歌朗诵比赛。这次活动以我区节能减排、生态建设、创建国家生态产业示范园为契机，以建设生态开发区、节水、节电、减少废物排放、实行生活垃圾分类为重点，以亲身参与的改善开发区生态环境、节约资源、维护生态平衡、提高环境质量的绿色行动为主要内容，讲行动、谈体会、说感想、提建议；并结合所参与的环保活动，宣传节约资源、保护环境科普知识，呼吁公众参与到发展循环经济、实施可持续发展战略的绿色行动中来。郑州经开区学校广泛开展此项活动，经过各个学校初赛选拔出优秀选手参加全区诗歌朗诵比赛。同学们围绕着这次朗诵比赛的主题，进行了精彩纷纭的表演；在美妙的乐曲中以不同的形式，相同的心声表达了保护环境、倡导绿色生活的情怀。郑州经开区 2011 年还开展中小学环境教育优秀教案评选等多项活动，继续做好各级绿色学校创建工作，提高环境教育水平，创新环境教育模式，培养学生良好的生态文明理念，实现全区中小学环境教育普及率达到85%以上的目标。

（三）郑州经济技术开发区国家生态产业示范园的发展

1. 面向“十二五”规划

2011年年初，中原经济区发展战略被纳入国家“十二五”规划，正式上升为国家战略。作为大郑州最具发展活力的区域，郑州经济技术开发区也为自己新的五年提出了更高的目标：建设规划国家生态产业示范园。该规划围绕建设国家生态工业示范园目标，计划将经开区建成基于园区生态系统承载能力、充分发挥区域资源和市场优势、全方位对外开放的复合产业型、低碳循环型、高端服务型和区域开放型的现代应急产业生态园。

“十二五”期间，经开区将以“大建设、大转型、大跨越”为主题，全力推进主导产业大集聚、滨水新区大发展、城市功能大提升、支撑平台大构建、城乡发展大统筹，着力提升产业综合竞争力、区域创新实力和可持续发展能力，到“十二五”末期，工业总产值将突破千亿元，努力把经开区建设成为郑州都市区产城融合的生态工业新城。

“十二五”期间，经开区将实施总量倍增、产业升级、创新驱动、城市提升等战略。到“十二五”末期，GDP达到280亿元，工业总产值突破1000亿元，财政总收入突破100亿元，累计完成固定资产投资突破1000亿元。实施先进制造业、现代服务业和新兴产业“三大产业计划”，“十二五”末，形成8个百亿产业集群，培育5个以上百亿骨干企业，引进3个以上百亿重大项目。实施创新驱动战略，到“十二五”末期，研发投入占GDP比重达到6.5%以上，高新技术企业产值占工业总产值的40%以上，创建国家级研发中心5个，著名品牌企业10个。实施城市提升战略，完成滨水新区6平方公里开发建设，新增绿化面积800万平方米，城市绿化覆盖率达38%，建成区面积达到63平方公里，建成国家生态产业示范园。

“十二五”规划的开年，作为国家级产业集聚区的郑州经济技术开发区，将以大项目为支撑，加速构建现代产业体系先导示范区，按照“大项目—产业链—产业集群—产业基地”的思路，围绕汽车及零部件制造业、现代装备制造业、食品加工、电子信息和现代物流五大特色主导产业，充分发挥以富士康精密电子、晶诚科技、旭飞光电、益海嘉里、中粮集团、双汇食品、百事可乐、露露、中国龙工、郑州煤机、中铁盾构、宇通客车、海马汽车、日产汽车等为龙头企业的骨干引领带动作用，打造产业关联度强、要素供给集中、产业链条联动、配套设施完善的产业集群，做强做优产业园区。其中，2011 年，经开区将加快郑煤机高端液压支架、百事可乐等在建项目建设进度；尽早推动宇通工业园、河南煤化工高新技术产业园等已签约项目开工；早日签约日产扩能等在谈项目。力争全年项目签约 30 个，开工 40 个，竣工 20 个以上，通过项目带动，助推经开区在“十二五”期间实现新的跨越。

“十二五”末期，郑州经济技术开发区争取发展成为河南省首要、中西部地区重要的先进制造业集聚区，努力打造成为新型工业示范基地，国家生态产业示范园，跻身中西部地区一流开发区行列。

2. 面向工业发展

日前，“国家新型工业化产业示范基地”在郑州经济技术开发区挂牌，成为郑州经开区工业强区建设的新起点。工业，这一经济发展的“引擎”，在郑州经开区经济社会发展中正凸显出空前强劲的动力。2011 年 1—2 月，全区规模以上工业总产值完成 41. 3 亿元，同比增长 280%，其中外商投资企业总产值完成 31. 5 亿元，同比增长 580%；规模以上工业增加值完成 8. 7 亿元，同比增长 275. 5%；规模以上工业销售产值完成 40. 6 亿元，同比增长 298%，郑州经开区更加坚定了工业强区的雄心壮志。

工业勃兴是区域经济发展的第一推动力。实施“工业立区”战略，是郑州经开区克服短腿，赶超先进的必由之路，也是经开区在建设中原经济区郑州都市区，发挥郑州核心增长极的进程中所肩负的使命和责任。

“工业立区”成就了郑州经开区可喜的“十一五”。“十一五”期间，郑州经开区坚持“新型工业龙头、对外开放窗口、现代化新城区”的发展方向，实施“工业立区、科技兴区”的发展战略，矢志不移走新型工业化道路，从工业立区、工业兴区转入工业强区轨道，郑州经开区工业经济量增质升，工业项目建设加快，工业集群初具规模，集聚经济效应、知识溢出效应和区域竞争力日益彰显，工业主导地位显著增强。2010 年，全区生产总值完成 68 亿元，工业总产值完成 130 亿元，规模以上工业增加值完成 28 亿元，分别比“十五”末增长 3 倍以上；财政一般预算收入完成 7.4 亿元，是 2005 年的 4.8 倍；实际利用外资 2.8 亿美元，是 2005 年的 8.1 倍；进出口总额 5.2 亿美元，是 2005 年的 10.8 倍。以海马汽车、日产汽车、宇通特种车、恒天重卡等项目形成的汽车工业园，以郑煤机、中国龙工、中铁盾构、中科英华等项目形成的装备制造工业园，以中粮、中烟、益海嘉里、百事可乐、杜邦、双汇等项目形成的食品烟草工业园，以勤上光电、旭飞等项目形成的电子信息工业园，以国药、华润、九州通等项目形成的医药物流工业园等百亿、千亿工业园已经和正在形成。“十一五”收官之年，经开区又荣膺“国家新型工业化产业示范基地”“河南省知识产权优势区域”和“河南省创新型产业集聚区”。

站在“十二五”新的起点，郑州经开区将紧紧抓住并用好中原经济区建设上升为国家战略这一难得机遇，着力实施“三大产业计划”，即先进制造业提升计划、现代服务业集聚计划和新兴产业培育计划。以汽车及零部件、装备制造、电子信息、食品加工、现代物流五大支柱产业为支撑，通过实施大项目带动、项目集群发展、可持续发展、和谐发展、开放带动、服务品牌等“六大战略”，着力培育工业经济发展主体，着力培育一批年产值过百亿、过千亿，具有永续竞争力的大企业、大集团，发展产业集群，延长产业增值链和就业链，全面形成龙头企业率先领跑，中小企业竞相发力的局面，从而不断提升郑州经开区工业竞争力，完成从工业“立区”“兴区”到“强区”的嬗变，实现“工业新跨越”。

今后五年，汽车工业将继续领舞郑州经开区经济发展，食品工业的比重将继续增加。根据郑州经开区“十二五”发展规划，将重点发展以海马、日产、宇通、东风等汽车项目为龙头，形成超 2 千亿汽车工业园；以美国杜邦、百事可乐、双汇、中粮、中烟等龙头项目，形成超 1 千亿食品工业园；以中国龙工机械、郑煤机、中铁盾构等龙头项目，形成超 500 亿装备制造工业园；以出口加工区、河南保税物流中心为龙头，形成超 200 亿保税物流产业园；以国药、华润、九州通等医药物流项目为龙头，发展形成超 200 亿医药物流产业园。以晶诚科技、旭飞光电、恒基勤上光电等项目为龙头，形成超 100

亿电子信息工业园。到“十二五”末期，全区引进3个以上百亿重大项目，培育5个以上百亿骨干企业，形成8个超百亿产业集群。

创新是工业发展不竭的源泉。未来五年，郑州经开区将继续实施“科技兴区”战略，把招商引资与招才引智紧密结合，利用国家级河南留学人员创业园、郑州高新技术创业中心等平台吸纳高端人才，加快科技成果引进、交易、转化，成为培育“三高”企业和企业家的重要基地，成为促进人才广聚博纳的“开放港”，人才合理流动的“自由港”，人才成就事业的“创业港”。加强原始创新，注重搞好集成创新及引进消化吸收再创新，努力掌握自主知识产权。积极搭建创新创业平台。以出口加工区、保税物流中心、科技园区、留学生创业园和各类工业园区建设为重点，五年内创建国家级研发中心5个，省级以上高新技术企业32家，著名品牌企业10个。“十二五”末期，全区研发投入占GDP的比重达到6.5%，为各类创新创业实践提供良好的配套服务环境。

按照既定目标，五年后的郑州经开区将跃上新的高度：经济发展速度高于全市5个百分点，实现“七个倍增”，即GDP达到280亿元，比2010年增长3.1倍；工业总产值突破1000亿元，比2010年增长6.7倍；财政总收入突破100亿元，比2010年增长3.3倍；财政一般预算收入达到32亿元，比2010年增长3.3倍；累计完成固定资产投资突破1000亿元，比“十一五”增长2.3倍；累计实际利用外资22亿美元，比“十一五”增长2.3倍；累计完成进出口总额47亿美元，比“十一五”增长3.2倍。高新技术产业增加值占规模以上工业增加值的比重达到40%以上，战略性新兴产业比重达到30%；科技进步对工业经济增长的贡献率超过80%。成为郑州都市区东南部经济发展的重要支撑点、中原经济区先进制造业核心集聚区。

工业化是城市化的动力，城市化是工业化的载体。工业崛起后的郑州经开区悄然开始转型提升，向产城融合的生态工业新城迈进。“十二五”，完成滨水新区6平方公里开发建设，新增绿化面积800万平方米，城市绿化覆盖率达38%，建成区面积达到63平方公里，创成国家生态产业示范园，提升人民群众的富裕指数、幸福指数和平安指数。即将启动的滨水商务区开发建设，将成为支撑郑州经开区未来发展的活力之源，成为吸引更多高质量企业集聚的强大磁场。

3. 面向城市发展

2011年，郑州经济技术开发区提出“建设规划国家生态产业示范园”的发展战略，是以郑州经开区多年来在生态建设和经济发展取得丰硕成果为基础上的升华，更是郑州经开区管委会针对“十二五”制定的跨越式发展新目标。

俯瞰国家郑州经济技术开发区，可谓是环境宜人，拥有绿地总面积达50万平方米，全区绿地覆盖率达38%，拥有200亩中心广场大景观，3000亩金沙湖高尔夫球场绿地，AAA级金鹭驼鸟生态园、启明广场、金沙植物园等绿色景观资源。而亚洲最高的全钢结构广播电视塔——中原福塔，已经正式对外开放并接受游客参观，刚刚成功申请世界吉尼斯纪录的全景画更是一绝，震撼了省内外参观者的心灵。

正是因为郑州经济技术开发区宜人环境和完善配套，吸引了2000家各类企业入区兴业，富士康、荷兰飞利浦、德国MAN、韩国LG、日本日产、美国联邦快递、百事可乐、台塑集团等数十家世界500强企业，中铝集团、希望集团、宇通客车、海马汽车、海尔集团等国内知名企业，共同托起了郑州经开区的经济发展。同时，2011年郑州经开区管委会又提出了“努力把经开区打造成为郑州新区的经济高地，郑州都市区产城融合的生态工业新城，建设规划国家生态产业示范园”的发展战略。可以预见，未来的郑州经开区，不仅环境宜人、景观优美、配套齐全、适宜居住，而且工业强盛、经济繁荣、前景美好，必将成为中原经济区经济建设和城市发展的一张靓丽名片！

在新的发展建设目标实施中，郑州经开区在做强做优各大产业园区的同时，也不忘为入驻园区内的企业营造最适合投资发展和创业的环境；并为他们提供了一系列的优厚政策条件以及高效务实的办事服务。无论办理任何事情，郑州经开区管委及各部门都是热情帮助协调沟通，积极想法解决困难。他们急企业所急，想企业所想，为企业排忧解难，高效务实的为企业办好每一件事；并为企业提供一个高效、简便、快捷的办事环境。郑州经开区行政服务中心设立了32个审批窗口，实行“一站式”办公，对区内企业和进区项目进行集中审批、办理有关手续，方便快捷，畅通无阻。因此，大家都赞叹道：郑州经济技术开发区是一个最适合投资发展和创业的沃土。可以预见，未来这里将是集金融、商业、商务办公、休闲娱乐等为一体的大型综合性区域中心，更是中原地区企业发展总部基地，并将引领郑州经开区高端商务的发展崛起！

2005年3月，河南“郑州市上街区国家生态产业示范园”创建，河南生态产业示范园的建设工作正式启动，以及随后河南各地积极创造条件建设本地区的产业生态园。到2010年5月，郑州经济技术开发区国家生态产业示范园建设规划论证在北京一致通过规划评审，标志着河南产业生态园的建设和发展进入了一个新的阶段。郑州经开区国家生态产业示范园建设的经验，为河南以后的创建工作提供了重要的借鉴。

第八章　河南省应急产业生态化发展的政策环境

第一节　应急产业生态化的目标

一、优化资源配置，实现产业结构生态化

从产业生态化视角审视我国产业系统可以发现，我国现有产业系统结构水平低下，产业结构失衡。一方面，三次产业比例结构不合理，各次产业内部层次结构不协调，技术结构升级优化缓慢。另一方面，区域产业结构相似度高，优势互补水平低，区域产业经济发展差距巨大，产业区域结构失衡。这些问题的出现，多是各产业之间的投入产出失调，生产要素闲置和浪费，未能优化配置、合理流动所致。因此，要按照统筹兼顾的发展原则，优化生产要素组合，推动我国产业结构优化升级。在类别比例上，调整三次产业的比例，大力发展第三产业，降低国民经济中物质产品生产产业比重，实现整体产业系统物质减量化要求，缓解资源环境压力。在结构水平上，一方面，发展生产性服务业，提高第一二三产业之间的关联度和聚合质量，增强三次产业间的互补整合关系和相互转换能力，达到三次产业相互促进、相互服务的协调发展态势；另一方面，大力培育和发展以生态化技术创新为支撑的战略性新兴产业，扭转资源要素向低端产业流动的格局。同时强化现代技术对传统产业的改造能力，提升整个产业系统的技术水平。在区域布局上，统筹区域发展，结合当地自然禀赋条件及当今产业升级趋势，合理进行区域产业发展目标定位和空间规划布局。通过区域产业发展政策设计与安排，采取项目审批倾斜、区域财政补贴、税收优惠等行政经济调控手段，引导优质资源

合理、有序流入中西部地区，加速不发达地区产业经济的发展，从而实现区域间产业的合理分工与相互协作，形成东中西优势互补、城乡良性互动的共同发展格局。另外，还要根据社会需要的差异性、层次性、变化性，在保持主导产业、支柱和基础产业持续高效发展的同时，不断发展新兴产业，从而使产业结构整体素质和生产效率向更高层次不断演进。

二、加强应急产业分工，实现应急产业组织结构生态化

首先，调整应急产业内企业组织方式。一是通过优化应急产业内部生态环境，细化分工与合作，延伸“上游—中游—下游”产业传递轨道，挖掘潜在生态位，实现企业生态位分离，避免应急产业内企业的恶性竞争。二是整合应急产业内部各企业主体职能，保持各企业主体分工科学合理，运转协调高效，形成若干相互联系的中间产品市场和最终产品市场，从而实现各企业主体有序合作、和谐共存。三是调整大、中、小型企业的规模结构，支持企业间的兼并重组，大力培育应急产业中具有国际竞争力的大型核心企业作为产业链的“龙头”企业，通过业务外包形式发展相当数量的中小企业为核心企业进行配套生产与服务，形成“大而强”的大企业和“小而专”的中小企业相互协作、相得益彰的纵向一体化组织模式。其次，优化应急产业间企业组织方式。一方面，以互惠共生为愿景，引导产业间企业之间形成多种形式的利益共同体，通过基础设施、生产设备、营销网络等生产要素共享达成规模经济，从而减少企业沉没成本和交易成本，实现企业生产效益的提高；另一方面，推动企业间形成各种技术创新联盟，通过整合各自核心能力，合理分配合作利益，实现组织优势互补、相互依存、良性互动，提高联盟应对资源环境压力和适应多元化市场需求的技术创新能力，从而使应急产业间企业形成互利共赢、协同进化的横向并联耦合组织模式。

三、实施低碳生产，实现应急产业生产模式生态化

产业生产模式的创新，始终贯穿于人类社会发展史中，从一般机器生产模式到福特生产模式丰田生产模式、温特生产模式的演变，无不对产业发展乃至社会文明的演进产生着深远的影响。现代流水线、规模化生产模式的出

现极大地提高了人类改造自然的能力，解决了人类需求丰富与物质匮乏之间的矛盾，但与此同时却使人类陷入了生态危机。为彻底改善和平衡人类与自然的关系，真正实现可持续发展，我们必须变革产业生产系统，依赖生态化生产技术实施低碳生产模式。应急产业生产模式生态化是一项系统工程，需要在三个层面上将节约资源、保护环境纳入到产业生产系统中：首先，推进企业实施清洁生产。一方面，通过延伸生产者责任以强化产品和服务的生态化设计，从而实现生产产品及服务的安全性、环保性及资源投入最小化；另一方面，通过企业自身生态化技术创新或租赁其他企业的生态技术与设备，采用少废、无废的生产工艺技术和清洁能源实施清洁生产，从生产的源头控制环境污染。其次，效法自然生态系统共生循环法则，推动生态工业园区建设。在园区产业系统中导入具有“废物资源化”技术的企业，并通过一定方式在生产工艺流程上建立企业合作关系，让一个企业产生的废物成为另一企业的原料，把原来线性的生产过程转化为“网状”生产过程，使物质资源与能量在“生产网络链”的各个环节之间闭合循环，从而实现物质能源的梯级利用、循环利用，达到“节能、降耗、减污、增效”的目的。再次，在社会层面上，倡导生态消费和大力发展废弃物回收、降解处置等“静脉产业”。一是通过大力宣传和弘扬生态文化，培育民众生态消费理念，实现生态消费与生态生产的对接，形成生态生产的内生动力。二是通过“废弃物回收企业”回收社会上的废旧产品，经过生态化技术处理，获取可利用的再生产品，再次实现资源的循环利用。三是“降解处置废弃品企业”对不可以再利用的废弃物无害化处理后返回自然，实现环境损害最小化。

第二节　相关政策对应急产业生态化的影响

一、我国应急产业生态化的现状

近年来，我国应急产业快速兴起并不断发展，在突发事件应对中发挥了重要作用。据估算，我国消防安防、应急通讯、防灾减灾、反恐等领域的应急产品和服务产值达到近万亿元。2014 年国办发布的《关于加快应急产业发展的意见》中提出，到 2020 年，应急产业规模显著扩大，应急产业体系基本形成。2015 年 6 月发布了《应急产业重点产业和服务指导目录》，按照领域、发展方向、细分产品和服务三级结构设计，一级分别为监测预警产品、预防防护产品、处置救援产品和应急服务产品等 4 个领域，二级分别为自然灾害监测预警产品、事故灾难监测预警产品等 15 个发展方向，三级分别为地震灾害监测预警产品、地质灾害监测预警产品等 266 个细分产品和服务。《应急产业重点产业和服务指导目录》将进一步细化应急产业的具体内涵，体现了专用性、前瞻性和包容性，以更好地引导社会资源投向，有利于各部门、各地区以此为依据，开展培育发展应急产业工作；紧接着 2015 年 7 月工业和信息化部、国家发展改革委、科技部制定并印发了《国家应急产业示范基地管理办法（试行）》，对示范基地的各方面做了一系列安排，有利于我国应急产业的进一步发展；另外 2017 年 7 月，工业和信息化部发布了《应急产业培育与发展行动计划（2017—2019 年）》，《计划》指出，未来三年我国应急产业的重点任务是提升供给产业供给水平、增强应急产业创新能力、促进应急产业和服务推广应用、推动应急产业融合集聚发展、培育应急产业骨干力量、完善应急产业技术等基础体系、加强应急产业国际交流合作。

从整体来看，我国应急产业虽然刚刚起步，但是也有了一定的发展，这对进一步的应急产业生态化发展提供了一定的基础，目前国内有关应急产业生态化发展的模式少之又少，但是随着习近平总书记“五位一体”发展模式的推进，应急产业的发展也应该从生态化发展的角度可持续、可循环、清洁发展。

二、河南省相关政策对应急产业生态化的影响

河南省应急产业也是在国家颁布《关于加快应急产业发展意见》之后逐步建立起来的，也是刚刚起步，为了河南省应急产业可持续发展，同样面临着应急产业生态化发展的问题，本部分内容主要是研究近年来河南省相关政策的颁布对于本省应急产业生态化发展产生的影响。

1. 产业政策对应急产业生态化的影响

2013 年 12 月河南省人民政府发布了《关于加快推进产业结构战略性调整的指导意见》（以下简称《调整意见》），《调整意见》提出到 2020 年，制造业高加工度化水平大幅提升，战略性新兴产业和现代服务业成为支柱产业，传统农业向现代农业转变基本实现，形成三次产业协调、创新驱动主导、绿色低碳发展的新格局，基本建立先进制造业和现代服务业综合平衡发展新体系。

2016 年 3 月河南省人民政府办公厅发布了《关于印发河南省重点产业 2016 年度行动计划》（以下简称《行动计划》），《行动计划》指出河南省今后发展的重点领域是做强做大输变电装备、农机装备、大型成套装备等我省优势装备制造产业，大力发展数控机床与工业机器人产业，夯实机械基础件、基础制造工艺及基础材料（以下简称“三基”）产业，带动我省高端装备制造业水平全面提升。具体工作举措为建立创新体系、智能转型、服务转型、绿色转型、强化质量、品牌建设。

《调整意见》中的产业结构向绿色低碳发展转变以及《行动计划》中的绿色转型相应的要求应急产业的发展要紧跟政策指向，正因为应急产业是新兴产业，在发展初期就应当注重其绿色、生态化发展，从而使应急产业的发展适应发展环境、使应急产业的发挥实现可持续。

2. 财税政策对应急产业生态化的影响

2014 年 12 月河南省人民政府发布《关于深化财税体制改革的指导意见》（以下简称《改革意见》），《改革意见》明确指出加快建立全面规范、公开透明的现代预算制度，具体包括建立透明预算制度、完善政府预算体系、改进年度预算控制方式、完善转移支付制度、加强预算执行能力、强化财政绩效管理、规范政府债务管理、全面规范税收优惠政策；《改革意见》还提出要建立事权和支出责任相适应的制度，具体包括适当调整省和市县收入划分范围、合理界定省和市县事权与责任支出。财税制度的完善对于应急产业的发展也具有很重要的作用，更加规范的税收优惠政策对应急产业的发展具有一定的促进作用，事权与支出责任相适应的政策有利于应急产业在发展过程中省级与市县更好地协作发展。

3. 人才政策对应急产业生态化的影响

2016 年河南省政府发布《关于深化人才发展体制机制改革加快人才强省建设的实施意见》（以下简称《实施意见》），《实施意见》提出主要目标为到 2020 年，在人才发展体制机制改革的重要领域和关键环节上取得突破性进展，人才管理体制更加灵活高效，人才评价、流动、激励更加科学完善、富有活力，人才引进、培养、使用更加开放包容、精准适用，人才创新创造创业活力充分迸发，全社会识才爱才敬才用才氛围更加浓厚，人才发展对加快河南现代化建设的融合度和贡献率明显提升，基本建立与建设经济强省、打造“三个高地”、实现“三大提升”相适应的人才发展治理体系，基本形成人人皆可成才、人人尽展其才的制度环境和社会环境。《实施意见》充分体现了河南省对人才的重视，人才对应急产业生态化发展的作用也是尤为重要的，首先应急产业是一个新兴产业，使这样一个新兴产业从最初的发展就朝向生态化的方向，这对于任何省份来说都是一个挑战，因此，为了实现应急产业生态化发展就要大力开发、引进人才，用人才大力推动应急产业生态化发展。

4. 创新政策对应急产业生态化的影响

2016 年 5 月河南省人民政府发布《关于大力推进大众创业万众创新的实施意见》（以下简称《推进意见》），《推进意见》提出通过完善政策、搭建平台、培育人才、强化服务，创新创业生态环境不断优化，创新创业活跃程度明显提升，就业、创业、创新主要指标位次前移，努力使我省成为创新创业先进省份。到 2018 年，创新创业体系建设取得突破性进展，建成一批服务完善、发展成效明显的众创空间，汇聚一批以企业家、高端人才、科技人员、大学生、农民工为主体的创新创业实践者，培育一批以新兴业态、商业模式为代表的创新型企业，打造一批特色鲜明、集聚度高、辐射能力强的科技企业孵化器、创业园区、电子商务示范基地和小微企业创新创业基地示范城市，基本形成政策清晰、载体多元、机制创新、服务高效、充满活力的创新创业发展格局。到 2020 年，覆盖全省的创新创业政策体系更加完善，多层次、多元化的创新创业载体基本建成，创新创业主体活力得到充分释放，创新创业服务能力明显提升，创新创业促进经济社会转型发展的支撑作用更加显著，成为全国重要的创新创业新高地。主要任务是建设创新创业载体体系、壮大创新创业群众队伍、构建创新创业支撑平台、发展创新创业服务、促进体制机制创新、实施创新创业重大工程。

2015 年 7 月河南省人民政府发布《关于深化科技体制改革推进创新驱动发展若干实施意见》(以下简称《意见》),《意见》提出主要目标是到 2020 年，基本建成适应创新驱动发展要求的现代创新体系，科技创新的活力和动力显著增强，国家自主创新示范区成为创新型河南建设的核心载体，郑州航空港经济综合实验区和国家级高新区成为我省创新高地，国家级高新区力争达到 10 家，国家级研发平台达到 300 个，大中型企业省级以上研发机构基本实现全覆盖，省级以上产业技术创新战略联盟达到 80 家，实现主导产业和战略性新兴产业全覆盖。高新技术产业快速发展，技术转移机制更加完善，科技创新成为经济社会发展的主要驱动力，高新技术产业、战略性新兴产业产值实现翻番，力争占工业增加值的比重达到 50%左右，科技进步对经济增长的贡献率达到 60%左右，主要农作物基本实现良种全覆盖，大中型工业企业平均研发投入占主营业务收入的比例达到 1. 6%，全社会研发经费占生产总值的比例力争达到 2. 0%，发明专利授权量进入全国前 10 名。《意见》还提出促进企业成为技术创新主体、围绕产业链部署创新链、强化金融服务创新的功能、完善技术转移转化机制、增强高等学校及科研院所创新能力、创新人才队伍建设机制、推进开放式创新、推进创新改革试验区建设。

《推动意见》和《意见》两份政策文件充分体现了河南省对创新的重视，创新是一个国家、一个民族、一个企业甚至是一个人发展的不竭动力，对于应急产业生态化发展来说，更需要创新的推动，因此，这两个政策文件发布实施有利于应急产业生态化的发展。

5. 投融资政策对应急产业生态化的影响

2015 年 1 月，河南省人民政府办公厅发布《关于促进政府投融资公司改革创新转型发展的指导意见》(以下简称《指导意见》),《指导意见》提出，主要任务是明确功能定位、加快法人治理结构改革、加快内部经营机制改革、加快推进监管体制改革、加快运营模式创新、加快融资模式创新、加快公私合作模式创新、加快资产证券化运用创新。

2016 年 8 月，河南省人民政府办公厅颁布的《关于促进融资担保行业加快发展的实施意见》（以下简称《意见》），首先《意见》明确指出要推进投融资担保体系的建设，具体包括提升政府性融资担保机构服务能力、完善再担保机制、建立健全农业信贷担保体系、规范发展商业性融资担保机构、建立健全对政府性融资担保和再担保机构的考核机制；其次，《意见》提出建立政银担合作模式，具体包括建立政银担三方共同参与的合作模式、建立银担合作工作机制；《意见》提出支持融资担保机构创新发展，具体包括支持发展多元化担保业务、支持创新反担保方式、加强融资担保机构自身能力建设；《意见》还提出加强政策扶持，具体包括完善财税支持政策、规范抵（质）押物登记、维护融资担保机构合法权益；最后，《意见》提出加强行业监管，促进规范发展，具体包括完善行业综合监管机制、落实属地监管责任、加强监管制度建设、提升行业监管效能、加强融资担保机构信用管理、加强行业人才队伍建设、建立扶优汰劣机制。

2017 年 3 月，河南省人民政府印发《河南省深化投融资体制改革实施方案》，（以下简称《方案》），《方案》提出主要任务有一是优化企业投资管理，充分激发社会投资动力和活力；二是健全政府投资体制，发挥好政府投资的引导和带动作用；三是创新融资机制，拓展投资项目渠道；四是提升政府综合服务管理效能，优化项目投资环境。

以上有关投融资的政策的发布实施有利于营造一个更加包容、开放、法制的投融资环境，进而促进政府及企业对于应急产业的投资，从而促进应急产业生态化发展。

第三节　河南省应急产业生态化发展政策环境优化

一、河南省应急产业生态化发展政策优化原则

（一）坚持政府引导，推进体制创新

政策环境的优化首先要坚持政府引导、推进体制创新和优化。各项政策

体系、管理机制都必须由政府主动制定。政策环境的优化政府需要做的就是转变政府职能，推进政策创新和制度创新，推动知识创新、技术创新、产业创新融合，建立具有特色优势的区域创新体系，建设以科技为主导的创新型城市。

（二）坚持企业主体，促进体制完善

政策环境优化的最终目的就是还是为了给企业提供服务，给企业的自主创新活动创造一个良好的外部环境。企业在自主创新环境优化中要起到推进作用，现实的政策环境是否有利于企业的自主创新的发展，是否有利于全社会创新水平的提高，是由企业在实际生产经营中去感知，企业应该将感知到的信息反馈给政府部门，具体哪些方面需要优化、哪些方面需要改进，给政府部门政策体系优化、具体政策制定提供借鉴。

（三）开放合作，优化政策环境

政策环境优化需要坚持开放合作的原则，充分发挥各方优势，进行校企合作、企业间合作、企业科研院所合作等等，拓展科技合作交流的广度和深度，构筑全方位、宽领域、多层次的开放合作新格局，承接高端产业和创新要素转移。营造良好的企业发展环境，加强培育和引进创新人才和项目，激励创新创业，提升全民创新素质，激发创新活力和动力。

二、河南省应急产业生态化发展的政策环境优化

（一）完善应急产业政治政策支持体系

1. 法律法规政策

完善基本法律建设。政府的相关部门所颁布的基本的法律法规的政策不仅要能够从国家宏观层面支持河南省应急产业建设，促进应急产业的发展，更应下放一定权力给给各级地方政府，结合当地地方的特色，使应急产业发展过程中的政策服务能有效地协调和发挥。通过基本法律来规定和完善应急产业的管理体制是有必要的。

2. 行政管理政策

目前，我国处于“十三五”期间，对于发展中的国家来说，都需要通过

政府的行政干预，就这一点而言河南省也不例外。横向分析，应努力协调河南省政府各个相关部门之间的合作，承担与平行单位的联络和沟通协调，制订有效的应急产业生态化发展措施，并对应急产业政策实行共同监督共同协商，保证应有的行政管理效果。纵向分析，河南省政府应该加强与中央层面的联系，使河南省行政管理机构发挥其根本性的作用，保证应急产业生态化发展政策支持体系从中央和地方都能够有效的运行。

（二）加强应急产业的经济政策支持体系

1. 财税政策

从经济学的视角上，任何产业和产品的前期投入资金都具有一定的不可预见的风险性，河南省应急产业生态化亦是如此。发展应急产业生态化，面临着产业研发、科技创新成本大，限制条件多的问题，这迫切的需要政府等相关部门充分发挥财税政策的导向作用和影响。河南省各级政府要完善财政科学投入机制，调整财政科学投入结构，根据实际情况可设立产业生态化发展财政性扶持基金，为产业生态化发展提供有效的资金保障，解决河南省在应急产业生态化发展财务上的难题；此外，在税收上，适当的减免降级应急产业生态化的支持产业的增值税、所得税、营业税和消费税等方面的优惠，降低应急产业研发和生产成本。

2. 金融政策

河南省应急产业生态化的发展中要充分发挥金融在支持应急产业生态化发展中的积极作用，出台与应急产业生态化发展相关的融资支持政策和采取针对性的措施，大力推进、促进金融创新。首先融资模式的创新，改善现有的单一融资方式，大胆尝试多种融资方式，如并购贷款、知识产权质押供贷款、股权融资等多种创新形式。其次是扩宽融资的渠道，政府要采取相关政策措施鼓励银行、信托、财务、担保等机构之间的合作。

3. 产业政策

产业政策包括产业发展、产业结构和产业组织三个方面的政策，从宏观层面，河南省通过制定科学的应急产业发展规划，优化应急产业组织的政策来发挥产业政策的作用，从微观层面，依照国家鼓励的新型产业，生态化产业等，结合当地的产业特色、资源优势制定因地制宜的产业，对于适合当地发展的新型产业和生态化产业给予一定的优惠政策，如减少税收、降低准入门栏等，对于成效较好，资产回收率较高的给予奖励作为鼓励机制。

（三）优化应急产业的生态政策支持体系

1. 土地政策

“十三五”期间，国内经济下行压力依然较大，土地作为一种资源，其保障任务仍然艰巨。河南省应急产业生态化土地政策应该坚持基本的耕地保护和节约用地基本制度下，将更进一步实施土地政策，其主要任务是围绕产能、库存等的经济任务，着力于增加产量，减少存货，调整结构，确保河南省经济遵循着“五大发展理念”道路发展。土地政策要与其他政策协同发展才能发挥其根本性的作用。

2. 环境政策

“十三五”期间提倡“五个发展理念”，促进两型的社会，提倡绿色可持续发展，国家由原来的“四位一体”转成“五位一体”，可见生态环境的重要性。环境政策是河南省应急产业生态化发展的核心所在，若不考虑环境影响因素则就没有生态化的意义，在此结合河南省的实际情况，可从以下几个方面贯彻实施相关环境政策：应急产业相关企业发展前期，河南省应该有适合自身的产业生态化评价指标体系，御用指标评价判断企业是满足环境的需求，这就要求河南省有关应急产业的企业必须符合生态环境功能区划、国家和省产业政策、污染物排放标准和总量控制要求；企业发展后期，若是在企业运行和产业发展过程中被检测排放污染物不符合污染物排放标准和总量控制要求的，依法采取相关的惩治措施，并采取相应的惩罚。

参考文献

[1] 刘艺，李从东．应急产业管理体系构建与完善：国际经验及启示[J]．改革，2012，(06)：32-36.

[2] 申霞．应急产业发展的制约因素与突破途径[J]．北京行政学院学报，2012，(03)：93-95.

[3] 邹积亮．当前应急产业发展的突出问题与路径探讨[J]．经济研究参考，2012，(31)：47-51.

[4] 张洋．我国应急产业的SWOT模型及发展对策研究[D]．吉林大学，2012.

[5] 唐林霞，邹积亮．应急产业发展的动力机制及政策激励分析[J]．中国行政管理，2010，(03)：80-83.

[6] 余廉，邹积亮，唐林霞．基于国家应急能力建设的应急产业政策研究[J]．中国应急管理，2009，(04)：18-22.

[7] 程宇，肖文涛．应急产业技术创新的金融服务需求及政策建议[J]．中国行政管理，2016，(08)：100-104.

[8] 周林生．应急产业科技管理体系的构建[J]．科技管理研究，2016，(13)：96-101.

[9] 丁鹏玉，李江涛．四轮驱动："十三五"应急产业科技创新路径选择[J/OL]．国家行政学院学报，2015，(02)：124-128.

[10] 廉达志．吉林省应急产业发展的制约条件及政策优化研究[D]．吉林大学，2015.

[11] 王建光．我国应急产业发展动力机制模型研究[J]．中国安全生产科学技术，2015，(03)：47-52.

［12］郝晓龙．我国应急产业集聚发展的思考［J］．产业与科技论坛，2015，（06）：20-21.

［13］郭翔．应急产业科技支撑体系构成与功能设计研究［J/OL］．科技进步与对策，2014，（13）：45-49.

［14］肖越．我国应急产业发展的现状及对策建议［J］．产业与科技论坛，2013，（20）：19-20.

［15］张纪海，杨婧，刘建昌．中国应急产业发展的现状分析及对策建议［J］．北京理工大学学报（社会科学版），2013，（01）：93-98.

［16］刘艺，李从东．应急产业管理体系构建与完善：国际经验及启示［J］．改革，2012，（06）：32-36.

［17］申霞．应急产业发展的制约因素与突破途径［J］．北京行政学院学报，2012，（03）：93-95.

［18］邹积亮．当前应急产业发展的突出问题与路径探讨［J］．经济研究参考，2012，（31）：47-51.

［19］张洋．我国应急产业的SWOT模型及发展对策研究［D］．吉林大学，2012.

［20］唐林霞，邹积亮．应急产业发展的动力机制及政策激励分析［J］．中国行政管理，2010，（03）：80-83.

［21］余廉，邹积亮，唐林霞．基于国家应急能力建设的应急产业政策研究［J］．中国应急管理，2009，（04）：18-22.

［21］余廉．发展应急产业要防“一哄而起”［N］．经济日报，2015-01-06（010）.

［22］闪淳昌．大力发展应急产业［J］．中国应急管理，2011（3）：17-19.

［23］魏际刚．加快发展应急产业的思路和建议［J］．重庆理工大学学报：社会科学，2012，26（1）：1-6.

［24］申霞．应急产业发展的制约因素与突破途径［J］．北京行政学院学报，2012（3）：93-95.

[25] 邹积亮．当前应急产业发展的突出问题与路径探讨［J］．经济研究参考，2012（31）：47-51.

[26] 丁鹏玉，李江涛．四轮驱动："十三五"应急产业科技创新路径选择［J］．国家行政学院学报，2015（2）：124-128.

[27] 余廉，邹积亮，唐林霞．基于国家应急能力建设的应急产业政策研究［J］．中国应急管理，2009（4）：18-22.

[28] 张纪海，杨婧，刘建昌．中国应急产业发展的现状分析及对策建议［J］．北京理工大学学报（社会科学版），2013，15（1）：93-98.

[29] 张洋．我国应急产业的 SWOT 模型及发展对策研究［D］．吉林大学硕士学位论文，2012.

[30] 崔和平．开拓中国科技产业新领域——公共安全暨紧急救援服务业［J］．中国科技产业，2005（7）：37-40.

[31] 应急载德，平安天下——河南省应急产业协会正式成立［DB/OL］．http：//hn. cnr. cn/hngd/20150625/t20150625_ 518960022. shtml

[32] 重要核心价值：关于我国电网建设的几点思考—对 2008 年冰雪灾害的反思［DB/OL］．

http：//xmecc. xmsme. gov. cn/2008-3/200832482729. htm

[33] 张红．我国应急物资储备制度的完善［J］．中国行政管理，2009（3）：44-47.

[34] 王彦峰、马新华．建立中国的紧急救援产业［J］．中国减灾，2002（1）：62-64.

[35] 未雨绸缪 我国应急产业蓬勃发展［DB/OL］．http：//www. afzhan. com/news/detail/51860. html

[36] 人脸识别技术进入成熟期 国内市场是必争之地［DB/OL］．http：//www. afzhan. com/news/detail/57450. html

[37] 国务院召开全国贯彻实施突发事件应对法电视电话会议［DB/OL］．http：//news. sohu. com/20071115/n253258975. shtml

[38] 温州乐清率先全国发展应急产业［EB/OL］．http：//fi-

nance. 66wz. com/system/2009/10/02/101450849. shtml

［39］2015 应急产业发展大会召开自主研发装备亮相［DB/OL］．［EB/OL］http：//www. ce. cn/cysc/newmain/yc/jsxw/201510/29/t20151029_ 6847231. shtml

［40］郑胜利．我国应急产业发展现状与展望［J］．经济研究参考，2010（28）：10-64.

［41］国家减灾网：全国首个智能海洋气象预警系统投入使用［DB/OL］. http：//www. jianzai. gov. cn//DRpublish/kjjz/0000000000024857. html

［42］佘廉、郭翔．从汶川地震看我国应急救援产业化发展［J］．华中科技大学学报，2008（4）：65-71.

［43］郑胜利．我国应急产业发展现状研究［J］．经济研究参考，2010（28）：10-64.

后　记

深化党和国家机构改革是推进国家治理体系和治理能力现代化的一场深刻变革，其中，应急管理部的成立引起了实务界和理论界的高度关注。应急管理部的成立给中国的应急产业的发展带来了空前的机遇。应急管理部的成立是中国应急管理体系划时代事件，要担负这样一个重大的历史使命，必须以应急产业的健康发展作为前提条件。紧跟时代发展，本书紧扣应急产业发展的历史、现状、特征与趋势，希望能够为中国应急产业的健康发展提供有益的思想支持和智慧贡献。

我国是世界上自然灾害最为严重的国家之一，灾害种类多，分布地域广，发生频率高，造成损失重，同自然灾害抗争是人类生存发展的永恒课题。应急产业为突发事件预防与应急准备、监测与预警、处置与救援提供专用产品和服务的产业。近年来，我国应急产业快速兴起并不断发展，在突发事件应对中发挥了重要作用。应急产业在部分国家已成为继金融、保险、电信后的第四大产业，而在我国，应急领域相关产品和服务产值也有近万亿元规模，应急产业发展已迎来“黄金期”：国家对公共安全的重视、社会对应急产业的需求、各方面发展应急产业的积极性均达“前所未有”的态势。近几年，中共中央国务院先后出台了《国务院办公厅关于加快应急产业发展的意见》、《应急体系的“十三五”规划》和《国家综合防灾减灾救灾规划》，对我国应急产业提出了明确要求：到 2020 年，要建成有效应对公共安全风险相匹配，与全面建成小康社会要求相适应，覆盖应急管理全过程，全社会共同参与的突发事件应急体系。

2015 年 11 月，河南省出台了《关于加快应急产业发展的意见》，为河南应急产业的发展指明了方向，突出强调优先发展信息安全、军民融合、应急装备、交通安全、医疗应急等五大优势领域，致力于把应急产业培育成新的经济增长点，将河南省打造成全国重要的应急产业示范基地和应急物资生产能力储备基地。基于此，本书主要阐述了河南应急产业发展的现状、特征与趋势，一是分析了国内外应急产业的发展实践与经验，二是分析了河南省应急产业的发展现状及其特征，三是阐述了河南省应急产业的发展路径，四是剖析了河南省应急产业的主要模式，五是解读了河南省应急产业生态化发展的要素条件，六是解析了河南省应急产业生态化发展的政策环境。通过以上内容的阐述，希望能够为河南省应急产业的发展贡献绵薄之力。

本书由师维、徐贵宏负责全书的总体设计和统稿工作。本书编写的具体分工如下：第一章由师维、徐贵宏、徐天舒完成，第二章由徐贵宏、冯莉媛、李娇娇、徐天舒完成，第三章由蒋宗彩完成，第四章和第七章由殷杰兰完成，第五章由陈蒂完成，第六章由柳瑾瑾完成，第八章由王晓燕、冯莉媛、李娇娇完成。另外，郭育艳、唐青青、李娇娇、徐天舒在整理资料、文字校对等方面也做了大量工作。全书由师维负责审稿，由徐贵宏博士负责较稿。在此，衷心感谢各位老师的参与，正是大家的辛苦付出才使得该书顺利完成。

本书由现代服务业河南省协同创新中心资助出版，并得到了河南财经政法大学政府经济发展与社会管理创新研究中心、道德与文明研究中心的支持。本书在编写过程中，广泛吸收了国内外相关研究成果和旅游发展实践成果。出版社编审也为本书的出版付出了大量辛劳。在此一并表示感谢！

师维　徐贵宏

2017 年 3 月